KB131351

성종·연산군·중종대의 왕권과 정치

사화와 반정의 시대

김범 지음

성종 · 연산군 · 중종대의 왕권과 정치

사화와 반정의 시대

김범 지음

WISDOM HOUSE 역사의아침

• 일러두기

1. 이 책은 『사화와 반정의 시대』(역사비평사, 2007년)의 개정증보판이다.
2. 인명·지명·서명 등의 한자는 원칙적으로 처음 나올 때만 병기했다.
3. 이 책에서 사용한 조선왕조실록의 전거는, 특별한 경우를 빼면, 본문에서 팔호 안에 표기
   했다. 이를테면 '성종13.8.11정미'는 성종 13년 8월 11일(정미)의 실록 기사라는 뜻이다.

■ 감사의 글

8년 전 펴낸 책을 고쳐 다시 출간한다. 박사논문을 수정한 그 책은 내 첫 책이었다. 모든 '처음'은 그 사람에게 큰 의미를 갖는다. 그러나 첫사랑이 흔히 그렇듯, '처음'은 '서툶'과 맞닿아 있기 쉽다. 소중하지만 서툴렀던 것. 그때 그 책에는 이런 두 모습이 고스란히 담겨 있었다.

시간이 흐르면서 그 책에서 부족한 부분을 손봐 다시 내고 싶다는 생각을 하게 되었다. 그동안 공부해 좀더 분명하게 판단된 사항을 반영하고 쓸데없는 더께를 털어내고 싶었다. 그러려고 나름대로 최선을 다했지만, 그렇게 받아들여질지는 모르겠다.

다시 출간할 수 있는 기회를 주신 역사의아침에 감사드린다. 가족에게 감사와 사랑의 마음을 보낸다. 8년 전 첫 책을 손에 들었을 때 느낀 설렘이 떠오른다.

2015년 4월

김범

조선 최초의 사화와 반정의 시대를 어떻게 볼 것인가

모든 변화에는 크든 작든 일정한 불편함이 뒤따른다. 그리고 그 불편함에 적응하는 데도 일정한 시간이 필요하다. 이를테면 소중한 생명이 잉태되는 기쁜 변화에도 입덧이라는 고통이 수반되는 것과 같다.

불편함의 정도와 그것을 극복하는 데 걸리는 시간의 길이는 대체로 변화의 크기와 중요성에 따라 달라진다. 거대하고 본질적인 변화일수록 그것이 동반하는 충격과 파장은 크고 깊으며, 그것을 수습하고 적응하는 데도 긴 시간과 많은 노력이 든다.

지금은 정권 교체 정도로 축소되었지만, 전근대의 역사에서 가장 큰 사건은 나라의 흥망, 곧 왕조의 교체였다. 기원전부터 20세기 초반에 이르기까지 25개 왕조가 명멸하면서 자기 민족은 물론 이민족과 치열한 대결과 분쟁 속에서 승리와 패배를 경험한 중국사와 견주어 한국사는 사뭇 다른 궤적을 그렸다. 가장 큰 특징은 왕조 교체가 드물었고—다시 말해 한 왕조가 오래 지속되었고—1910년 일본에

병탄된 것을 빼면 이민족의 지배나 그 영향에 따른 왕조 교체가 없었다는 것이다. 긍정과 부정의 가치 평가는 미뤄두고, 이런 외형은 지배층과 사회구조·정치체제 등 여러 측면에 걸친 장기지속과 연속성을 한국사의 중요한 특징으로 만들었다.

방금 말했듯 조선에서 가장 큰 변화는 왕조 개창이었다. 일정한 폭력을 동반하기는 했지만, 고려에서 조선으로 이행하는 과정은 상당히 점진적이었고 차분했다. 그 결과 지배층의 교체도 크지 않았고, 다른 여러 체제도 상당한 연속성을 가졌다고 평가된다.[1]

현실에서 일어나는 수많은 변화의 궁극적 완결은 그 변화로 만들어진 결과가 제도나 법률로 성립되는 것이다. 어떤 한 인물이나 소수의 집단, 또는 대중적 지지에 힘입어 중요한 변화가 이뤄지더라도 법제화되지 않으면—적지 않은 경우 법제화되더라도—길지 않은 시간 안에 자취 없이 사라지거나 이전의 상태로 돌아가는 사태는 역사에서 수없이 일어났다. 냉엄하고 실제적인 강제력을 지닌 법률로 규정되는 것은 그 변화가 앞으로 현실에 안정적으로 적용될 수 있는 핵심적 계기다.

널리 알듯 조선에서 가장 중요한 법전은 성종成宗 16년(1485)에 완성된『경국대전經國大典』이다. '나라를 다스리는 큰 법전'이라는 이름대로 그 법전은 조선을 통치하는 데 필요한 주요 사항을 두루 포괄했다. 그 뒤 그것은 '조종祖宗의 성헌成憲'이라는 배타적 수사로 표현되면서 조선이 멸망할 때까지 독보적 국법으로 기능했다.

조선 개창부터『경국대전』의 완성까지 1세기에 가까운 시간이 걸렸다는 사실은 건국이라는 거대한 사건에 수반된 여러 변화와 파장이 그제야 일단 수습되었다는 것을 상징한다. 예컨대 건국이 새 건물을 준공한 것이라면 『경국대전』 편찬은 그 내부를 효율적으로 구획해 알맞은 물품들을 들여놓는 과정이라고 비유할 수도 있을 것이다.

그러나 그렇게 새로 마련된 공간에 적응하는 데는 다시 한 번 시간과 노력이 필요하다. 집기의 위치를 기억하지 못해 헤매기도 하고 문지방에 걸려 넘어질 수도 있다. 그러면서 불편하다고 느껴진 가구나 공간 배치를 부분적으로 바꾸기도 할 것이다. 물론 건물 자체를 세우고 그 내부를 구획하는 과정과 견주면, 이때의 시행착오는 부수적이다. 하지만 이런 훈련을 거친 뒤에야 새 건물의 구조와 그곳의 생활은 비로소 익숙해질 것이다.

이 책에서 다룰 성종(재위 1470~1494)·연산군燕山君(재위 1494~1506)·중종中宗(재위 1506~1544)의 3대 75년은 바로 법률이 제정된 뒤에 나타난 시험과 적응의 과정이었다고 말할 수 있다. 묘호가 상징하듯 성종은 건국 후 첫 1백 년을 통과하면서 왕조의 기본 법전인 『경국대전』을 완성하는 중요한 업적을 남겼다. 그의 치세에는 폭력적 숙청도 일어나지 않았고(유일한 예외는 첫 왕비인 윤씨를 폐비하고 사사賜死한 것이다) 국정의 다른 부분에서도 안정적 기조가 유지되었다. 25년의 치세 동안 이뤄진 제도 완비와 국정 안정으로 이제 조선의 앞길은 평탄하게 보였다.

그러나 그 예상은 크게 빗나갔다. 적장자로 왕위를 계승한 연산군은 12년의 치세 동안 두 번의 사화를 일으키고 수많은 패행悖行을 자행해 부왕의 업적을 철저하게 무너뜨렸다. 그의 통치가 거대한 폭정과 참담한 실패로 귀결된 까닭은 무엇인가? 거기에는 물론 그 자신의 부족한 자질이 가장 중요하게 작용했다. 그러나 좀더 근본적인 원인은 정치와 제도의 구조적 측면에서 찾아야 한다고 생각한다. 그것을 밝히는 것이 이 책의 중요한 목표다.

연산군의 폭정이 조선 최초의 반정反正으로 중단된 것은 자연스런 결과였다. 예상치 않게 최고 권력자로 추대된 중종과 반정을 주도한 신하들의 목표는 자명했다. 헝클어진 국정을 수습해 나라를 다시 안정과 발전의 궤도에 올려놓는 것, 바로 중흥이었다. 그러나 기묘사화己卯士禍의 발생과 '권신權臣' 김안로金安老의 전횡이 보여주듯, 39년에 걸친 긴 노력은 순탄치 않았고 그 결과도 그리 만족스럽지 못했다.

지금까지 간략히 설명한 것처럼 조선이 건국된 뒤 첫 1백 년을 통과한 시점에 걸쳐 있는 성종·연산군·중종의 시대는『경국대전』편찬으로 대표되는 체제의 완성으로 시작되어 사화와 폭정의 급격한 파국을 거쳐 반정과 중흥의 모색이라는 상반된 국면이 이어진 독특한 기간이었다. '일치일란一治一亂'이라는 고전적 수사가 알려주듯, 국정운영에서 안정과 혼란이 연속적으로 전환되거나 혼재되는 것은 일반적 현상일 수도 있다. 그러나 작게는『경국대전』의 완성(성종 16년, 1485)부터 최초의 큰 정치적 파국인 무오사화戊午士禍(연산군 4년, 1498)까지 13년밖에 걸리지 않았으며, 크게는 그뒤에도 두 번의 사화와 한 번의 반정을 더 겪어야했다는 사실은 각 사건의 원인과 과정과 결과는 물론 이 시기 정치·제도사의 흐름을 종합적이며 심층적으로 분석할 필요성과 흥미를 높인다.

앞서 말했듯 이 책의 목표는 이런 문제에 합리적이고 실증인 답변을 제시하는 것이다. 앞질러 말하면 그 답변을 구성하는 핵심어는

'삼사三司'라고 생각한다. 다시 말해 이 기간에 나타난 주요한 정치적 갈등과 제도적 변화의 원인과 결과는 삼사라는 관서를 둘러싸고 형성되었다는 것이다.

　이런 문제에 접근하는 데 이 책에서 선택한 기본 시각은 국왕·대신·삼사의 관계에 초점을 맞추는 것이다.[2] 넓게 보아 조선의 중앙정치는 국왕과 신하라는 두 세력이 운영했다.[3] 왕정체제에서 국왕은, 상징적이든 실제적이든, 국정의 유일한 최고 권력자였다. 개인인 국왕과 달리 신하는 품계의 고하와 부여받은 직무의 차이에 따라 크게 대신과 삼사로 다시 나눌 수 있다. 대신은 주로 2품 이상의 관원으로 의정부 당상(의정議政·찬성贊成·참찬參贊)과 육조 판서가 그 핵심을 구성했다.[4] 삼사는 신하를 감찰하는 사헌부司憲府와 국왕에게 간쟁을 제기하는 사간원司諫院(이 두 관서를 '대간臺諫'이라고 부른다) 그리고 국정에 자문하는 기능을 맡은 홍문관弘文館이다. 임무는 이렇게 나뉘었지만, 이 세 관서는 서로의 영역을 넘나들면서 국정 전반을 비판하고 감독했다. 이밖에도 다양한 국정을 관리하도록 섬세하게 안배된 여러 관서가 있었다. 그러나 전체적으로 조선의 중앙정치는 국왕·대신·삼사라는 주요한 세 정치세력이 시기와 국면에 따라 협력·대립 관계를 바꿔가면서 운영했다고 보아도 큰 잘못은 없을 것이다. 이런 구도는 복잡한 정치사의 대체를 파악하는 데도 유용하다고 생각된다.

　이런 전체적 시각 위에서 좀더 세부적으로 주목한 사항은 다음 네 가지다. 첫째, 전근대 왕정에서 국왕의 영향력은 그 치세의 전체적 성격과 특징을 일차적으로 규정했다는 사실이다. 널리 지적되듯 조선 국왕의 왕권은 그 전제성專制性이 상대적으로 허약했다.[5] 그러나 앞서 말했듯, 그는 상징적이든 실제적이든 국가와 동일시되면서 최고 권력자로 군림했다. 이 책에서는 이런 왕정의 기본 원리를 유념하면서, 그것이 실제로 어떻게 구현되었는지를 파악하려고 노력했다.[6] 아울러 이런 전제는 그 국왕의 개인적 성향이 당시의 정치에 상당한 영향을 주었을 것이라는 추론으로 자연스럽게 확장된다. 이것은 세 국왕의 통치 방식과 성패를 파악하는 데 중요한 요소라고 생각한다.

둘째, 대신과 삼사로 양분한 신하의 영역에서 각 관직의 고유 임무와 운영 원리를 충분히 고려했다. "대신은 임금의 팔과 다리[股肱]고 삼사는 눈과 귀[耳目]"라는 실록의 수많은 정형적 표현이 보여주듯, 대신과 삼사는 관직의 층위와 부여된 역할이 서로 매우 달랐다.[7] 의정부·육조의 대신은 관직의 상위에서 정책의 포괄적 심의와 실제적 집행을 담당했다. 이런 기본 임무 때문에 그들은 현실적·보수적 입장에 서기 쉬웠고, 원칙에서 다소 벗어난 논리와 방법도 용인할 가능성이 컸다.

반면 삼사 관원은 그보다 하위에서 감찰과 탄핵과 간쟁을 맡았다. 이런 직무에 따라 그들은 거의 모든 사안을 이상적·급진적 견지에서 바라보았고, 이런 원칙론적 자세는 그들의 도덕적 견결성을 상대적으로 부각시켰다. 유념할 사항은 이런 기본 임무의 차이는 해당 관원의 개인적 견해보다 일차적 규정력을 가졌고 매우 당연하게 받아들여졌다는 것이다.[8]

이처럼 그 관서의 직무는 서로 매우 달랐고 고정적이었지만, 그 구성원은 언제나 유동적이었다. '청요직淸要職'이라는 표현이 알려주듯, 당시 유망한 관원은 대부분 삼사를 거쳐 대신으로 승진했다(이런 구조는 언제 어디서나 비슷하다). 실제로 성종·연산군·중종 때 삼사 장관(대사헌·대사간·부제학)의 상당수(50~90퍼센트)는 그뒤 육조 판서와 의정부 당상으로 승진했다(장관까지는 오르지 못한 삼사 관원까지 고려하면 이 수치는 더욱 높아질 것이다).[9] 이런 자연스런 사실, 곧 조선의 많은 관원은 젊었을 때 삼사에 근무하면서 탄핵과 간쟁의 임무를 성실히 수행했지만, 그뒤 나이를 먹고 품계가 올라 대신이 되면 역시 그 관직에 합당한 현실적 태도를 나타낼 가능성이 컸다는 측면은 각 사안에서 나타난 그들의 발언과 행동을 해석하는 데 깊이 고려해야 한다.[10]

셋째, 이 시기의 인사행정에 중요한 변화가 나타난다는 사실을 의미 있게 받아들였다. 그것은 임기가 단축되면서 인사이동이 잦아졌지만 동일한 관직에 다시 임용되는 비율도 늘어난 현상이다. 이것은 특히 삼사와 관련해 중요한 의미를 갖는다. 관련 조사에 따르면 이 시기 삼사 장관의 임기는 성종 때 이미 반년(6.3개월)을 조금 넘다가 연산군(4.3개월)을 거쳐 중종 때는 그 절반(3.3개월)으로 줄어들었으며, 40퍼센트에 가까운 사람이 일단 파직된 뒤 다시 그 자리에 임명되었다.[11]

이처럼 어떤 관서의 인사이동이 만성화에 가까울 정도로 빈번해졌지만, 일단 파직된 뒤에도 상당수가 다시 그 관직에 임용되는 구조는 어떤 결과로 이어질 것인가?[12] 과감하게 탄핵하고 간쟁하지 않아도 그 관직에 오래 머무르지 못할 것이 예상되지만 일단 파직되더라도 다시 그 자리에 임명될 확률이 높다면, 그 관원은 자리에 연연하지 않고 좀더 적극적으로 행동할 가능성이 크지 않았을까? 뒤에서 보듯, 삼사의 영향력이 크게 제고되었지만 각 정치세력 사이의 갈등 또한 고조된 이 시기의 정치 상황은 이런 인사행정의 변동과 상당한 관련이 있다고 생각한다.

'훈구·사림' 문제의 이해

이런 측면은 이 시기 정치사를 '훈구'와 '사림'의 이분 구도로 설명하는 통설과 관련해서도 매우 중요하다.[13] 1970년대 이후 본격적으로 제기된 그 학설은 이 시기의 역사상을 거의 모든 측면에서 서로 다른 '훈구'와 '사림'의 갈등과 대립으로 설명하면서, 후자가 여러 난관을 이겨내고 전자를 극복해 역사의 발전을 이뤘다는 논리를 제시했다.

그뒤 큰 지지와 학문적 영향력을 얻은 이 이론은 지배층 교체와 역사 발전을 정합해 설명함으로써 조선시대사의 전개과정을 논리적으로 파악하는 데 크게 기여했다. 특히 일제시대 이후 번진 식민사학(당파성론黨派性論과 정체성론停滯性論)을 학문적 차원에서 극복해 발전적이고 체계적인 한국사상韓國史像을 수립하는 데 중요하게 공헌했다고 평가된다.

이런 학문적 성과를 적극적으로 인정하지만, 일정한 논리적·실증적 허점도 있다고 생각한다. 그 학설은 대체로 대신과 삼사를 각각 '훈구'와 '사림'에 연결해 이 시기의 여러 양상을 해석했다. 그러나 앞서 지적한 대로 대신과 삼사는 그 임무가 본원적으로 달랐고, 그런 차이는 해당 관원의 개인적 성향이나 조건보다 일차적 규정력을 갖고 있었다. 그리고 그 관직은 매우 빠르고 복잡하게 변동했지만 긴밀한 인적 연속성 위에서 운영되었다.

실제로 동일한 사람이 삼사일 때와 대신일 때 같은 사안에 상반된 의견을 개진하는 사례는 드물지 않다. 또한 출신 가문과 지역은 물론 사회경제적 배경도 비슷하다고 볼 수 있는 형제끼리도 서로 비판하고 의견 충돌을 빚는 경우도 보인다. 그때 그들은 각각 대신과 삼사로 근무하고 있었다.

이런 구체적 사례들은 '훈구'와 '사림'이라는 고정된 개념보다는 대신과 삼사라는 가변적 관직에 좀더 유의해야 할 필요를 알려준다. 요컨대 임무의 고정성과 관직의 가변성, 그리고 인적 연속성 등을 폭넓게 고려해야만 사화를 포함한 이 시기의 정치사를 좀더 합리적이고 설득력 있게 해석할 수 있다고 생각한다.

끝으로, 각 정치세력의 활동을 되도록 객관적 관점에서 파악하려고 노력했다. 현재 '훈구·사림'에 관련된 연구에는 두 세력을 도덕적 선악구도로 가르는 시각이 적지 않게 투영되어 있다고 판단된다. 하지만 각 정치세력의 활동은 기본적으로 현실적 이해관계와 실제적 목적이 복잡하게 얽힌 정치행위였다. 따라서 어떤 쪽에 도덕적 우월성을 미리 부여하거나 박탈하기보다는 그 활동의 타당성을 판단 기준으로 삼는 것이 옳다고 생각한다(이런 측면은 기묘사림의 개혁정치를 분석하는 데 특히 중요하다).

또한 여러 정치 사건의 원인과 의미를 해석하면서 그때의 상황적 맥락을 충분히 고려했다. 이런 태도는 성종 후반 홍문관의 언관화와 연산군 때 무오사화의 원인과 의미, 중종 때 기묘사림己卯士林의 등용 배경 등을 새롭게 해석하는 데 도움을 주었다. 요컨대 대신과 삼사의 기본적 임무 차이와 거기서 연유된 보수성과 급진성을 염두에 두면서 당시의 상황적 맥락을 충분히 고려한다면 이 시기의 정치사를 좀 더 객관적이고 정확하게 파악할 수 있다고 생각한다.

제도와 현실은 상호 영향의 관계다. 현실의 변화와 요구는 제도의 성립을 가져오지만, 그렇게 만들어진 제도는 다시 현실을 바꿔간다. 『경국대전』 편찬이라는 중요한 제도적 완성부터 조선 최초의 사화까지는 13년밖에 걸리지 않았다. 제도의 정비와 정치적 파국이라는 상반된 현상이 인접한 이런 국면은 그 본질을 깊이 탐구할 필요와 흥미를 던져준다. 이제 조선 최초의 사화와 반정이 일어난 75년의 과정과 의미를 추적해보기로 하자.

1장

성종
왕권의 안정과
균열의 시작

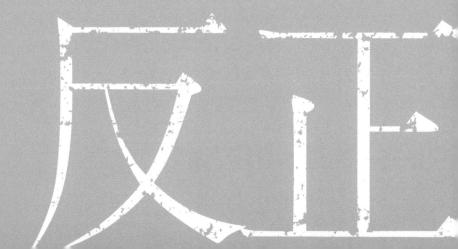

이 책의 첫 부분인 성종대를 살펴보기에 앞서 세조世祖(재위 1455~1468) 때의 상황을 간단히 언급할 필요가 있다. 그 까닭은 세조 후반의 정치 구도가 성종 중반까지 상당한 영향을 주었기 때문이다. 권력의 비정함을 그대로 보여준 집권 과정이나 그뒤의 통치 방식 등을 볼 때 많은 측면에서 세조는 할아버지인 태종太宗(재위 1401~1418)을 닮았다. 태종이 그랬듯, 그리 길지 않은 14년의 치세 동안 세조가 추구한 일차적 정치 목표는 강력한 왕권을 수립하는 것이었다. 세조는 그 목표를 이루는 데 태종의 선례를 많이 원용했다. 가장 대표적 조처는 의정부를 거치지 않고 국왕이 육조에 직접 지시하고 보고 받는 육조직계제六曹直啓制를 다시 실시해 국정운영 방식을 국왕 중심으로 개편한 것이다. 대간 언론을 억제하고 집현전集賢殿을 혁파해 신진 관원의 세력을 약화한 것도 비슷한 맥락의 정책이었다.

그러나 세조는 매우 중요한 한 가지 측면을 본받지 못했고, 그것은 결정적 차이를 만들었다. 네 처남과 사돈까지 가차 없이 숙청한 사실이 또렷이 보여주듯, 태종은 자신은 물론 후계자에게도 잠재적 걸림돌이 될 만한 대상은 거의 모두 제거해 진정한 의미에 가까운 강력하고 안정적인 왕권을 구축했다. 그의 뒤를 이은 세종世宗(재위 1419~1450)이 32년에 걸친 긴 치세 동안 다양한 방면에서 탁월한 업적을 이룩한 데는, 물론 그 자신의 뛰어난 능력과 훌륭한 신하들의 보필이 가장 중요했지만, 면밀한 계획과 단호한 실천으로 태종이 물려준 정치적 유산도 큰 도움이 되었다.

그러나 세조는 그러지 못했다. 지울 수 없는 도덕적 오명을 무릅쓰고 왕위를 찬탈한 부담이 근본 원인이었겠지만, 그는 자신의 집권에 공헌한 한명회韓明澮·신숙주申叔舟 등 소수의 대신을 중심으로 정국을 운영했다. 그 의존도는 치세 후반으로 갈수록 더욱 커졌다.

그런 측면을 가장 잘 보여주는 증거는 빈번한 공신 책봉이다. 단종端宗 1년(1453) 계유정난癸酉靖難에 성공한 뒤 자신을 포함한 정난靖難공신 43명을 책봉한 세조는 즉위 직후(1455) 좌익佐翼공신 44명을 선정했으며, 재위 13년(1467) 이시애李施愛 난을 평정한 뒤에는 적개敵愾공신 44명을 녹훈했다. 여기에 세조가 붕어한 직후 발생한 병조판서 남이南怡의 역모를 진압했다는 명분으로 책봉된 익대翊戴공신 37명을 더하면, 세조와 관련된 공신은 168명에 이른다. 그의 치세는 '공신 책봉의 시대'라고 부를 만했다. 한명회·신숙주·구치관具致寬·정인지鄭麟趾·정창손鄭昌孫 등 세조 때의 주요 대신은 이 공신에 대부분 선정되면서 위상을 굳혔다. 즉 세조는 신하의 영향력을 강력히 규제하면서 전제왕권의 행사를 목표로 삼아 겉으로는 강력한 왕권을 구축했지만, 거듭된 공신 책봉과 그 공신에게 편중된 정국운영으로 말미암아 실제 구조는 상당히 허약했던 것이다.[1]

소수의 훈구대신에게 권력이 집중된 세조 후반의 상황은 곧 살펴볼 원상院相이라는 변칙적 기구의 설치에서 가장 상징적으로 드러난다. 이런 상황은 세조가 갑작스럽게 붕어하고 예종睿宗(재위 1468~1469)의 짧은 재위를 이어 왕위계승의 정통적 서열에 있지 않던 성종이 13세의 어린 나이로 등극했을 때도 거의 변하지 않았다. 또한 앞서 말했듯 세조는 대간의 언론을 강력히 제약했기 때문에 성종이 즉위한 무렵 대신에게 맞설 만한 비판세력의 존재는 미미했다. 25년에 걸친 성종의 치세는 이런 구도에서 출발했다.[2]

성종의 왕권과 대신·삼사의 관계, 그리고 그들의 상호작용 속에서 빚어진 정치제도의 변화는 크게 세 시기로 나눠 살펴볼 수 있다.[3] 첫 시기는 성종 1년(1470)부터 정희왕후貞熹王后(자성대비慈聖大妃)의 수렴청정垂簾聽政이 끝나고 원상제가 혁파되는 재위 7년(1476)까지다. 원상제와 수렴청정이라는 두 이례적 제도가 실시된 데서 짐작할 수 있듯, 이 시기는 대신과 정희왕후가 정치를 이끌었다. 즉 성종 초반은 정치운영의 외형과 실제 모두 왕정의 일반적 모습과는 상당히 달랐던 것이다.

두 번째 시기는 친정親政이 시작된 성종 8년(1477)부터 홍문관의 탄핵으로 대신과 대간 전체가 사직을 요청하는 이례적 사건이 일어나는 17년(1486)까지다. 이 기간에는 정치세력의 권력관계가 재편되면서 정치운영에도 중요한 변화가 나타났다. 가장 주목되는 사실은 친정을 시작한 성종이 왕권을 확립하면서 왕정의 본모습을 갖춰나간 것이다. 성종은 왕권 확립을 바탕으로 대신과 삼사의 권력관계를 재편해갔다. 즉 그동안 강력했던 대신의 영향력을 약화시키고 삼사의 언론권을 제고해 신하 내부의 세력 균형과 견제구도를 조성한 것이다. 왕권의 안정을 바탕으로 대신과 삼사가 견제와 균형을 이룬 이 시기의 정치는 성종 때의 중요한 발전이자 특징으로 생각된다.

세 번째 시기는 성종 18년(1487)부터 치세가 끝나는 25년(1494) 12월까지다. 이 시기에 가장 주목되는 제도적 변화는 홍문관의 언관화言官化다. 조선의 언론기관이 대간에서 삼사로 확대된 이 중요한 제도적 발전은 성종의 구상과 밀접히 관련된 결과였다. 그는 치세 중반부터 대간의 영향력이 지나치게 커져 갈등을 증폭시키자 홍문관을 언관화해 대간을 견제함으로써 언론기관 내부의 세력 균형을 이루려고 했다.

그러나 그 과정에서 문제점도 점차 노출되었다. 그것은 방금 말한 대로 삼사가 지나친 언론권을 계속 행사해 국왕·대신과 마찰이 점차 커진 것이다. 성종 때 말끔하게 해소되지 못한 이 문제는 연산군대 사화라는 파괴적 결과의 도화선이 되었다.

이처럼 성종 때는 치세 중반 왕권의 안정을 바탕으로 국가운영의 기본 골격인 『경국대전』 체제를 완성했지만 후반으로 갈수록 국왕·대신·삼사의 갈등이 심화되어 균열도 시작된 이중적이며 상반된 성격을 가진 시기였다. 뒤에서 설명하겠지만, 왕권의 안정부터 균열의 시작에 이르는 이 시기의 이중성은 성종의 정치운영 방식과 밀접히 관련된 결과로 생각된다.

1
변형된 왕정—1~7년

갑작스런 즉위

한 나라의 왕정을 지탱하는 두 기둥은 강력한 왕권과 안정된 왕위계
승일 것이다. 왕권이 강력하지 못하면 왕위계승이 안정되기 어렵고,
왕위계승이 안정되지 않으면 왕권이 강력해지기 어렵다.

　세상의 갈등에서 많은 부분은 자리를 둘러싸고 일어난다. 탐스러
운 자리일수록 경쟁은 더욱 치열해지게 마련이다. 경쟁은 더 훌륭한
인물이 그 자리에 오를 수 있는 기회를 제공하기도 하지만, 암투로
번져 걷잡을 수 없는 혼란과 대립으로 치닫는 경우도 흔하다. 종신
임기와 세습이라는 왕정의 두 원칙은 이런 문제를 예방하려는 현명
한(아울러 최고의 자리를 되도록 오래 장악하려는 욕망의) 선택이었다.

　대부분의 나라는 건국 이후 일정 기간 왕위계승을 둘러싼 치열한
갈등과 대립을 겪는다. 그것은 이 책의 첫머리에서 말한 잉태와 입덧
이라는 자연현상과 크게 다르지 않다. 조선도 마찬가지였다. 잘 알듯

그 주역은 태종과 세조였다. 왕자의 난과 계유정난이라는 두 차례의 정치적 홍역을 치른 뒤 조선의 왕위계승은 비로소 안정되었다.

그러나 그뒤에도 적장자 상속이라는 원칙은 잘 지켜지지 않았다. 조선 국왕 27명 가운데 그 원칙에 맞게 즉위한 임금은 문종文宗·단종·연산군·인종仁宗·현종顯宗·숙종肅宗 등 6명(22.2퍼센트)뿐이고, 나머지 21명은 예외적 경로를 밟았다.[4] 그 까닭은 태종과 세조처럼 자발적이고 강력한 권력의지에 따른 행동보다는 적장자가 태어나지 않았거나 일찍 사망한 사태에 따른 복잡한 정치적 판단의 결과였다.

혈통이 능력을 보장하지는 않는다는 상식을 생각하면, 예외적 경로를 따라 즉위한 국왕들이 적장자로 등극한 국왕들보다 나은 치적을 남긴 경우가 많았다는 사실은 자연스러운 결과일 것이다. 태종·세종·세조 같은 선왕과 함께 성종의 업적도 그런 사례를 보강하는 또 하나의 증거가 되었다.

성종의 즉위는 여러 면에서 상당히 이례적이었다. 우선 그는 아버지가 국왕이 아니었고 자신도 맏아들이 아니었다. 그런데도 그는 12세로 보위에 오른 단종(재위 1453~1457)을 제외하면 그때까지 가장 어린 나이에 등극하게 되었다. 세조의 맏아들이었지만 세조 3년(1457) 19세로 요절한 의경세자懿敬世子의 둘째 아들 자산군者山君이 형 월산군月山君을 제치고 13세의 나이로 갑작스럽게 즉위한 것은 당시 왕실의 가장 어른인 세조비 정희왕후의 결정에 따른 것이었다.

원자(예종의 맏아들 제안대군齊安大君: 인용자. 이하 괄호 안 설명은 특별한 언급이 없는 경우 인용자가 붙인 것이다)는 아직 포대기에 싸여 있고, 월산군은 본래 질병이 많다. 자산군은 어리지만 세조께서 항상 그의 기상과 도량을 칭찬해 태조에 견주기까지 하셨으니 후계로 삼는 것이 어떻겠는가?(성종 0.11.28무신).[5]

입궐해 있던 신숙주·한명회·구치관·최항崔恒·홍윤성洪允成·조석문曹錫文·윤자운尹子雲·김국광金國光 등 당시의 주요 대신은 이 결정을 즉각 찬성했다. 이런 일치된 합의에 따라 그동안 왕위계승과는 거의 무관한 위치에 있던 성종은 예종이 붕어한 그날 전격적으로 조선 최고 권력자에 오르는 행운을 거머쥐었다.

지극히 중대한 사안인 후사 결정이 이처럼 신속하게 합의된 사실과 "알리기도 전에 자산군은 이미 부름을 받고 입궐해 있었다(성종 0.11.28무신)"는 기록에서 유추할 수 있듯 이 결정은 사전에 상당 부분 합의된 것이었다. 거기에는 세조 때 이후 최고의 훈구대신인 한명회가 성종의 장인이라는 사실이 중요하게 작용했다. 앞서 언급한 대로 세조 후반 이후 훈구대신이 광범하게 포진한 상황에서 예종이 갑작스럽게 세상을 떠난 사태는 왕실에 커다란 위기였고, 이 위기를 헤쳐 나가는 데는 대신의 협력이 필수적이었다. 따라서 한명회를 장인으로 둔 성종을 후사로 결정한 것은 왕실이나 대신에게나 가장 합리적이며 현실적인 선택이었을 것이다.[6]

많은 경우에 그렇듯, 갑작스런 행운은 그것을 실감하고 누리려면 어느 정도 시간이 필요하다.[7] 성종 또한, 고통스러운 인내라고는 할 수 없지만, 변형된 왕정을 받아들이는 과정을 거쳐야 했다. 그것은 수렴청정과 원상제의 시행이었다.

수렴청정과 원상제의 시행

성종 초반 왕권의 위상과 정치의 전체적 양상은 이 시기를 이끈 두 가지 이례적 제도인 수렴청정과 원상제로 파악할 수 있다. 앞서 말했 듯 조선 왕정은 왕권의 전제성이 비교적 약하고 신하의 영향력이 상 대적으로 강했다는 특징을 가졌지만, 어린 국왕의 등극으로 조선 최 초의 수렴청정이 시행되고 오랜 기간에 걸쳐 거듭 공신에 책봉되면 서 요직을 장악한 다수의 훈구대신이 존재한 성종 초반의 특수한 상 황은 그런 특징을 더욱 두드러지게 만들었다. 이런 객관적 정황은 정 희왕후와 원상을 중심으로 한 대신이 이 시기의 정치적 주도권을 공 유했으리라는 사실을 자연스럽게 알려준다.[8]

먼저 수렴청정이 실시된 것은 당시 성종의 나이나 정치적 상황을 고려할 때 자연스러운 수순이었으며 성종에게도 이로운 일이었다. 단종 1년(1453) 계유정난 때 세조에게 갑옷을 입혀주며 독려한 일에 서도 짐작할 수 있듯(단종1.10.10계사) 만만찮은 결단력과 정치력을 가 진 정희왕후는 자신의 능력을 적극 발휘해 수렴청정을 원활하게 운 영함으로써 어린 국왕의 믿음직한 보호막이 되어주었다. 성종의 어 머니 소혜왕후昭惠王后(인수대비仁粹大妃) 또한 정희왕후의 지원을 받 으며 위상을 높였다.[9] 즉 수렴청정은 성종의 왕권을 제약하기는 했 지만 보호와 지원의 성격이 큰 우호적 규제였던 것이다.

그러나 본원적 의미의 제약이 엄존했다. 그것은 원상을 중심으로 한 대신이었다. 정치사의 많은 국면에서 대신은, 국정을 원활하게 운 영하려면 그들의 보좌와 지원을 받아야만 하는 협력자인 동시에 왕 권을 제약하는 걸림돌이라는 이중적 성격을 가진 존재지만, 성종 초반 대신은 그런 성격을 더욱 많이 가진 집단이었다.

앞서 대비와 대신이 이 시기의 권력을 공유했다고 말했지만, 그 무게 중심은 대신에게 기울어져 있었다고 판단된다. 그런 정황은 "국가의 여러 일을 내가 어떻게 알겠는가? 신숙주·한명회·구치관은 여러 왕대에 걸쳐 두루 벼슬해 나랏일을 모르는 것이 없으니 함께 의논해 잘 처리하라"는 정희왕후(자성대비)의 전교나 "대비는 매사를 원상에게 자문했다"는 기록에서 잘 드러난다(성종0.12.1경술;5.1.23기유).[10]

대신의 권력이 집중된 가장 중요한 기구는 원상이었다.[11] '승정원의 재상'이라는 그 이름대로 원상은 국가의 최고 중신인 재상을 국왕과 가장 가까운 관서인 승정원에 근무케 하는, 그러니까 의정부와 승정원의 기능을 결합한 변칙적이며 강력한 기구였다.

원상은 세조 후반의 가장 큰 정치적 위기였던 이시애 난을 진압한 직후인 세조 13년(1467) 9월 불안한 정국을 수습할 목적에서 만들어졌다. 처음 원상은 신숙주·한명회·구치관으로 짜였지만, 1년 뒤인 예종 즉위년 9월에 9명으로 대폭 늘어나면서 권한도 한층 강화되었다. 이것은 당시 중요한 권력자로 떠오르던 구성군龜城君 이준李浚과 병조판서 남이를 축출하고 한명회를 영의정에 복귀시키려는 전초적 수순으로 파악된다. 그뒤 원상은 성종 7년 5월에 혁파되기까지 다섯 차례에 걸쳐 부분적으로 개편되기는 했지만 그 영향력을 거의 그대로 유지하면서 당시의 핵심 권력기구로 기능했다.

원상의 객관적 면모는 그런 측면을 또렷이 보여준다. 평균 50대 중반(55.3세)의 원숙한 나이로 원상에 임명된 그들은 그 관서의 이름에 걸맞게 모두 승지와 정승을 역임했고(홍윤성과 정인지는 승지를 거치지

순번	이름	생몰 연대	입사 경로	재직기간 (해임 사유)	나이	공신 책봉	주요 관력	기타
1	신숙주	1417(태종 17)~ 1475(성종 6)	1439(세종 21) 문	세조 13.9~ 성종 6.6(사망)	50	정난 2, 좌익 1, 익대 1, 좌리 1	도승지, 병판, 영의정	집
2	한명회	1415(태종 15)~ 1487(성종 18)	1452(문종 2) 음	세조 13.9~ 성종 7.5	52	정난 1, 좌익 1, 익대 1, 좌리 1	도승지, 이판, 병판, 영의정	
3	구치관	1406(태종 6)~ 1470(성종 1)	1434(세종 16) 문	세조 13.9~ 성종 1.1(사망)	61	좌익 3, 좌리 2	좌승지, 이판, 영의정	
4	박원형	1411(태종 11)~ 1469(예종 1)	1434(세종 16) 문	예종 0.9~ 예종 1.1(사망)	57	좌익 3, 익대 2	도승지, 이판, 좌의정, 영의정	
5	최항	1409(태종 9)~ 1474(성종 5)	1434(세종 16) 문	예종 0.9~ 성종 5.4(사망)	49	정난 1, 좌익 2, 좌리 1	도승지, 이판, 영의정	집
6	홍윤성	1425(세종 7)~ 1475(성종 6)	1450(문종 즉위 년) 문	예종 0.9~ 성종 6.9(사망)	43	정난 2, 좌익 3, 좌리 1	예판, 우의정, 영의정	
7	조석문	1413(태종 13)~ 1477(성종 8)	1434(세종 16) 문	예종 0.9~ 성종 7.5	55	좌익 3, 적개 2, 익대 3, 좌리 1	도승지, 호판, 영의정	집
8	김질	1422(세종 4)~ 1478(성종 9)	1450(문종 즉위 년) 문	예종 0.9~ 성종 7.5	46	좌익 3, 좌리 2	좌승지, 병판, 우의정, 좌의정	
9	김국광	1415(태종 15)~ 1480(성종 11)	1441(세종 23) 문	예종 1.5~ 성종 7.5	53	적개 2, 좌리 1	좌부승지, 병판, 좌의정	
10	윤자운	1416(태종 16)~ 1478(성종 9)	1444(세종 26) 문	성종 1.1~ 성종 7.5	52	좌익 3, 좌리 1	도승지, 병판, 우의정, 영의정	집
11	정인지	1396(태조 5)~ 1478(성종 9)	1414(태종 14) 문	성종 1.12~ 성종 7.5	74	정난 1, 좌익 2, 익대 3, 좌리 2	이판, 병판, 영의정	집
12	정창손	1402(태종 2)~ 1487(성종 18)	1426(세종 8) 문	성종 1.12~ 성종 7.5	58	좌익 3, 익대 3, 좌리 2	우승지, 이판, 영의정	집
13	성봉조	1401(태종 1)~ 1474(성종 5)	음	성종 3.1~ 성종 5.9(사망)	71	좌리 3	우승지, 이판, 우의정	
14	윤사흔	?~1485(성종 16)	-	성종 6.7~ 성종 7.5	53	좌리 2	동부승지, 공판, 우의정	

*나이는 원상 임용 당시 나이, 재직기간의 숫자는 연월, 기타는 집현전 학사 출신을 말함.

않았다) 한 번 이상 공신에 책봉되었으며, 한명회·성봉조成奉祖·윤사
흔尹士昕을 빼고는 모두 문과에 급제하는(78.6퍼센트) 매우 화려한 경
력을 보유했다. 이런 측면은 최고의 훈구대신들이 젊은 시절 뛰어난
능력을 지닌 인물이었음을 객관적으로 입증해준다. 특히 신숙주 등
6명(42.9퍼센트)이 세종 때 집현전 학사를 거쳤다는 사실은 현재 집현
전을 '사림파'의 근거지로 보는 견해에 비추어 '훈구'와 '사림'의 연
속적 성격을 보여주는 한 증거로 생각된다.[12]

훈구대신의 영향력

훈구대신의 권력은 현실에서 다양하게 나타났다. 먼저 좌리佐理공신 책봉과 겸판서兼判書제도의 시행을 들 수 있다. 좌리공신은 성종이 즉위하고 상당한 시간이 흐른 뒤인 재위 2년(1471) 3월에야 책봉되었는데, 성종을 추대하는 데 공로를 세웠다는 다소 궁색한 명분이었지만 그때까지 공신 중 가장 많은 75명이 선정되었다. 이런 부조리한 사실은 좌리공신이 기존 신하를 우대해 왕권에 협조하도록 포섭하려는 목적(모든 공신 책봉이 그럴 테지만)이 더욱 두드러진 정치적 행사였음을 알려준다.

좌리공신 책봉으로 기존 신하의 혈연적 유대와 정치적 입지는 더욱 튼튼해졌다. 좌리공신에 원상 전원(13명)이 포함되고, 서로 부자·형제·숙질叔姪 등 인척관계에 있던 인물이 28명(37.3퍼센트)이며, 그 이전 네 차례의 공신(정난·좌익·적개·익대)에 한 번 이상 참여한 사람이 39명(68.4퍼센트), 그리고 세 번 이상 녹훈된 인사도 9명(15.8퍼센트)이나 된다는 사실은 그런 측면을 잘 보여준다.[13]

그들은 성종 초반은 물론 후반까지도 대신직을 강력히 장악하면서 큰 영향력을 행사했다. 성종 때 의정부 당상 가운데 좌참찬을 빼고는 모두 절반 이상이 좌리공신이었고, 특히 삼정승의 비율은 90퍼센트를 웃돌았다. 육조 판서는 비율이 약간 떨어지지만, 가장 핵심부서인 이조와 병조의 비율이 60퍼센트를 넘었다.

실제 판서 외에 국왕이 신임하는 대신에게 판서를 겸직시킨 세조 때의 겸판서제도를 정희왕후의 지시로 다시 시행한 것도 중요하다.[15] 겸판서에는 한명회(겸병조: 성종0.12.1경술)를 비롯해 한계미韓繼美(겸이

의정부 당상							육조 판서					
영의정	좌의정	우의정	좌찬성	우찬성	좌참찬	우참찬	이조	호조	예조	병조	형조	공조
6/6 (100%)	9/9 (100%)	13/14 (92.9%)	9/10 (90.0%)	7/12 (58.3%)	5/22 (22.7%)	13/20 (65.0%)	20/27 (74.1%)	15/22 (68.2%)	5/9 (55.6%)	14/22 (63.6%)	8/28 (28.6%)	10/21 (47.6%)

＊비고 : 좌리공신의 실인원 / 해당 관직을 역임한 실인원.

조: 성종0.12.24계유) · 신숙주(겸예조: 성종5.2.15경오) · 조석문(겸호조: 성종
1.6.3경술) · 구치관 · 노사신盧思愼 · 윤필상尹弼相(이상 겸이조: 성종5.2.15경
오) · 윤자운(겸예조: 성종6.8.14경인) 등 주요 대신이 망라되었다.

대부분 원상으로 채워진 겸판서의 권한은 실제 판서의 지위를 허
직虛職으로 만들 만큼 강력했다. 성종 5년(1474) 10월 이조판서 정효
상鄭孝常이 겸판서 윤필상의 재가 없이는 관직을 제수할 수 없자 "나
는 자리만 채울 뿐"이라고 푸념한 사례는 그런 정황을 잘 보여준다
(성종5.10.22갑진).

대신의 위상을 강화한 제도적 장치는 그밖에도 다양했다. 우선 성
종 때 정치에서 중요한 기능을 한 경연經筵에서 정1품과 정2품의 고
관이 겸임하는 영사領事 · 지사知事의 인원과 영향력이 증가했다.[16]
보통 금지되던 일종의 인사청탁인 분경奔競도 너그러운 조처가 내려
졌다. 대신에게 나랏일을 맡기고 분경을 금지하면 신임하는 도리가
아니라는 취지에서 겸판서를 포함한 대신 전체의 분경 금지를 해제
해 그들의 활동을 더욱 자유롭게 만들어준 것이다(성종2.12.12기묘).[17]
그밖에도 성종은 좌리공신을 책봉한 뒤 개국 이래의 8공신과 그 자
손을 거느리고 충성을 맹세하는 의식을 거행하고(성종2.4.6무신) 공신
의 적장자는 자동적으로 당상관에 임명하도록 했으며(성종2.6.8기유)

공신 가운데 자손이 끊어진 사람에게도 혜택을 주도록 충훈부忠勳府에 지시하는(성종3.11.15정미) 등 다양한 우대 정책을 마련했다. 요컨대 성종 초반 원상을 중심으로 한 훈구대신의 입지는 좌리공신의 책봉과 겸판서제도의 실시 등에 힘입어 강고하게 유지된 것이다.

이처럼 제도적으로 보장된 대신의 영향력은 실제 사례에서 다양하게 나타났다. 먼저 성종 3년 6월 지평 박시형朴時衡이 원상을 혁파하자고 주장한 사건이 주목된다. 대간이 대신 권력의 핵심인 원상에 직접 도전한 이 사건의 파장은 컸지만 금방 사그라졌다. 논란이 커지자 박시형은 동료와 의논하지 않은 개인적 의견이라고 물러섰고, 대사헌 김지경金之慶·집의 김계창金季昌·장령 배맹후裵孟厚 등 동료 사헌부 관원들도 "원상의 설치는 매우 좋은 일"이라면서 오히려 박시형을 비판하고 나선 것이다(성종3.6.19갑신·21병술).

대간으로서는 의외인 이들의 태도는 다음 달 새로 임명된 대사헌 권감權瑊·집의 임사홍任士洪·장령 이맹현李孟賢·지평 남윤종南潤宗 등이 비판한 대로 "원상의 세력을 무서워해 공격하지 못한 것"이었다(성종3.7.9갑진·13무신·14기유·22정사).[18] 이 사례는 성종 초반 원상의 위상은 대간이 범접하기 어려울 정도로 확고했음을 잘 보여준다.

성종과 정희왕후도 대신에게 매우 우호적이어서[19] 그들에 대한 대간의 비판을 좀처럼 받아들이지 않았다.[20] 성종 3년 11월 장령 허적許迪은 강희맹姜希孟과 양성지梁誠之가 실록 봉안사奉安使로 갔다가 민폐를 끼쳤다고 탄핵했지만 대신이라는 이유로 거부되었다(성종3.11.30임술). 같은 해 12월 평창군수平昌郡守에 제수된 김순성金順誠과 관련된 사례도 비슷하다. 김순성은 시골인 평창으로 발령되자 아내의 병을 핑계로 한명회에게 발령을 취소해달라고 청탁했다. 장령 이맹현과 집의 임사홍 등은 한명회를 강력히 탄핵했지만, 성종은 대간이 그처럼 작은 일로 대신을 탄핵해서는 안 된다면서 오히려 먼저 발언한 사람을 추궁한 뒤 사헌부 전원을 교체했다(성종3.12.4병인·6무진~9신미).[21]

　성종 7년 7월 대사헌 윤계겸尹繼謙은 영중추부사 김수온金守溫이 남의 토지와 제언堤堰을 빼앗았다고 탄핵했다. 성종은 그 사실은 인정하면서도 훈구대신이기 때문에 처벌할 수 없다고 대답했다(성종 7.7.19경신·20신유). 이듬해 1월에도 대사헌 최한정崔漢禎이 "요즘 훈구대신의 잘못을 대간이 탄핵해도 받아들이지 않는다"고 간언하자 성종은 "대신이 중죄를 저질렀으면 용서할 수 없지만 자질구레한 일은 꾸짖을 수 없다"면서 거부했다(성종8.1.13임자). 이처럼 성종 초반 대신의 옹호가 유지된 결과 성종 7~8년 무렵 한명회·김국광·김질金礩 등 주요 대신들은 녹봉과 지위는 물론 부귀가 극진했으며, 특히 한명회의 권력은 국법보다 우위에 있다고 평가될 정도였다(성종7.12.6을해;8.1.21경신).

　요컨대 성종 초반 왕권의 위상과 정치 상황은 정희왕후의 수렴청정이 실시되는 가운데 원상에 포진한 훈구대신이 강력한 영향력을 행사해 성종은 왕권을 제대로 행사할 수 없던 국면이었다. 그러나 이처럼 변형된 왕정은 수렴청정이 끝나 성종이 친정을 시작하고 곧이어 원상제가 혁파되면서 커다란 변화의 전기를 맞았다.

2
균형과 견제 − 8∼17년

친정을 시작하다

성종에게 진정한 원년은 수렴청정과 원상제가 끝나고 친정을 시작한 재위 7년(1476)이었을 것이다. 왕권의 위상에 나타난 이런 중요한 변화는 당연히 대신과 삼사의 관계에도 큰 영향을 주었다. 앞서 본대로 성종 초반의 정국은 훈구대신의 강한 영향력 때문에 그 외형과 실제 모두 일반적 왕정과는 상당히 괴리되었다. 그러므로 친정을 시작한 성종에게 가장 시급한 정치적 과제는 대신의 입지를 줄이는 것이었다.

　이런 목표를 이루려면 무엇보다도 먼저 왕권을 확립해야 했다. 성종의 정치적 영향력이 커지는 변화는 친정을 앞뒤로 점차 뚜렷해졌다. 우선 친정 직전인 재위 6년 9월 정창손·정인지 등 주요 대신의 반대를 무릅쓰고 친부인 덕종德宗을 종묘에 모신 조처(부묘祔廟)가 주목된다. 부묘를 강행한 성종은 이듬해 1월에도 원상의 논란을 무마하면서 덕종의 서열을 예종보다 위에 두었다. 이것은 그동안 다소 취약했던 왕위계승의 정통성을 보강하는 중요한 의례적儀禮的 조처였을 뿐 아니라 주요 대신의 반대를 뚫고 관철시켰다는 점에서 정치적 의미가 매우 컸다.[22]

좀더 중요한 사실은 부묘 직후 성종의 친정이 시작되었다는 것이다. 부묘를 알리는 춘향대제春享大祭를 치른 사흘 뒤 정희왕후는 이제 성종이 성년이 되었으니 수렴청정을 끝내겠다고 전교했다(성종7.1.10 을묘·13무오). 변형된 왕정을 본래 체제로 복귀시킨 이 조처는 이제 왕권의 위상과 정국의 전개에 상당한 변화가 나타날 것을 예고하는 중요한 신호였다.

과연 성종은 왕권을 강화하는 몇 가지 조처를 신속히 단행했다. 수렴청정이 끝난 바로 다음날부터 내관內官을 거치지 말고 승지가 직접 공사公事를 출납케 해 왕명 전달체계를 변경했다(성종7.1.13무오·14 기미). 두 달 뒤에는 한명회의 측근으로 분류되는 도승지 유지柳輊를 경상도 관찰사로 내보내고 자신이 큰 신임을 표시한 바 있는 좌부승지 현석규玄碩圭를 도승지에 기용해 가장 가까운 부서인 승정원을 정비했다(성종7.1.14기미;7.3.13병진).[23] 같은 해 5월 원상제를 혁파한 것은 그런 작업의 마침표였다(성종7.5.15정사·19신유). 이로써 치세 6년 무렵부터 친정체제를 구축하려고 노력한 성종은 성년이 된 재위 7년 훈구대신의 핵심 권력기구인 원상을 혁파해 진정한 왕권을 행사할 수 있는 환경을 만드는 데 일단 성공했다.

대신을 압박하다

모든 일이 그렇듯, 변화의 효과가 나타나려면 일정한 시간이 필요하다. 친정이 시작되고 원상제가 혁파되었다고 해서 대신의 영향력이 금방 수그러들지는 않았다. 친정을 시작한 지 1년이 넘은 시점의 한 사평史評은 그런 분위기를 잘 보여준다.

사간원이 대신을 탄핵하면 사헌부가 사간원을 탄핵하고, 사간원이 대신을 거스르면 사헌부가 대신을 편든다(성종 8.5.7 계유).

합치된 의견과 행동을 중시하는 대간이 대신 앞에서 분열된 모습을 보일 정도로 대신의 권력은 아직 강했던 것이다.

성종이 이런 현실에 문제점을 느낀 것은 자연스러웠다. 재위 6년 3월에 내린 책문策問은 그런 실마리로 주목된다. 그 책문은 중국 전국시대 월越의 범려范蠡와 오吳의 오자서吳子胥를 보기로 들면서 "떠나서는 안 되는데 떠난 사람과 떠나야 하는데도 떠나지 않은 사람은 그 진퇴·출처의 선택에서 누가 옳았는가?"라고 물었다(성종 6.3.5 갑인). 책문이 현안에 관련된 질문과 답변임을 생각하면, 오를 멸망시킨 공로를 세운 뒤 떠나 화를 입지 않은 범려의 고사를 원용한 데는 세조 때 이후 말 그대로 "큰 공로를 세운 나이 많은 신하"라는 뜻을 가진 '훈구대신'의 처신을 암시하려는 의도가 짙게 깔려 있다고 생각한다.[24] 그 책문의 끝머리에서 성종이 현량賢良한 인재의 등용을 강조한 것도 친정을 앞두고 정치세력 교체를 염두에 둔 발언으로 볼 수 있을 것이다.

이런 성종의 문제의식은 대간의 탄핵을 받은 주요 대신들이 대질對質을 요구하는 사례가 잦아지면서 더욱 깊어졌다. 먼저 성종 8년(1477) 10월 대사헌에 임명된 양성지는 장령 김제신金悌臣과 사간 경준慶俊 등이 자신이 탐오하다는 혐의를 제기하자 부인하면서 대간과 대질을 요구했다(성종8.10.2병신·4무술·5기해).[25] 성종 9년 1월에는 역시 주요 훈구대신인 정인지가 대간과 대질을 요청했다. 정인지가 삼정승에서 퇴임한 국가원로인 '삼로三老'에 선정되자 사간 경준·장령 박숙달朴叔達·지평 이세광李世匡·정언 성담년成聃年 등이 그의 부정한 축재를 지적하면서 반대했기 때문이었다(성종9.1.27경인;9.2.19임자~23병진).[26]

좀더 결정적인 문제는 원상을 역임한 김국광과 대간의 대립에서 발생했다. 성종 9년 6월 김국광이 우의정에 임명되자 대사간 안관후安寬厚와 지평 이세광은 그를 탐오한 인물이라고 탄핵했다. 김국광은 그날로 사직했지만 며칠 뒤 의금부에 그 문제를 회부해 곡직을 가려달라고 요구했다(성종9.6.2임진·3계사). 대간의 비판은 일단 수용하는 것이 일반적이지만, 양성지와 정인지에 이어 김국광도 대간과 대질을 요구하면서 자신의 결백을 밝히려고 하자 성종은 그 문제점을 강하게 지적했다.

요즘 대신들은 탄핵을 받을 때마다 대면해 따지려고 하는데 이 습관을 키워서는 안 된다. …… 대신은 탄핵을 받으면 마땅히 문을 닫고 들어앉아 스스로 반성해야 하는데 지금 김국광은 대간에 맞서 자신을 변론하려고 하니 잘못이다(성종9.6.10경자·19기유).[27]

수렴청정 때 유지된 대신의 권력이 친정을 시작한 뒤에도 충분히 제어되지 않는다는 성종의 문제의식은 대신의 국정운영 능력이 부족하다는 불만으로 확대되었다. 재위 10년(1479) 12월 성종은 대신이 국정운영에 소극적으로 참여한다고 질책했다.

지난 번 시사視事할 때 대신이 적지 않았는데, 내가 두세 차례 자문을 구했지만 대답하는 사람이 하나도 없었다. 대신의 체모가 어찌 이럴 수 있는가? 매우 유감스럽다. 내가 그때 즉시 추국하려고 했지만 대신을 대우하는 도리에 어긋나기 때문에 하지 않았을 뿐이다(성종10.12.17 무진).

이 발언은 두 가지 중요한 변화를 알려준다. 성종은 친정 3년 정도 만에 대신에게 불만이 있을 경우 "즉시 추국하려고 할" 정도로 왕권을 확립한 반면 대신은 국정운영에 소극적으로 참여하고 있다는 질책을 들을 정도로 입지가 위축된 것이다.[28]

이처럼 친정 이후 국왕이 직접 제재하면서 강고했던 대신의 위상은 조금씩 흔들리기 시작했다. 이런 대신의 모습은 대간을 비롯한 다른 세력에게 포착되었고, 곧 공격이 시작되었다. 나중에는 대간이 주도했지만, 첫 비판은 종실의 일원인 주계부정朱溪副正 이심원李深源이 개시했다. 성종 8년 11월 이심원은 "10년이 지났어도 좌우에 있는 사람들은 그대로이기 때문에 전하께서 선善을 좋아하셔도 좌우의 신하들이 가로막고 있다"면서 세조 때부터 이어진 훈구대신의 오랜 집권을 비판했다. 이듬해 4월 그는 "세조 때의 훈신을 쓰지 말자"는 더욱

노골적인 표현으로 도전했다(성종8.11.26기축;9.4.8기해).[29]

일주일 뒤에는 그뒤 생육신生六臣의 한 사람으로 선정된 유학 남효온南孝溫이 문종비 현덕왕후顯德王后 권씨의 소릉昭陵을 복구하자는 상소를 올리면서 가세했다.[30] 세조가 훼철한 소릉을 복원해야 한다는 남효온의 건의는 세조뿐 아니라 그때 대신들의 행위에 중대한 도덕적 결함이 있다는 뜻이었으므로 이심원의 상소와 함께 큰 정치적 파장을 몰고왔다. 도승지 임사홍과 동부승지 이경전李慶仝은 그 상소를 "이심원의 상소와 같은 것"이라고 주장했고, 세조 때의 가장 대표적 훈신인 한명회는 "매우 통분하다"면서 엄중한 국문을 요청했다(성종9.4.15병오·16정미·24을묘).

그러나 성종의 반응은 의외였다. 이심원과 남효온의 상소에 문제가 있다는 데는 동의했지만, 구언求言에 대한 응답을 처벌하면 언로言路가 막힐 우려가 있다는 이유로 치죄하지 않은 것이다(성종9.4.24을묘).[31] 즉 성종은 그 사안의 심각성과 많은 신하의 반발에 비추어 충분히 처벌할 수 있었지만 구언이라는 이유를 들어 사면한 것이다. 거기에는 "10년이 넘도록 요직을 장악하고 있는" 대신을 견제하려는 의도가 깔려 있다고 생각된다.

이처럼 성종은 친정을 시작했지만 대신의 영향력이 너무 큰 현실에 점차 뚜렷한 문제의식을 갖게 되었고 그것을 점진적이지만 분명한 발언과 행동으로 표현했다. 그의 생각과 행동은 점차 핵심으로 다가가고 있었다. 앞서 보았듯 자타가 공인하는 최고의 대신은 한명회였다. 수많은 역사적 선례에서 나타난 권력의 속성이지만, 이제 성종은 자신이 보위에 오르는 데 중요한 배경이 되었던 장인을 압박하기

시작했다. 이것은 그의 왕권이 그만큼 성장했다는 또 하나의 뚜렷한
증거였다.

몰리는 한명회

부정적 이미지가 좀더 많지만, 한명회는 조선전기를 대표하는 인물
가운데 한 사람이다. 그의 인생은 아마 '입지전적立志傳的인 삶'이라
는 표현으로 가장 잘 요약될 것이다. 그는 문과에 급제하지 못하고
37세에야 문음門蔭으로 관직에 나왔다(문종 2년, 1452). 그것도 개성에
있는 조선 태조의 잠저潛邸인 경덕궁敬德宮을 지키는 궁지기[宮直]라
는 보잘 것 없는 벼슬이었다.

그러나 그의 삶을 뒤바꿀 커다란 전기가 곧 찾아왔다. 바로 그해 5
월에 문종이 승하하고 12세의 단종이 즉위한 것이다. 그는 이 돌발
적 상황의 정치적 함의를 누구보다 정확하고 빠르게 포착했다. 새 국
왕은 너무 어렸지만, 그동안 여러 방면에서 출중한 능력을 발휘해온
두 숙부인 수양대군首陽大君과 안평대군安平大君은 육체적으로나 정
신적으로나 가장 왕성할 나이인 30대 중반이었다(각 36세와 35세). 두
달 뒤 한명회는 오랜 친구인 권람權擥을 찾아가 안평대군과 김종서
金宗瑞 등의 동태가 심상치 않으니 수양대군에게 거사를 종용해야 한
다는 생각을 밝혔고, 닷새 뒤 권람의 소개로 수양대군을 만났다.

이것은 그의 일생뿐 아니라 조선의 운명을 뒤바꾼 역사적 만남이
었다. 그뒤 한명회는 그야말로 화려한 경력을 이뤘다. 우선 관직에서
도승지, 이조·병조판서, 좌·우의정을 거쳐 영의정을 두 번이나 역
임했다. 훈력勳歷은 더욱 독보적이었다. 네 번의 공신 책봉(정난·좌익·

익대·좌리)에서 모두 1등으로 선정된 사람은 조선시대 전체에서 그가 유일하다. 좀더 중요한 사실은 그가 예종과 성종의 국구國舅였다는 것이다. 관직이나 공신 책봉이 그래도 객관적 지표를 바탕으로 한 다소 건조한 관계라면, 이것은 국왕과 말 그대로 '피를 섞는' 끈끈한 사이가 되는 것이기 때문이다. 이런 막중한 관계를, 그것도 두 번이나 성사시켰다는 사실은 권력에 대한 한명회의 생각과 의지가 얼마나 치밀하고 집요했는지를 가장 잘 보여주는 지표라고 생각된다.

공적으로는 국왕과 최고 대신이고 사적으로는 사위와 장인인 성종과 한명회의 관계가 삐걱대기 시작한 계기는 중요한 정치적 변화인 수렴청정의 중지였다. 성종 7년 1월 대비가 그런 의사를 밝히자 한명회는 누구보다 강하게 반대했다.

오늘의 태평한 정치는 대비께서 보호하고 이끌어주신 덕분입니다. 수렴청정은 예부터 전례가 있는 일이니 무엇을 혐의롭게 여기십니까? …… 대비께서 그렇게 하시면 우리나라의 종사와 백성들은 어떻게 되겠습니까? …… 주상께서 즉위한 뒤 아무 일도 하지 않아도 저절로 다스려지게 된 것은 모두 대비께서 보호하고 이끌어주신 능력 때문이니 권력을 돌려주지 마소서(성종7.1.13무오).

이것은 분명히 오해의 소지가 큰 발언이었다. 대간은 즉시 탄핵했고, 같은 원상인 윤자운과 윤사흔도 동참했다. 가장 직접적인 비판은 한 달 뒤 유자광柳子光이 제기했다. 매우 긴 상소에서 그는 한명회가 그동안 품고 있던 속마음을 드러냈다고 지적하면서 대간은 물론 대신도 자기를 어쩌지 못하리라는 오만한 생각에서 참으로 불충한 발언을 했다고 규탄했다. 9일 뒤 한명회는 긴 탄원서를 올려 해명한 뒤 사직을 요청했다.

그러나 한명회의 발언은, 그 진의가 무엇이든, 성종에게 매우 불쾌한 내용이 분명했다. 성종은 그런 생각을 곧 명확히 밝혔지만, 일단은 유자광을 불러 "한번 역사에 기록된 말은 지울 수 없는데 발언이 너무 지나쳤다"고 타이르고 대간에게도 지난 일을 자꾸 거론하지 말라고 지시했다.

하지만 한명회를 둘러싼 이 논란은 그뒤 두 달 동안 지속되었고, 결국 모두에게 책임을 묻는 절충적 방향으로 해결되었다. 우선 대간에서 장령 손비장孫比長과 지평 성건成健을 교체하고, 유자광도 파직시켰다. 무엇보다 중요한 사실은, 비록 지병을 명분으로 내세웠지만, 한명회가 관직에서 물러난 것이었다(성종7.1.14기미~20을축;7.2.17계사·28임인;7.3.1갑진~11갑인·29임신;7.4.27경자).

자타가 공인하는 최고의 훈구대신인 한명회가 사직한 이 중요한 변화는 대신 권력에 커다란 공백이 생겼다는 것을 뜻했고, 곧 중대한 결과로 나타났다. 그것은 원상제 혁파였다. 한 달 뒤 예빈시부정禮賓寺副正 송극창宋克昌과 대사헌 윤계겸은 원상제 혁파를 건의했고 원상들도 찬성했다. 이로써 세조 후반 이후 실질적인 최고 권력기구로 기능했던 원상제는 마침내 종결되었다(성종7.4.29임인;7.5.15정사).

이런 과정을 거치면서 성종이 한명회에게 어떤 생각을 가졌는지는 곧 또렷이 드러났다. 1년 반 뒤 국왕은 유자광에게 "경이 지난번에 한명회를 탄핵했으니 내가 매우 가상하게 여긴다"고 말한 것이다

(성종8.9.6경오). 이처럼 친정 직후 일어난 한 사건을 계기로 한명회를 사직시키고 곧이어 대신의 핵심 기구인 원상을 혁파하는 과정은 권력 행사에 대한 성종의 의지와 실천력이 단순하지 않다는 것을 충분히 보여준다.

그러나 "국법보다 강했던" 한명회의 권력이 금방 수그러들지는 않았다. 그는 월권과 관련된 사건을 몇 차례 더 일으켰다. 성종 12년 (1481) 4월 한명회는 그전부터 매우 친밀하게 지내던 중국 사신 정동鄭同에게 뇌물을 주었다는 혐의로 대간의 탄핵을 받았다. 성종은 "대간의 말이 옳지만 형편상 어쩔 수 없던 일"이라고 무마했지만 "조정에 자기 마음대로 하는 대신이 있게 하지는 않을 것"이라는 강한 의지를 보였다(성종12.4.29계유~12.5.2병자·7신사;12.6.25무진·26기사).

대신의 월권을 이제 좌시하지 않을 것이라는 국왕의 결심을 한명회는 유념하지 않거나 무시했던 것 같다. 문제는 다시 정동과 관련해 일어났다. 두 달 뒤 정동이 자신의 정자인 압구정狎鷗亭을 구경하고 싶다고 하자 한명회는 기꺼이 응낙했다. 그러나 여름인데다 정자가 좁아 더울지 모르니 옆에 차일遮日을 치는 것이 더 좋겠다고 생각했고, 왕실에서 쓰는 용봉龍鳳이 수놓인 차일이면 미관이나 위세를 좀 더 돋보이게 만들 수 있을 것 같았다. 그래서 성종에게 부탁했지만, 중국 사신을 너무 융숭히 대접하면 앞으로 그 요구가 더 심해질지 모르니 그냥 좀더 넓은 제천정濟川亭으로 모시는 것이 좋겠다는 하교가 돌아왔다. 한명회는 자신의 소청이 받아들여지지 않자 상당히 불만스러웠던 것 같다. 그렇게 적극적으로 잔치를 준비하던 태도를 돌변해 아내의 숙환 때문에 제천정 연회에 참석하기 어려울 것 같다고 아된 것이다.

정황상 이것은 국왕에게 노골적인 반감을 드러낸 것이 분명했다. 대간은 즉시 한명회의 오만을 탄핵했다. 당황한 한명회는 압구정을 헐겠다고 했지만 이미 때는 늦었다. 성종은 "그가 내게 분한 마음을 품은 듯싶다"고 판단했고 영사 이극배李克培가 "한명회는 옥에서 형장을 맞다가 죽어도 무례한 죄를 승복치 않을 것"이라고 탄핵하자 전적으로 공감하면서 한명회의 직첩職牒을 거두고 도성 밖으로 쫓아내라고 지시했다(성종12.6.25무진·26기사·30계유;12.7.1갑술).

결과적으로 이 명령은 관철되지 않았다. 곧 성종은 "한명회는 선대의 원훈이라 그 공로가 과오를 덮을 만하다. …… 정승은 국가에 큰 공로가 있으니 한번 죄를 지었다고 해서 끝까지 쓰지 않겠는가?"라면서 지시를 거뒀다(성종12.11.17정해·21신묘;12.12.20경신).

그러나 성종이 자신의 장인이자 최고의 훈구대신인 한명회를 하옥하고 도성 밖으로 쫓아내라고 명령한 것은 매우 중요한 변화였다. 넉 달 만에 그가 훈구대신임을 상기하며 복직시키기는 했지만, 그것은 그에 대한 옹호를 회복했다기보다는 우회적이지만 그렇기 때문에 더욱 큰 무게가 실린 경고로 보아야할 것이다.[32] 이런 사실은 성종의 왕권이 그만큼 확립되었다는 변화를 다시 한 번 웅변한다.

한명회는 성종 14년(1483) 2월에도 문제를 일으켰다. 그때 그는 주문사奏聞使로 중국에 파견되었는데, 승정원에서 그를 송별하는 시를 모아 책으로 만들었다. 그러자 성종은 우승지 강자평姜子平을 꾸짖었다. "두루마리로 만들라고 했는데 어째서 책으로 만들었는가? …… 왕명을 따르지 않고 대신의 말을 듣는 것이 옳은가?" 이때도 그 말을 들은 한명회가 곧 대죄하자 성종은 허물을 강자평에게 돌리며 한명회를 감쌌다(성종14.2.5무진·8신미·9임신). 그러나 이 사건에서도 대신의 월권을 좌시하지 않겠다는 성종의 의지는 충분히 읽을 수 있다.

지금까지 살펴본 대로 친정을 시작한 성종은 수렴청정과 원상제가 실시되면서 견고히 유지된 훈구대신의 위상에 점차 심각한 문제의식을 갖게 되었다. 그런 생각은 양성지·정인지·김국광 등 주요대신이 대간의 탄핵에 대질을 요구하면서 촉발되어 한명회의 월권적 행동을 겪으면서 결정적으로 증폭되었다.

좀더 주목할 변화는 성종이 대신의 월권적 행동을 직접 규제할 만큼 왕권을 확립했다는 사실이다. 대신의 국정 참여가 불만스러울 경우 즉시 추국하겠다는 발언이나 최고의 권신인 한명회에게 하옥과 부처付處를 지시한 사례 등은 그런 변모를 반증한다. 이런 국왕의 압박과 함께 이심원·남효온의 직설적 비판이 제기된 것도 이 시기 훈구대신의 입지를 더욱 위축시키는 요소로 작용했다. 이처럼 성종은 친정 이후 왕권 확립을 바탕으로 그동안 강력했던 대신의 위상을 약화시키는 데 일단 성공했다. 치세 중반에 접어들면서 그는 더욱 중요한 정치제도적 변화를 추진했다. 그것은 대간의 위상을 제고시킨 것이었다.

대간의 부상浮上

앞서 말했듯 대간은 그 직무상 대신과 정치적 긴장관계를 형성할 가능성이 큰 세력이었다. 그러므로 대간의 위상 제고는 대신의 세력 약화와 맞물리는 문제였다. 이것은 대신의 견제세력으로 대간을 육성해 신하 내부의 견제구도를 형성함으로써 왕권을 효과적이면서도 강력하게 행사하려는 성종의 정치적 구상에 따른 변화로 생각된다.[33]

그 실마리는 친정 이전부터 발견된다. 성종은 즉위 직후 정언正言(정6품)을 한 명 늘려 사간원을 보강하고(성종1.4.5계축) 이듬해에는 "내가 즉위한 뒤 대간은 나의 눈과 귀가 되어 여러 번 상소를 올려 당시의 폐단을 극진히 진술했다"고 칭찬하면서 대간 전원에게 한 자급을 더 했다(성종2.6.18기미). 재위 5년 8월에는 대간이 국왕의 눈과 귀에 해당하는 중대한 책임을 맡고 있으므로 좌천되어도 지방관청의 교수[外敎授]에는 임명하지 말자는 이조의 건의를 수용해 대간의 지위를 보장했다(성종5.8.14병신).

대간의 위상은 이런 예비과정을 거친 뒤 본격적으로 제고되었다. 성종 8년 7월부터 전개된 현석규와 임사홍의 대립은 그런 변화를 보여주는 중요한 실마리다.[34] 그해의 간지를 따라 '무술옥사戊戌獄事'로 불리는 이 문제는 한 간통사건을 놓고 승지들의 의견이 갈라지면서 시작되었다. 도승지 현석규는 강간으로 결론지은 의금부의 판결에 찬성했지만 그밖의 승지들은 거기에 반대했다. 일단 결론은 현석규와 의금부의 판단이 옳다는 쪽으로 났지만, 그 사안은 거기서 끝나지 않았다. 현석규가 다른 승지와 논쟁을 벌이는 과정에서 그들을 '너'라고 부르는 등 무례한 행동을 했다는 사간원의 탄핵이 제기되면서 문제가 확대된 것이다. 강직한 성품을 신임해 오랫동안 승지로 임명해온 현석규가 탄핵되자 성종은 그 탄핵을 주도한 인물을 물었고, 조사 결과 우승지 임사홍으로 밝혀졌다.

복잡한 논의 끝에 성종은 임사홍을 대사간으로 전보하고 앞서 현석규와 충돌한 승지와 간관도 모두 다른 관직으로 발령했지만 문제의 중심인물인 현석규는 도승지에 유임시켰다. 결론적으로 현석규의 손을 들어준 것이다. 그러자 사헌부와 무령군武靈君 유자광은 즉각 반대했다. 하지만 성종은 물러서지 않았다. 그는 바로 그 비판을 제기한 사헌부의 장관인 대사헌으로 현석규를 임명했고, 다시 대간이 강력히 반발하자 오히려 형조판서로 승진시켰다.

성종의 이런 조처가 다소 이례적이기는 하지만, 인사권은 국왕의 가장 중요하고 기본적인 권한이다. 지평 김언신金彦辛은 그런 민감한 영역을 건드렸다. 그는 현석규를 당唐의 노기盧杞나 송宋의 왕안석王安石과 비슷한 소인이라고 지목하면서 극렬히 비판했다. 이것은 단순히 현석규를 비판한 것이 아니라 그가 소인임을 모르고 감싸는 성종의 판단력과 인사권에 도전한 것으로 비칠 소지가 큰 행동이었다. 성종은 하동부원군 정인지·좌의정 심회沈澮 등 중신에게 의견을 물었고 현석규가 소인이 아니라는 대답을 얻자 김언신을 하옥해 국문하라고 지시했다.

그러나 두 달 뒤 성종이 내린 하교의 내용은 전혀 달랐다.

내가 그대를 하옥시킨 것은 그대가 고집하기 때문이다. …… 앞으로 말할 만한 일이 있거든 극진히 말하라. 가납하겠다. 그대가 강개하고 굽히지 않는 것을 나는 대단히 기뻐한다(성종8.9.8임신).

즉 성종은 오히려 김언신을 격려하면서 대간과의 첨예하고 긴 대립을 평화적으로 끝낸 것이다.

시작과 끝의 분위기가 사뭇 달랐던 이 사건은 세 가지 의미를 알려준다. 첫째, 성종은 왕권의 고유권한인 인사권에 도전하는 행위를 강력히 규제했다는 것이다. 성종의 말대로 이 사건의 본질은 "현석규 때문이 아니라 김언신이 내게 소인을 썼다고 말했기 때문"이었다. 즉 어떤 신하를 탄핵한 것이 문제가 아니라 그를 신임하고 정당하다고 여긴 국왕의 판단이 잘못되었다는 비판이 이 사안의 핵심이었던 것이다.

둘째, 사안의 진행 과정에서 성종은 대간을 직접 탄압하기보다는 그들이 비판한 인물을 오히려 계속 승진시키는 우회적 방법으로 대응했다는 사실을 주목할 필요가 있다. 이것은 성종의 유연하고 비폭력적인 왕권 행사를 보여주는 중요한 증거로 생각된다.[35]

셋째, 결론적으로 대간 활동에 큰 믿음을 보이고 있다는 것이 가장 중요하다. 대간이 "강개하고 굽히지 않는 것을 대단히 기뻐한" 까닭은 대간이 대신의 견제세력으로 성장해 정치세력의 권력관계가 변화하기를 바랐기 때문이었을 것이다. 요컨대 친정 직후 일어난 이 사건은 성종이 대간 활동에 큰 기대와 격려를 보냄으로써 앞으로 대간의 위상이 크게 높아질 것을 예고하는 중요한 전환점이었다.

균형과 견제

성종은 계속 대간을 지원하고 격려했다. 재위 8년(1477) 8월에는 대간을 제수할 때는 예문관과 육조의 일부 부서에서 전문성 유지를 위해 3년 이상 근무시키는 구임법久任法에 구애되지 말고 강개한 사람

<표 3> 성종대 삼사 언론활동의 추이[37]

기간	1기							2기										3기								합계
	1	2	3	4	5	6	7	8	9	10	11	12	13	14	15	16	17	18	19	20	21	22	23	24	25	
사헌부	70	99	119	100	114	84	181	161	157	148	153	166	181	121	98	96	100	140	181	191	197	166	219	293	204	3,739 (55.1%)
사간원	57	54	88	81	89	56	134	108	76	92	104	137	124	76	43	84	87	98	128	116	127	168	134	220	149	2,630 (38.8%)
대간합사	2	1	0	0	0	0	2	0	1	3	3	8	2	2	1	4	2	7	5	3	4	7	13	19	35	124 (1.8%)
홍문관	0	3	6	2	7	13	5	2	13	9	5	5	18	14	20	19	5	7	21	17	16	16	28	17	23	291 (4.3%)
합계	129	157	213	183	210	153	322	271	247	252	265	316	325	213	162	203	194	252	335	327	344	357	394	549	411	6,784 (100.0%)
	1,592(연평균 227.4회)							1,820(연평균 182.0회)										1,513(연평균 189.1회)								

을 널리 뽑아 임명하게 했으며(성종8.8.15기유) 같은 해 12월에는 "임금이 간언을 따르면 성인聖人이 된다고 한다. …… 나의 잘못된 행동은 미리 말하지 않으면 안 된다"면서 대간 언론을 적극적으로 촉구했다(성종8.12.9임인). 재위 9년 5월에는 대간을 수령에 제수하지 말게 해 좀더 안정적으로 중앙조정에서 근무할 수 있게 하고,[36] 10년 3월 시독관侍讀官(홍문관 부교리副校理) 김흔金訢이 "간언을 용납하는 태도가 이전 같지 않다"고 지적하자 잘못을 솔직히 인정했다(성종10.3.21 정축).

이런 성종의 우호적 태도가 대간의 위상을 상당히 높였으리라는 예상은 합리적이다. 그런 정황은 대간의 언론활동이 성종 7년부터 급증한다는 중요한 변화에서 포착할 수 있다.

이 추이에서는 두 가지 주목할 만한 사실을 발견할 수 있다. 우선 대간의 발언은 시간이 갈수록 빈번해졌다. 물론 발언 빈도가 그 영향력과 직접 연결되는 것은 아닐 수도 있지만, 이런 변화는 그 위상이 점차 높아지고 있다는 하나의 증거로 볼 수 있을 것이다. 다음으로 그런 변화가 성종의 친정이 시작된 재위 7년부터 나타난다는 사실을 주목할 필요가 있다. 앞서 보았듯 성종은 친정을 전후로 대신의 월권을 점차 비판적으로 생각하고, 대신의 그런 태도를 견제하는 세력으로 대간을 지원하기 시작했다. 가장 중요한 권력자인 국왕의 태도는 어떤 정치세력의 부침浮沈을 결정하는 중요한 요소다.[38] 이런 측면에서 대간 발언의 증가 추세는 성종의 왕권이 정치세력의 권력 변화에 직접적이고 실제적인 영향을 주었음을 보여주는 지표로 인정할 수 있을 것이다.

이렇게 증가한 대간 언론의 많은 부분은 대신 탄핵이었고 그 빈도와 강도 모두 크게 증가했다. 한 연구에 따르면 성종 때 대간이 고위 관원을 탄핵한 것은 모두 1,991회였다.[39] 그 수치를 기간에 따라 살펴보면 1기(성종 1~7년)에 463회(23.3퍼센트, 연평균 66.1회), 2기(8~17년)에 741회(37.2퍼센트, 74.1회), 3기(18~25년)에 787회(39.5퍼센트, 98.4회)로 후반으로 갈수록 빈번해졌다. 특히 친정을 시작한 성종 7년부터 탄핵이 167회로 크게 증가하고 그 대상도 130명으로 확대된 것은 주목된다.

이런 추세는 실제 사례에서도 다양하게 확인된다. 주요한 것만 보면, 성종 8년 9월 정언 권경우權景祐가 한명회와 월산대군을 탄핵하고, 같은 달 장령 구자평丘自平과 헌납 안침安琛은 임사홍의 며느리인 현숙공주顯肅公主의 집이 너무 사치스럽다고 비판했다. 성종 9년 2월 장령 박숙달은 정인지를 삼로오경三老五卿에 지명하는 데 반대하고,

3월에는 장령 김제신과 대사헌 유지柳輕가 평안도 순변사 허종許琮과 병조판서 어유소魚有沼를 탄핵했으며, 4월에는 지평 이세광과 정언 성담년이 김수온의 양로연 참석에 이의를 제기했다.[40]

이런 과정을 거치면서 대신과 대간의 권력관계는 상당히 역전되었다. 예컨대 성종 10년 12월에는 국왕이 대신에게 국정에 관련된 의견을 두세 번씩 물어보아도 대간의 탄핵이 두려워 아무도 대답하지 않았다(성종10.12.17무진). 성종 11년 4월 검토관(수찬) 조위曹偉와 동지사 이극기李克基는 "송대 신하들은 조그만 잘못이라도 반드시 탄핵했기 때문에 나라의 원로와 명현名賢이 편안하지 못했다"면서 대신이 대간의 탄핵에 시달리고 있다고 우려했다(성종.11.4.1신해). 성종 12년 8월에는 대신이 대간에게 선처를 부탁했다가 발각되는 사건도 일어났다. 처첩妻妾을 판정하는 문제로 곤경에 빠진 상산군商山君 황효원黃孝源이 장령 안침의 집을 찾아가 잘 처리해달라고 청탁했다가 사간원에게 탄핵되어 고신告身(임명장)이 추탈된 것이다(성종12.8.24병인).[41] 이것은 사안의 특수성을 감안하더라도 대간의 영향력이 커졌음을 상징적으로 보여준다.

지금까지 살펴본 대로 이 시기 정치에서는 왕권이 확립되면서 대신의 세력이 약화된 반면 대간의 위상이 제고되는 중요한 변화가 나타났다. 친정을 시작한 성종은 김언신 사건에서 보듯 인사권 행사에 강한 의지를 갖고 있었다. 그런 의지를 가로막는 가장 큰 장애물은 원상으로 대표되는 훈구대신이었다. 그러므로 강력한 왕권을 행사하려는 성종의 의지가 커질수록 대신의 지나친 권력에 문제를 느끼는 것은 자연스러웠다.

성종의 그런 생각은 재위 8~9년 양성지·정인지·김국광 등 주요 대신이 대간 탄핵에 대질을 요구하면서 촉발되어 12년 한명회의 월권적 행동이 발생하면서 결정적으로 증폭되었다. 성종이 이런 문제를 해결하는 데 선택한 방법은, 대신을 직접 압박하기도 했지만, 대간을 육성해 대신을 견제하도록 지원하는 것이었다. 성종은 대간의 강개한 언론을 칭찬하고 촉구했으며, 이런 지원에 힘입어 대간은 발언 횟수를 크게 늘리면서 괄목할 만한 성장을 보여주었다. 특히 그렇게 늘어난 발언의 많은 부분이 대신 탄핵이라는 사실은 성종 중반을 기점으로 정치세력의 권력관계에 중요한 변화가 진행되었음을 보여주는 설득력 있는 증거가 될 것이다.

이런 측면을 종합하면 왕권 확립을 바탕으로 대간을 육성해 대신의 월권을 제어함으로써 정치세력의 권력 균형을 맞추려는 성종의 구상은 친정 후 3~4년 만에 일단 성공했다고 할 수 있다. 그 결과 조선의 정치체제는 국왕·대신·삼사가 견제와 균형을 이룬, 이른바 '정치적 정립구도鼎立構圖'라고 부를 수 있는 모습을 처음으로 갖게 되었다. 이것은 성종대가 이룬 중요한 정치적 발전으로 평가할 수 있을 것이다.[42)]

월권의 조짐

그러나 이런 견제와 균형 구도에는 문제점도 조금씩 나타나기 시작했다. 그것은 점차 대간이 조정朝廷의 주도권을 독점해 또 다른 월권세력이자 왕권의 장애물로 변모하기 시작했다는 것이다(이 문제는 성종 20년 이후 본격적으로 나타난다). 대간은 간언을 너그럽게 받아들여야 한다는 명분을 내세우면서 성종과 대신을 압박했고, 그 과정에서 언론기관의 고유한 특징이라고도 말할 수 있는 비타협성과 배타성을 점차 강하게 표출하기 시작했다.[43]

성종이 대간의 언론에 문제를 느끼게 된 계기로는 재위 9년(1478) 4월에 올라온 이심원의 상소가 주목된다. 그 상소에서 이심원은 앞서 '무술옥사'로도 불린 성종 8년 7월 현석규와 임사홍의 대립에서 사간원이 현석규를 탄핵한 것은 임사홍의 사주 때문이었다고 폭로했다. 성종은 한 개인의 사주에 따라 사간원이 움직였다는 실상을 알게 되자 그때 임사홍을 탄핵하다가 파직된 홍문관과 예문관 관원을 즉각 복직시키고 임사홍·유자광·김언신 등을 붕당朋黨 혐의로 논죄하면서 대간에게 강한 불신을 표명했다.

김언신이 극진히 말할 때는 절개가 곧은 선비라고 생각했는데 붕당을 위해 말한 것인 줄 어찌 알았겠는가? 이것으로 보면 대간의 말을 어찌 다 믿을 수 있겠는가?(성종9.5.4을축)

즉 8년 9월에는 대간의 강직한 언론을 칭찬하면서 마무리했지만 8개월 만에 그런 믿음에 심각한 균열이 나타난 것이다(이상 성종9.4.29 경신·30신유;9.5.1임술·3갑자·5정묘·7무진 등). 사평은 "(이 사건으로) 주상이 대간을 의심하는 마음을 갖게 되었다"고 지적했다(성종9.5.8기사).

대간을 보는 성종의 인식이 변화한 데는 그들의 언론이 점차 국왕의 행동까지 제약한 것도 주요 원인으로 작용했다. 성종 10년 9월 대간은 경회루慶會樓에서 종친의 활쏘기를 구경하면서 사관史官을 입시시키지 않은 것을 비판했다. 그러자 성종은 강경하게 대응했다.

대간의 말이 큰 줄기는 옳다고 해도 어찌 감히 나에게 이기려고 하는
가? …… 직무의 처결권이 임금에게 돌아가면 나라가 다스려지고 대
간에게 돌아가면 어지러워진다. 치란治亂의 분별은 그 처결권이 어디
로 귀속되는가에 달려 있을 뿐이다(성종10.9.4정사).

'종친'이라는 조금 민감한 문제가 거론되었다는 까닭도 고려해야
겠지만 "대간이 국왕을 이기려 한다"는 성종의 표현은, 대간의 위상
이 그만큼 제고되었다는 사실과 함께, 그들을 보는 시각이 상당히 변
하고 있음을 알려준다.

성종 12년 1월 신정申瀞을 평안도 관찰사에 임명했을 때도 대간은
그가 탐오하다면서 강력히 반대했다. 특히 대사간 김작金碏은 "2품에
오르기까지 신정은 의정부·육조·대간의 천거를 한 번도 받지 못했
다"는 구체적 증거까지 제시했다. 그러나 조사 결과 거짓으로 밝혀지
자 성종은 "임금을 속인 뒤 남을 규탄하려는 것인가?"라면서 대간의 근
거 없는 탄핵을 꾸짖었다(성종12.1.15경인·17임진·19갑오·22정유·23무술).

성종 13년(1482) 11월에는 대간이 대신의 허물을 보고하지 않고
먼저 추국하는 월권적 행위까지 나타났다. 영돈녕 노사신은 대간을
제어해야 할 필요가 있다고 아뢰었다.

사헌부가 대신의 허물을 먼저 추국한 뒤에 아뢰어서는 안 됩니다.
…… 그렇게 되면 폐단이 작지 않을 것이니 '권세가 대간에 돌아간다'

는 말을 귀감으로 삼아야 합니다(성종13.11.10갑진).

성종은 "권세는 위에서 나가는 것이 옳다"면서 이 말에 동의했다. 이 사례는 대신이 대간의 추국을 걱정할 정도로 대간의 위상이 강화되었다는 사실과 함께 신하의 권력관계에 대한 성종의 기본 생각은 그 내부의 균형과 함께 위계질서를 중시하는 것이었음을 보여준다.
이처럼 성종 중반의 정국은 왕권의 확립과 대신의 세력 약화, 그리고 대간의 위상 제고로 정치세력 사이의 견제와 균형이 조성되었지만, 대간의 언론활동에 대한 국왕과 대신의 고민과 불만도 조금씩 나타나기 시작했다고 정리할 수 있다. 이런 현상은 몇 개의 사건을 거치면서 더욱 뚜렷해졌다.

국왕의 고민

먼저 주목할 사건은 성종 12년 말부터 2년 정도에 걸쳐 일어난 송영宋瑛의 인사발령 문제다(성종12.12.13계축;13.6.30정묘;14.6.28기축·29경인;14.7.1신묘·2임진·20경술;14.8.6병인·26병술;14.9.23계축;15.6.23무인 등).[44] 성종 12년 12월 송영이 사헌부 장령(정4품)에 제수되자 대간은 그가 사육신 사건에 연루된 혐의를 받은 송현수宋玹壽의 조카라는 이유로 탄핵했다. 송영은 한 달 만에 교체되었다. 그는 성종 13년 6월 한 품계 낮은 사헌부 지평(정5품)에 제수되었지만, 이번에도 두 달 만에 물러났다. 본격적인 문제는 1년 뒤 송영이 다시 장령에 임명되면서 시작되었다. 이때도 대간은 강력히 반대했다. 앞서 보았듯 독자적 인사권 행사에 큰 의미를 부여한 성종에게 대간이 세 번씩이나 같은 인물의 인사발령에 반대한 것은 심각한 문제로 다가왔을 것이다. 대간의 논핵이 20일을 넘자 성종은 다소 감정적인 어조로 생각을 밝혔다.

내가 즉위한 이래 경들 같은 대간을 보지 못했다. …… 인사권이 임금에게 있어야 옳은가, 대간에게 있어야 옳은가? …… 대간이 내게 재상의 의견을 널리 묻기를 바라는 까닭은 나를 어리석게 여기고 대신 또한 제 편을 들어줄 것이라고 생각하기 때문이 분명하다(성종14.7.24갑인).

그러나 그뒤에도 대간은 40일 넘게 탄핵했다. 성종도 송영과 사헌부 관원 모두 교체하지 않겠다는 굳은 의지를 밝혔다. 그러자 대간은 새로운 죄목을 들고 나왔다. 송영이 부인 신씨申氏를 집의 홍석보洪碩輔 집에 보내 선처를 청탁했다는 것이다. 성종은 신씨의 죄는 인정해 속전형贖錢刑을 내렸지만 그래도 대간이 송영의 파직을 계속 고집하자 심각하고 본질적인 문제의식을 표명했다.

대간이 송영의 처벌을 요청했지만 내가 들어주지 않자 그 아내의 청탁 문제까지 들춰내 집요하게 반복하고 있으니 이것은 나를 가볍게 여겨 모욕하는 것이다. 대간이 내 명령을 이처럼 따르지 않으니 임금의 자리에 있더라도 어떻게 정치를 하겠는가? 대간의 말에 착오가 많지만 대간이기 때문에 처벌하지 않고 그대로 두는 것일 뿐이다(성종14.10.4계해).

2년 넘게 이어진 이 문제에서 성종은 결국 사헌부 관원은 교체했지만 송영은 장령에 그대로 임명해 앞서 김언신 문제에서도 관철한 국왕의 고유권한인 인사권을 끝내 행사했다. 더욱 중요한 점은 이 사건을 겪으면서 대간의 언론활동에 대한 성종의 인식이 바뀌었다는 사실이다. 앞서 9년 4월 대간의 파당 혐의를 처음 의심한 성종은 이제 대간이 "임금을 가볍게 여겨 모욕하는 수준까지 이르렀다"는 심각한 문제의식을 갖게 된 것이다(그러나 큰 불만에도 신씨의 분경 같은 객관적 범죄는 인정했고 자기 의지를 끝까지 관철시키면서도 폭력적 수단을 동원하지 않았다는 사실은 성종의 정국운영 방식과 수준을 다시 한 번 보여준다).

재위 16년(1485) 2월에 발생한 이심원 재서용 문제는 이런 성종의 생각에 결정적 확신을 심어주었다. 대간은 그를 다시 임용하는 데 강력히 반대했고 대신은 찬반이 나뉘었다. 성종은 이심원을 다시 발탁하겠다는 강한 의지를 보였지만 결국 "많은 의견을 거스르며 독단할 수는 없다"고 판단해 뜻을 굽혔다(성종9.9.10무진;16.2.2갑인·5정사·9신유).[45] 하지만 그동안 인사권을 둘러싸고 대간과 계속 알력을 빚은 국왕은 다시 한 번 깊은 문제의식을 피력했다.

대간은 참으로 중요한 임무를 맡고 있다. 그러나 지금 대간은 유능한 사람을 한 자급 올리라고 명령하면 반드시 부당하다고 논박하면서 작은 일까지 거론해 우길 뿐 어진 사람의 침체와 정치의 문제점, 국가의 큰 계획 같은 것은 말하지 않으니 매우 한탄스럽다(성종16.4.12계해).

요컨대 성종 중반 왕권의 위상과 정치에서는 친정을 시작한 지 3년 정도 만에 왕권을 확립한 성종이 대신의 견제세력으로 대간을 육성해 대신의 영향력이 약화되고 대간의 위상이 제고되는 중요한 변화가 나타났다. 이로써 성종 중반의 정치는 국왕·대신·삼사가 견제와 균형을 이루는 '정치적 정립구도'라는 안정적 모습을 갖게 되었다.

그러나 대간이 점차 또 다른 배타적 권력으로 변모하면서 적지 않은 문제가 배태되었고, 그것에 대한 성종의 고민과 불만도 커져갔다. 성종은 치세 8년 무렵 대간의 붕당 혐의를 처음으로 의심한 뒤 6~8년 만에 대간이 "국왕을 가볍게 여겨 모욕하거나 작은 일은 끝까지 우기면서도 어진 사람의 침체와 정치의 문제점, 국가의 큰 계획 같은" 본질적 문제는 건의하지 않는다고 생각하게 되었다. 즉위 초반 대신의 위치를 대간이 대체한 듯한 이런 상황을 해결하기 위해 국왕은 다시 다각적으로 노력할 수밖에 없었다.

3
균열의 시작—18~25년

홍문관의 기능 확대

성종 후반 정국운영의 방향이 앞 시기의 문제점을 개선하는 쪽으로
잡히는 것은 자연스러웠다. 이제 당면한 문제점은 대간이 점차 배타
적 권력으로 변모하면서 정치세력 사이의 견제와 균형을 허물어뜨
린다는 것이었다. 이것을 해결하려면 대간의 영향력을 줄이고 그동
안 약화된 대신의 위상을 적절한 수준까지 회복시켜야 했다. 그러나
이것은 탄핵과 간쟁을 본연의 임무로 삼는 대간에게 쉽게 적용되기
어려운 해법이었다. 그 과정에서 국왕·대신과 대간의 갈등이 커지
는 것은 당연했다. 그런 긴장과 충돌은 성종 후반 정치사의 주요 장
면을 구성했다.

　　우선 대간의 언론권을 적절한 수준으로 제어하는 것이 필요했다.
이것과 관련해 가장 먼저 주목할 성과는 홍문관의 언관화다.[46] 유
의할 사항은, 그뒤 홍문관은 대간과 함께 '삼사'를 구성했지만 반드

시 대간의 활동을 찬성하고 지원한 것이 아니라 처음에는 오히려 그들을 탄핵하고 억제함으로써 대안적 언론기관으로 부상했다는 것이다. 여러 상황적 맥락상 홍문관의 언관화는 그 위상을 강화해 대간을 견제함으로써 언론기관 내부의 권력 균형을 맞춰 점차 이완되던 국왕·대신·삼사의 '정치적 정립구도'를 다시 정비하려는 성종의 시책이었다고 판단된다. 이런 측면 또한, 앞서 대신의 견제세력으로 대간을 육성한 것과 비슷하게, 어떤 문제를 직접 건드리기보다는 그 대항세력을 만들어 해결하려는 성종의 정치가 다시 구현된 결과였다.

홍문관의 언관화는 몇 개의 전초적 과정을 거쳐 이뤄졌다. 먼저 경연제도의 변화다. 성종 때의 경연은 국왕이 재위 내내 집요할 정도로 성실하게 참석하고, 경사經史 공부를 마친 뒤에는 신하들과 국정 현안을 깊이 있고 자유롭게 토론함으로써 '경연정치'라고 불릴 정도로 중요한 의미를 갖고 있다. 원상제가 시행된 치세 초반에는 대신이 경연관을 도맡았지만, 성종 8년부터는 홍문관원이 강의를 대부분 맡고 이듬해에는 그동안 두 명씩 입시하던 대신을 한 명으로 줄여 대신의 영향력을 감소시키는 방향으로 개편되었다.[47] 경연제도의 이런 변화와 함께 홍문관은 성종 9년 3월 옛 집현전 직제를 계승해 본격적으로 출범해 중앙정치의 또 다른 주요 관서로 등장했다.

치세 중반 동안 성종은 여러 측면에서 홍문관을 지원했다. 우선 실질적 지원을 보면, 재위 15년(1484) 홍문관 참하관參下官(정7~종9품)에게 국가에서 지급하는 관노비인 구사丘史를 할당했다. 이듬해에는 4품 이상 홍문관원과 홍문관에 각각 은대銀帶와 채소밭을 내려주었다. 성종 13년 무렵부터 홍문관은 고유 업무인 자문과 문한文翰 기능을 넘어 지방을 감찰하는 어사御史로 파견되기 시작했으며, 자기 부서의 관원을 선발하는 데 홍문관의 의사가 크게 반영되는 중요한 변화도 이뤄졌다.[48]

가장 중요한 국왕의 믿음과 격려 또한 확고했다.

나라에 잘못된 일이 있으면 대간과 홍문관이 말해야 한다. …… 홍문관이 경연에 배석해 내 결점을 보충하고 바로잡았으니 내가 그대들을 소중히 여기는 것은 말하지 않아도 알 수 있을 것이다(성종11.5.29무신;15.8.4무오;18.6.2경오).[49]

흥미로운 사실은 이처럼 홍문관을 깊이 신뢰하고 그 언론권을 적극적으로 인정한 국왕의 발언과 조처가 대간에 대한 불만이 점차 고조되던 기간과 맞물려 나타나고 있다는 것이다.

국왕의 현실적·심정적 지원에 힘입어 홍문관은 자문과 문한 기능을 넘어 언론기관으로 역할을 넓혀갔고 그 탄핵도 큰 영향력을 갖게 되었다. 성종 13년 7월 앞서 서술한 송영 문제와 관련해 부제학 유윤겸柳允謙은 사헌부가 그를 탄핵하는 데 동참했다가 태도를 바꿨다고 비판했다. 그러자 이튿날 대사헌 채수蔡壽는 "홍문관의 상소를 보니 그 말이 모두 적절해 놀라고 감복함을 이기지 못하겠다"면서 사직했다(성종13.7.15임오~17갑신). 받아들여지지는 않았지만, 홍문관의 탄핵은 대사헌이 "놀라고 감복함을 이기지 못해" 여러 번 사직할 만큼 강력했다.

성종 16년 7월 부제학 안처량安處良 등의 상소는 좀더 직설적이었다.

요즘 관직의 태만은 이루 말할 수 없지만 한두 가지만 들어보겠습니다. …… 사간원은 간쟁을 맡은 곳인데도 입을 다물고 말하지 않는 경우가 있습니다. …… 지금 육조를 맡고 있는 사람 중에는 의술醫術이나 인척姻戚에 힘입어 등용되는 등 용렬한 인물들이 잡다하게 섞여 당치 않은 자리를 차지해 인망을 잃었습니다. …… 이보다 더 큰 문제가 있습니다. 의정부는 모든 사람이 우러러보는 곳이므로 …… 자기 몸을 돌아보지 않고 밤낮으로 그 책무를 수행하는 데 여념이 없어야 하는데, 어느 겨를에 재산을 널리 경영하고 처자를 위한 방도를 생각하겠습니까?(성종16.7.3신해)

의정부·육조·사간원 등 조정의 핵심 관서를 두루 지목한 이 탄핵의 파장은 매우 컸다. 이튿날 영의정 윤필상이 "홍문관의 상소는 지극한 공론"이라면서 사직한 것을 시작으로 좌의정 홍응洪應과 우의정 이극배, 그 다음날에는 좌찬성 서거정徐居正·우찬성 이파李坡·우참찬 김겸광金謙光·공조판서 권찬權攢·대사간 한언韓堰 등도 물러날 의사를 밝힌 것이다(성종16.7.4임자·5계축).

흥미로운 사실은 성종이 대신의 사직은 반려했지만 대간은 "재상의 과실을 홍문관은 모두 알고 있는데 대간만 모른 것은 어찌된 일인가? 말하는 것이 늦었다"면서 임무 방기를 날카롭게 힐책한 것이다(성종16.7.7을묘).[50] 이것 또한 당시 대간에 대한 성종의 비판적 태도와 부합되는 측면이다.

성종 17년 3월에 나온 직제학 김흔의 상소도 주목된다.

여러 관직 가운데 삼공의 정책 결정과 육경의 업무 분담이 가장 중요합니다. 그리고 승정원은 왕명 출납을 맡고 감사監司는 인사 고과를 전담하니, 이 관서에 마땅하지 않은 사람이 하나라도 섞인다면 직무를 게을리 한다는 비판이 일어나고 혼란의 조짐이 생길 것입니다(성종 17.3.10을묘).

읽어서도 느낄 수 있지만 이 상소는 성종의 말대로 "명확히 지적해서 말한 것이 아니라" 어떤 인물이나 사안을 직접 지목하지 않고 상당히 포괄적이고 우회적인 표현을 사용했을 뿐이다. 그런데도 다음날 여섯 승지와 영의정 윤필상·이조판서 정난종鄭蘭宗 등 의정부와 육조의 거의 모든 대신은 홍문관 직제학의 상소 하나 때문에 사직 의사를 밝혔다(성종17.3.11병진·12정사).[51] 사직은 윤허되지 않았지만, 홍문관의 팽창한 영향력은 충분히 드러난다.

이처럼 성종 중반 진행된 홍문관의 영향력 확대와 관련해서는 두 가지 측면을 고려해야 한다. 우선 그 성장은 대간에 대한 성종의 문제의식이 점차 커지고 있던 시점과 맞물리고 있다는 사실이다. 이런 상황적 맥락은 점차 배타성을 드러내던 대간을 견제하는 세력으로 성종이 홍문관을 육성했다는 추론을 뒷받침하는 증거가 될 것이다. 다음으로 성종 17년 무렵까지 홍문관의 언론권은 아직 일정한 한계를 갖고 있었다는 측면도 지적해야 한다. 가장 중요한 사실은, 안처량과 김흔의 사례에서 보았듯, 그 탄핵이 실제의 파직으로는 연결되지 못했다는 것이다. 요컨대 홍문관은 성종 중반을 거치면서 기능을 확대하고 언론권 또한 상당히 강화했지만, 아직 일정한 한계를 안고 있었다.

제3의 언론기관, 홍문관

그러나 그 한계는 곧 극복되었다. 이제 홍문관의 위상은 대간이 위협을 느낄 정도로 높아졌다. 성종 19년(1488) 12월 임사홍 재서용을 둘러싸고 찬반 논쟁이 격화되는 과정에서 부제학 신종호申從濩는 사간 봉원효奉元孝가 처음에는 재서용에 반대하다가 태도를 바꿨다고 탄핵했다. 봉원효는 홍문관의 개입이 부당하다면서 반발했다.

그렇다면 대간을 시비하고 진퇴시키는 권한이 모두 홍문관에 있는 것이므로 "홍문관에서 말하면 우리도 발언하지 않을 수 없다"는 대사헌 이칙李則의 말과 같습니다. 신은 장차 대간은 약해지고 권력이 홍문관에 있게 될까 걱정됩니다(성종19.12.24계축).[52]

홍문관의 탄핵이 부당함을 드러내려는 과장도 약간 있었겠지만, 대간과 홍문관의 권력관계가 역전될 것까지 걱정하는 봉원효의 말은 상당히 주목된다(이런 변화에는 홍문관을 "소중히 대우한" 성종의 지원이 가장 크게 작용했을 것이다).

가장 중요한 변화는 그동안 실제 파직으로는 이어지지 않았던 한계가 극복되었다는 것이다. 성종 21년 4월 부제학 이집李諿은 방납防納의 이권에 대신이 개입했다고 탄핵했다. 영의정 윤필상·공조판서 성건·좌의정 홍응은 사표를 올렸지만 이때도 수리되지는 않았다(성종21.4.21계묘·25정미·27기유·29신해).

하지만 석 달 뒤에는 중요한 변화가 나타났다. 같은 해 7월 역시 부제학 이집은 개성부開城府 도사都事 심언沈漹이 국왕의 유모인 봉보부인奉保夫人에게 인사 문제를 청탁했는데도 대간이 침묵하고 있다면서 임무 방기를 정면으로 비판했다.

직책을 다하지 못하는 대간은 스스로 인책해 사퇴해야 마땅한데도 놀면서 자리만 차지하고 녹봉만 먹는 풍조가 매우 심각합니다.

그러자 이튿날 대사헌 유순柳洵과 대사간 이평李枰을 비롯한 대간 전체는 즉시 사직했다. 일단 성종은 "홍문관의 말이 공의롭다고 해도 어찌 의논마다 다 옳겠는가?"라면서 만류했다. 그러나 '홍문관의 공의'를 인정한 성종의 태도에서 이 문제의 귀결을 예측할 수 있다. 영의정 윤필상도 대간을 교체하면 홍문관의 권력이 너무 커질 것이라고 반대하자 성종은 조금 주저했지만, 결국은 "홍문관에서 유순만 논박한 것이 아니라 대간을 모두 지목했으니 교체하라"고 번복한 것이다(성종21.7.16병인·21신미). 이것은 홍문관의 영향력을 뚜렷이 보여주는 중요한 사건으로 특히 다른 관서가 아닌 대간이 교체되었다는 점에 큰 의미가 있다.

이 사건을 계기로 홍문관은 언론기관의 입지를 굳혔다고 여겨진다. 무엇보다도 성종이 "홍문관은 재상과 다를 바 없다"고 직접 언급했고 대간 또한 홍문관을 "공론이 있는 곳"으로 인정했으며, 제도적으로도 홍문관원의 대간 진출이 허용되었기 때문이다(성종21.7.19기사;22.3.21정유;22.6.17임술).[53]

이런 사항을 종합하면, 성종 중반부터 점차 언론권을 신장해가던 홍문관은 성종 후반 제3의 언론기관으로 확고히 자리 잡았다고 볼 수 있다. 홍문관은 성종 16~17년에도 주요 대신과 대간을 탄핵하는 괄목할 만한 성장을 보여주었지만 그때는 실질적 파직으로 연결시키지 못했다는 한계를 갖고 있었다. 하지만 그런 한계는 성종 21년 7월 대간을 탄핵해 파직시킴으로써 극복되었고, 그것을 계기로 조선의 언론기관은 기존의 대간에서 삼사체제로 확대 재편되는 중요한 발전을 이룬 것이다.[54]

아울러 유의할 사항은 이런 홍문관의 언관화가 같은 언론기관인 대간과 협력하면서 이뤄진 것이 아니라 오히려 그들을 탄핵하고 비판하면서 진행되었다는 것이다. 앞서 본 성종 16년 7월 부제학 안처량의 상소나 19년 12월 부제학 신종호의 탄핵, 21년 7월 부제학 이집의 발언 등은 모두 대간의 문제점을 비판한 내용이었다. 바로 이런 과정을 거치면서 홍문관은 대간 탄핵권을 확보하게 된 것이다.[55] 즉 홍문관은 결과적으로 대간과 함께 언론 삼사를 형성했지만 대간과 반드시 비슷한 견해를 갖지는 않았으며, 처음에는 오히려 그들과 긴장관계를 형성함으로써 언관의 지위를 확보해간 것이다.

그렇다면 이처럼 중요한 정치제도적 변화가 나타난 근본 원인은 무엇인가? 이 문제 또한 성종의 왕권 행사 방식과 밀접히 관련되었다고 생각한다. 홍문관의 언관화가 중요한 계기를 맞은 시점은 치세 중반 성종이 대간의 지나친 영향력 확대에 문제의식을 갖게 된 때와 겹친다. 이런 상황적 맥락은 앞서 성종이 대신의 지나친 월권을 해결할 목적에서 대간의 위상을 제고시켜 견제세력으로 육성한 조처와 비슷하다.

이런 측면을 종합하면 홍문관의 언관화는 당시 점차 배타적 권력으로 변모하던 대간을 견제해 언론기관 내부의 권력 균형을 맞추려는 성종의 구상에서 추진된 또 하나의 정치제도적 변화였다고 생각된다. 성종은 정치세력의 권력관계를 변화시키는 데 실제적 영향력을 행사했지만, 강압적 수단을 동원하기보다는 견제세력을 육성하는 간접적이되 좀더 효과적인 방법으로 자신의 목표를 이루었다. 홍문관의 언관화는 이런 성종의 정치운영 방식이 다시 한 번 적용된 중요한 사례였다.

회복되는 대신의 위상

이것으로 언론기관 내부의 견제구도는 일단 형성되었지만, 정치세력 사이의 이완된 권력 균형을 다시 조성하려면 그동안 대간에게 위축된 대신의 입지를 다시 넓혀야 했다. 성종 후반 대신의 위상은 상당히 약화된 상태였다. 거기에는 세조대 이래의 훈구대신이 그 무렵 대부분 사망했다는 물리적 현상도 한 원인으로 작용했다(성종18.2.19 기축. 원상 14명 중 한명회가 성종 18년 11월에 마지막으로 사망했다). 그 결과 성종 20~21년 무렵 대신은 홍문관과 대간 사이에서 눈치를 볼 정도였다.

전교했다. "평소 경연에서 대간이 어떤 일을 건의해 좌우에 그 가부를 물어보면 겨우 재상 한 사람이 한마디쯤 말을 하고 그 나머지는 입을 다물고 있는데, 이것은 대간을 두려워하기 때문이다. …… 홍문관에서 아뢴 것을 물으면 홍문관의 뜻을 거스를까, 대간에서 아뢴 것을 물으면 대간의 뜻을 거스를까 두려워 감히 말하지 못하니 재상의 체모가 이래서는 안 된다(성종20.11.20갑술)."56)

대신과 삼사의 위계질서와 국정에 관련된 대신의 자문을 중요하
게 생각한 성종에게 삼사의 탄핵이 두려워 대신이 위축된 이런 상황
은 그의 목표인 견제와 균형에 입각한 정치와는 크게 괴리된 것이었
다(성종23.3.13계미).

성종은 이런 문제를 해결하기 위해 대신을 적극 지원하기 시작했
다. 먼저 재위 17년(1486) 5월 재상 2명을 특진관特進官으로 임명해
경연에 배석케 함으로써 앞서 9년에 축소되었던 대신의 입지를 제도
적으로 다시 보강했다(성종17.5.7신해).

좀더 중요한 측면은 대간이 대신을 탄핵할 경우 대신을 적극 옹호
했다는 것이다. 재위 20년 1월 정언 김봉金崶이 이조를 탄핵하자 성
종은 "이번에 이조를 맡은 사람들은 모두 어진 대신"이라면서 받아
들이지 않았다(성종20.1.10기사). 같은 해 5월 사헌부는 수개도감제조
修改都監提調 손순효孫舜孝와 박안성朴安性이 부당하게 노비를 추쇄했
다고 탄핵했지만 증거가 없다는 이유로 도리어 추국을 당하게 되었
다. 정언 조구趙球가 대간의 언론이니 용서해달라고 요청하자 성종
은 대간의 무책임한 발언을 엄중히 질책하면서 대신을 두둔했다(성
종20.5.4신유·11무진:20.6.12기해·13경자·16계묘). 며칠 뒤에도 대사헌 박
건朴楗이 천변天變을 대신 탓으로 돌리자 성종은 "모두 내 잘못이지
재상의 허물이 아니다"면서 대신을 감쌌다(성종20.6.23경술). 같은 해
8월 사간 김전金㙉과 장령 안윤손安潤孫이 강학손姜鶴孫의 비리사건에
우의정 노사신이 연루되었다고 탄핵했을 때도 "대간의 말은 내가 믿

지 않는다. …… 사람들이 공의公議라고 말하는 것이 옳은지 나는 모르겠다. 공의가 어찌 이와 같은가?"라면서 받아들이지 않았다(성종 20.8.16신축·18계묘).

나아가서는 대신의 발언을 '언로'나 '공론'으로 간주하기도 했다. 재위 22년(1491) 4월 대사헌 신종호와 정언 장순손張順孫이 권빈權璸을 이조정랑에 임명하는 데 반대하면서 지사 이극증李克增을 탄핵하자 성종은 단호히 거부했다.

이극증의 말에 어찌 사사로운 감정이 있겠는가? 대신이 말할 때마다 대간이 탄핵하면 언로가 막힐 것이다. …… 모든 일을 대신에게 의논하는 것은 공론을 듣고자 하기 때문이니, 대신이 옳다고 하면 그 사람은 쓸 수 있고 대신이 옳지 않다고 하면 쓸 수 없는 것이다(성종22.4.29 갑술:22.7.26경자).

일반적으로 삼사의 의견을 '언로'나 '공론'으로 부르지만 여기서 성종은 대신의 의견을 그렇게 표현했으며, 판단기준 또한 대신의 '공론'에 둔다고 말할 정도로 그들의 견해와 발언에 무게를 실어주었다.

성종 24년 4월 사헌부와 좌부승지 정성근鄭誠謹은 도총관都摠管 임광재任光載 · 이철견李鐵堅 · 정문형鄭文炯 · 구수영具壽永 등이 군역 대신 내는 비용인 대립가代立價를 착복하고 병조와 맞먹는 월권을 행사하고 있다고 탄핵해 첨예한 논전이 한 달 넘게 벌어졌다. 이때도 성종은 "함께 정치를 도모할 사람도 재상이고 함께 나라를 보전할 사람도 재상이니, 의심스러운 일로 하루아침에 대신(도총관)을 죄주는

기간	1기							2기										3기								합계
	1	2	3	4	5	6	7	8	9	10	11	12	13	14	15	16	17	18	19	20	21	22	23	24	25	
의정부 당상·영돈녕	154	40	51	49	109	115	85	117	117	117	76	98	139	106	98	109	86	110	108	112	149	106	107	182	112	2,623 (53.3%)
육조 판서·참판	126	172	168	114	114	190	105	147	128	74	28	85	49	76	29	111	59	27	49	97	49	42	53	114	96	2,302 (46.7%)
합계	280	212	219	163	223	305	190	264	245	162	104	183	188	182	127	220	145	137	157	209	198	148	160	296	208	4,925 (100%)
	1,592(연평균 227.4회)							1,820(연평균 182.0회)										1,513(연평균 189.1회)								

일을 내가 하려고 하겠는가?"라고 말하면서 다시 한 번 신뢰를 표시했다(성종24.4.2병신·4무술·5기해·8임인·27신유;24.윤5.13병오).

이런 성종의 지원이 대신의 위상을 회복시키는 데 중요하게 작용했으리라는 것은 자연스런 예상이다. 성종 때 대신 발언의 추이는 그런 측면을 잘 보여준다. 대신의 발언은 성종 초반 가장 빈번했다가 중반의 감소 국면을 거쳐 후반부터 다시 늘어나는 추세를 나타냈다. 대신은 수렴청정 아래서 원상을 중심으로 정국을 주도하던 성종 초반에는 4년과 7년을 빼고는 발언이 모두 2백 회를 넘을 정도로 활발하게 국정에 참여했다. 이것은 당시 강력했던 대신의 위상과 부합한다. 그러나 왕권이 확립되고 그 지원에 힘입어 대간의 영향력이 커져간 성종 10년부터는 발언이 상당히 줄기 시작했다. 그러다가 성종의 지원과 옹호가 재개된 재위 20년에 다시 2백 회를 넘었으며 재위 24~25년에도 매우 높은 수치를 기록하는 궤적을 그렸다.

이런 추이는 성종 중반 대간의 성장으로 위축되었던 대신의 입지가 후반 들어 조금씩 회복되었음을 보여주는 증거로 생각된다. 이런 대신 위상의 부침에는, 앞서 대간의 그것과 비슷하게, 왕권의 지원이나 견제가 중요하게 작용했다. 즉 성종은 신하들에게 전제적 수준의 억제력을 갖지는 않았지만 대신과 삼사의 위상 변화에 중요한 영향을 준 것이다. 이것은 성종 왕권의 실제적 위상을 측정하는 데 중요하게 고려해야 할 사항이라고 생각한다.

갈등의 고조

이런 정책으로 성종은 대신의 위상을 다시 강화시키는 데 어느 정도 성공했다. 그러나 정치세력의 견제와 균형을 조성해 안정적으로 정치를 운영하겠다는 궁극적 목표는 만족스럽게 달성되지 못했다. 가장 중요한 원인은 성종 중반 이후 계속 강화된 대간 언론권이 쉽게 제어되지 않았기 때문이었다. 그 결과 성종 후반 대신과 대간의 갈등은 격화되어갔다.

우선 대간은 대신이 야기한 구조적 문제를 비판했다. 어떤 특정한 대신을 탄핵한 것은 대간의 주관적 판단이 개입되었다고 반발할 수도 있지만, 구조적 문제를 비판한 것은 상당히 객관적 근거를 가졌고 정치적 실익도 거둘 수 있다는 이점이 있었다.

대간이 비판한 주요 사안은 대신이 각 관서의 고위 겸직인 제조提調에 오래 재직하면서 구사를 지나치게 많이 소유한다는 문제(구사다점丘史多占)와 그 결과 권력을 가진 부서가 필요 이상으로 많아진다는 폐단(정출다문政出多門)이었다.[58] 이것은 대신의 장기적 권력 행사와 직접 연결된 문제였기 때문에 대신과 대간의 이해가 날카롭게 충돌할 수밖에 없었다. 성종 10년 4월 대사간 성현成俔과 장령 안처량, 그리고 18년 1월 대사간 김수손金首孫 등은 이것과 관련된 폐단을 간헐적으로 지적했지만 대신의 반대가 거세 뚜렷한 성과를 거두지 못했다.

그러나 성종 20년 3월 대간은 중책을 맡은 삼정승이 다른 업무를 겸임할 수 없다는 명분을 내세워 이 문제를 다시 제기했고, 도제조都提調가 설치된 부서 외에는 삼정승을 제조로 삼지 말라는 재가를 얻어냄으로써 부분적 성과를 거뒀다. 그뒤 성종 23년 3월에도 제조의 장기 근무를 비판하는 내용이 책문 제목으로 제시되는 등 이 문제에 대한 관심이 계속되다가 동왕 25년 2월 제조의 구사가 한 명으로 축소됨으로써 구사를 지나치게 많이 소유하는 폐단은 상당히 개선되었다(그러나 '정출다문'의 폐단은 연산군 때까지도 개선되지 않았다).[59] 즉 대간은 대신의 폭넓은 권력 행사를 보장한 제조제도의 구조적 문제점을 끈질기게 비판한 결과 삼정승을 제조에서 배제시키고 구사의 숫자를 줄이는 등 적지 않은 정치적 승리를 거둔 것이다. 이것은 대신이 부당하게 누리던 특권을 박탈한 긍정적 성과였다.

그러나 성종 후반 대신과 대간의 갈등은 이런 정책적 차원의 논쟁을 넘어 정치적 공방으로 번져갔다. 특히 상대의 인격적 결함을 지적하는 감정적 비난이 점차 많아졌다는 사실은 유의할 필요가 있다. 우선 성종 19년(1488) 11월 임사홍을 절충장군折衝將軍 부호군副護軍에 임명하는 문제가 주목된다(성종19.11.15갑술~19.12.2신묘).[60] 대간은 그 임명을 보름 넘게 강력히 반대했고 윤필상·이극배·노사신 등 주요 대신도 "임사홍을 반드시 기용할 필요는 없다"면서 대간에 동조했다. 그러나 성종이 계속 서용을 고집하자 대간은 임사홍을 간신의 상징인 조고趙高·왕안석·진회秦檜에 비유했다. 이것은 앞서 성종 8년 김언신이 현석규를 탄핵했을 때처럼 "국왕을 진秦 이세二世나 송 신종神宗·고종高宗에 비유하는 것"으로 해석될 소지가 있는 발언이 었다(성종19.12.1경인). 특히 여기서 대간이 탄핵 대상을 '간신'이나 '소인'으로 표현하고 있는 점은 눈여겨볼 필요가 있다.[61]

성종 22년에는 여진족을 정벌하는 문제를 둘러싸고 대신과 대간이 충돌했고, 이듬해에는 허가받은 승려 외에는 출가를 금지하는 금승법禁僧法 문제로 논란이 벌어졌다. 삼사는 금승법 폐지에 찬성한 대신들을 강력히 비판했지만, 더욱 주목되는 것은 유생 이목李穆의 발언이었다. 그는 영의정 윤필상을 '간귀奸鬼'라는 극한적 표현으로 공격했는데, 이것 또한 그 사안의 타당성을 가리기에 앞서 지나친 감정이 개재된 탄핵으로 생각된다.[62]

성종 24년(1493) 10월에 제기된 대사헌 허침許琛 등의 상소에서는 비판의 수위가 좀더 높아졌다. 허침은 나흘 전에 일어난 재이災異의 책임을 대신에게 돌렸다.

영의정 윤필상은 간사한 아첨과 교묘한 말솜씨로 총애받고 있지만, 현명한 사람을 등용하는 길을 오래 막고 있다는 비난이 쌓이고 있습니다. 좌찬성 이철견은 학식과 능력이 부족하고 인품도 모자란데 녹봉만 축내면서 자리만 차지하고 있으니 많은 사람의 기대에 맞지 않습니다. 육조와 …… 한성부와 …… 승정원은 …… 그 임무가 큽니다. 그러나 공조참판 한건韓健은 사람됨이 부박하고 상스러우며, 한성좌윤 윤은로

尹殷老도 능력이 부족하고 탐욕스럽지만 외척이라는 이유로 분수에 맞지 않는 직위를 차지했습니다. 좌부승지 윤숙尹淑은 경박하고 우부승지 노공유盧公裕는 재주와 학식이 부족한데도 권세가에 의탁해 승지가 되었습니다. 관찰사 윤탄尹坦은 바탕이 교만하고 망령된데도 신임을 받았고, 절도사 원중거元仲秬는 자질이 용렬한데도 외임外任을 맡고 있습니다. 신들은 전하께서 사람을 기용하는 것이 과연 어질고 능력 있는 인물만 쓴다는 대의에 합당한지 모르겠습니다(성종24.10.23갑신).

의정부와 육조·한성부·승정원은 물론 관찰사·절도사 등 중앙과 지방의 주요 관직을 거의 망라한 이 탄핵에서 허침이 비판의 논거로 동원한 "간사한 아첨과 교묘한 말솜씨, 무식, 부박하고 상스러움, 용렬, 경박, 교만" 같은 사항은 개인의 문제점을 객관적으로 지적하기보다는 그 인격을 폄하하는 주관적 판단에 가까운 것이었다. 한 달 뒤 우의정 허종許琮은 그 문제점을 정확히 지적했다.

만약 평소 별다른 죄가 없는데도 "아무개는 간사하고 아부하며 아무개는 음험하고 교활하다"는 예사롭지 않은 표현으로 비난해 후세에 전한다면 어찌 폐단이 없겠습니까? 개국 이래 이런 일은 없었으며, 세종은 30여 년이나 재위하셨지만 군자나 소인으로 지목하는 말은 들은 적이 없습니다. 중국 송대에 이런 일이 있었다고 하지만 매우 아름답지 않다고 생각됩니다. 무릇 재상과 대간은 마음과 덕을 같이해 가부可否를 함께 조정해야 합니다. 재상과 대간이 서로의 주장만 고집해 조화되지 못한다면 나중에 폐단이 있을까 걱정됩니다(성종24.11.3갑오).[63]

성종은 허종의 생각에 적극 동의하면서 "대간이 긴요하지 않은 일인데도 반드시 관철시키려는 의도로 재상이 한 번 실언이라도 하면 그때마다 추국을 요청하기 때문"이라고 그 원인을 진단했다(성종 24.11.3갑오).

여기서 또 하나 주목해야 할 사실은 논쟁의 두 당사자인 허종과 허침이 친형제라는 것이다.[64] 현재의 통설에 비춰보면 우의정과 대사헌인 이 두 사람의 대립은 '훈구'와 '사림'의 전형적 갈등으로 해석될 것이다. 그렇다면 이 두 사람은 정치적 견해뿐 아니라 경제적 기반과 사회적 배경, 사상적 지향 또한 서로 달랐을 개연성이 더 크다. 그러나 그들이 친형제고 그뒤 좌의정까지 오른 허침의 경력을 생각하면 실제로는 그렇지 않았다고 판단된다. 그렇다면 이 두 사람이 이처럼 날카롭게 대립한 까닭은 '훈구'와 '사림'이라는 다른 배경 때문이 아니라 서로의 관직이 대신과 대간으로 달랐기 때문으로 해석하는 것이 좀더 타당할 것이다. 해당 관서의 고유한 직능과 상하 관직의 연결성을 충분히 고려해야만 이 시기 정치세력의 성격을 좀더 합리적으로 해석할 수 있다는 첫머리의 지적은 이런 부분과 관련해 다시 떠올릴 필요가 있다(물론 시대의 흐름에도 지배층의 구성이나 성격이 거의 달라지지 않았다는 것은 아니다. 그러나 현재의 '훈구·사림론'은 그 변화를 도식적이며 지나치게 해석하고 있다고 생각한다. 그 변화는 이전 시기와 상당한 연속성 위에서 진행되었다고 본다. 관련 사례는 뒤에서 다시 제시하겠다).

대간의 탄핵에 점차 감정적 비난이 개재되고 있다는 현상과 함께 또 다른 문제도 나타났다. 그것은 내부적 일치와 조화를 중시하는 대간끼리 자주 의견 충돌을 일으켰다는 사실이다. 성종 19년 7월 헌납 박의영朴義榮과 정언 유경柳坰은 사헌부가 구사의 과다 소유를 힘써 적발하지 않는다고 비판했다. 대사헌 성준成俊 등이 "사헌부와 사간원은 함께 모여 의논하니 한 몸과 같다"면서 사퇴하자 성종은 그 사유를 받아들여 대간을 모두 교체했다(성종19.7.24을유 · 26정해 · 28기축).

성종 21년 8월에는 사헌부 안에서 의견 충돌이 발생했다. 대사헌 박숭질朴崇質이 임사홍을 서용하는 데 반대하기로 약속했다가 번복했다는 집의 안팽명安彭命의 탄핵이었다. 성종은 대신과 논의해 일단 안팽명 이하 사헌부 관원을 파직했지만, 이튿날 대사간 이종호李宗灝와 장령 민효증閔孝曾이 박숭질에게 더 큰 책임이 있다면서 반대하자 결국 사헌부를 모두 교체했다(성종21.8.22임인·23계묘).

성종 23년 6월에는 인사 문제를 놓고 대간끼리 의견이 갈라졌다. 대사간 윤민尹慜은 병조좌랑에 제수된 정수鄭洙가 형 정진鄭溱과 재물 문제로 다투었으므로 그 관직에 적합하지 않다고 판단했지만 사헌부는 동의하지 않은 것이다. 대사헌 김승경金升卿이 사간원을 비판하자 성종은 "대간이 서로 공격하는 것은 진실로 아름다운 일이 아니다"면서 대간을 모두 경질했다(성종23.6.20기미·22신유·23임술·26을축).

좌의정 노사신은 이처럼 대간 내부에서 발생하는 의견 충돌의 문제점을 날카롭게 지적했다.

대간은 각자의 생각을 고집해 한 사람이라도 자신과 의견이 다르면 일을 회피한다거나 사사로움이 있다면서 반드시 공격하고야 맙니다. 그래서 동료끼리도 뱀이나 전갈을 보듯 서로 두려워하면서 말과 뜻을 다 전달하지 못합니다(성종21.9.4계축).

물론 대간 내부의 논쟁에는 정책 결정에 관련된 이견을 제기하거나 문제 있는 개인을 탄핵하는 등 대간의 고유 업무를 수행한 사례도 있었다. 예컨대 성종 19년 10월 대사헌 이칙은 대사간 권중린權仲麟이 뇌물을 받아 청탁했다고 탄핵해 파직시켰고(성종19.10.19기유) 같은 해 12월 임사홍 재서용 문제와 관련해 장령 권경희權景禧는 사간 봉원효가 함께 탄핵하다가 임사홍의 보복을 두려워해 위축되었다고 비판했다(성종19.12.11경자·19무신·26을묘). 성종 22년 5~6월에는 부제학 김심金諶과 정언 정효강丁壽崗이 여진 정벌을 두고 찬성과 반대로 대립했다(성종22.5.30을사;22.6.3무신·15경신).

그러나 성종 20년 이후 대신을 감정적으로 공격하는 사례가 점차 많아지던 상황에서 내부의 의견 충돌 또한 자주 보인다는 사실은 이 시기 대간 언론의 성격을 파악하는 데 중시해야 할 측면이다.[65] 특히 이런 문제가 대간의 권력이 매우 커진 상황에서 나타나고 있다는 사실은 시사하는 바 크다.

지금까지 살펴본 대로 성종 후반 대신과 삼사의 정치적 갈등은 점차 고조되었다. 대간은 그동안 대신이 제조를 오래 역임하면서 구사를 필요 이상으로 소유해온 관행적 폐단을 공격해 상당히 개선하는 등 타당한 정책적 비판을 제기하기도 했지만, 대신을 소인이나 간신으로 지칭하는 감정적 비판이나 정확한 논거가 부족한 탄핵도 적지 않게 감행했다. 이것은 성종 중반 이뤄진 정국 안정을 점차 허물어뜨리는 결과로 이어졌다.

치세 16년 무렵부터 이런 상황의 문제점을 실감하기 시작한 성종은 해결책을 모색했다. 그가 찾아내 적용한 방안은 다시 대신의 위상을 높여 신하 내부의 균형을 조성하는 것이었다. 이런 성종의 지원에 힘입어 대신은 발언을 점차 늘려가면서 위상을 회복해갔다. 그러나 문제를 해결하는 데 또 다른 관건이었던 대간은 충분히 제어되지 않았다. 그 결과 대신과 대간은 서로의 주장을 고집할 뿐 정치적 조화를 이루지는 못했다. 두 세력의 갈등에서 성종이 대신을 좀더 옹호했다는 사실을 생각한다면, 성종과 대간이 심각한 마찰을 빚은 것은 충분히 예상할 수 있는 논리적 결과다.

국왕의 경고

성종 후반의 가장 큰 정치적 과제는 대간의 영향력을 제어해 정치세력의 권력 균형을 다시 이루는 것이었다. 홍문관의 언관화와 대신의 위상 회복은 그런 목적에서 추진된 대표적 시책이었다. 치세 중반부터 "대간이 국왕을 가볍게 여겨 모욕하거나 작은 일은 끝까지 우기지만 국가의 대계는 말하지 않는다"는 성종의 본질적 고민은 후반에 접어들면서 더욱 커졌다.[66]

먼저 대간이 정확한 증거 없이 풍문에 따라 탄핵하는 행위(풍문탄핵風聞彈劾)를 상당히 부정적으로 보는 변화가 나타났다.[67] 성종은 대간에 호의적 태도를 갖고 있던 치세 중반까지는 풍문탄핵을 대체로 용인했다. 그러나 대간의 언론에 문제가 있다고 느끼면서 풍문탄핵을 보는 태도 또한 바뀌기 시작했다. 재위 16년 3월 성종은 사헌부의 풍문탄핵을 허용하자는 정언 이적李績의 건의를 묵살했다(성종16.3.26 정미). 재위 18년 12월에는 근거 없이 탄핵했다는 이유로 대간 전체를 파직하는 강경한 조처를 내렸다. 대사헌 권건權健과 대사간 신말

주申末舟 등은 평양 사람 김석金碩이 모친상 기간에 기생과 간통했다고 탄핵했는데, 조사 결과 정확한 증거 없이 풍문에 따른 것으로 밝혀졌다. 그러자 성종은 "나를 부족하고 어둡다고 여겨 조롱한 것"이라면서 대간을 모두 교체하라고 하명한 것이다(성종18.12.14기묘~16신사·23무자;19.1.1병신·9갑진·10을사·13무신). 성종 22년 5월에도 여진 정벌과 관련된 논쟁에서 대간은 윤필상·이극배·허종·이세좌李世佐 등이 반대에서 찬성으로 입장을 바꿨다고 탄핵했지만, 역시 근거 없는 것이었다. 이때도 성종은 의정부와 홍문관이 반대했지만 대간 전체를 파직시키는 단호한 태도를 보였다(성종22.5.8계미·9갑신 등).[68]

관행적으로 용인되던 대간의 풍문탄핵을 이처럼 엄중하게 처벌한 것으로 미루어 일반 사안에서는 좀더 경직된 태도를 보였으리라고 예측할 수 있다. 성종은 대간이 너무 자주 사직하는 것을 탐탁하지 않게 여겼으며(성종24.2.19갑인), 대간의 발언에 좀처럼 동의하지 않았다. 재위 18년 11월 대사간 강자평姜子平이 국정의 일곱 가지 폐단을 언급한 긴 상소를 올렸지만 성종의 반응은 냉담했다.

이 상소는 그 뜻을 알지 못하겠다. 어떤 일을 간언해도 듣지 않는다고 분명히 지적하지 않고 이처럼 모호하게 말했으니 사람들을 두렵게 만들어 동요시키려는 의도 같다(성종18.11.10을사).

재위 22년 1월에는 광천군廣川君 이극증의 종이 사헌부 관리에게 부당하게 추국받은 일로 이극증과 사헌부가 충돌했다. 이때도 성종은 대간의 처사가 잘못되었다면서 이런 대간의 월권으로 대신이 위축되면 나라 또한 잘못될 것이라고 꾸짖었다(성종22.1.14신묘). 요컨대 성종이 보기에 대간은 국가의 대사는 헤아리지 않고 사소한 일만 트집 잡는 데 열중하고 있었다(성종24.7.8경자·30임술;24.8.6무진·10임신;25.4.19정축 등).

성종이 가장 불만스럽게 여긴 일은 대간이 국왕의 인사권을 지나치게 제약하는 것이었다(성종24.9.2계사). 앞서 보았듯 인사권을 특히 중시하던 성종에게 이것은 매우 큰 문제였다. 재위 19년 7월 이승원李承元을 공조좌랑에 임명하자 대사헌 성준이 반대했지만, 성종은 인사제청은 이조에서 하는 것이라면서 받아들이지 않았다(성종19.7.5병인).[69]

재위 19년부터 4년 넘게 끈 임사홍 재서용 문제는 성종과 대간이 첨예하게 대립한 사안이었다. 대간이 강력히 반대하자 성종은 엄중히 경고했다.

대간을 편들면 모두 옳다고 하고 내 말을 따르면 모두 잘못이라고 하니, 이것은 권세가 대간에 있는 것이다. 대신의 말이 마음에 들지 않으면 번번이 탄핵하는 대간의 풍조는 그대로 두어서는 안 된다(성종19.12.1경인;23.3.11신사).[70]

재위 22년 7월에도 정괄鄭佸과 정문형鄭文炯을 각각 전라도와 경상도 순변사巡邊使에 제수하는 데 사헌부가 반대하자 성종은 "대간이 제멋대로 일을 처리해 나라가 제 구실을 못하게 되었다"면서 국정이 혼란에 빠진 원인을 대간에게 돌렸다(성종22.7.17신묘·30갑진). 다섯 달 뒤 박원종朴元宗을 동부승지에 임명하는 데도 대간이 반대하자 성종은 국왕의 인사권이 이렇게 제약되면 "임금이 손발을 놀릴 수 없는 지경에 이를 것"이라면서 "간언을 거부하는 것을 자처하겠다"는 강경한 태도를 나타냈다(성종23.8.18병진).

이처럼 성종은 치세 후반 대간의 권력이 지나치게 커져 "인사권이 대간으로 돌아가 임금이 손발을 놀리지 못하게 되었다"고 판단하게 되었다. 그는 자신의 문제의식을 이렇게 요약했다.

사람을 기용할 때마다 대간은 "이 사람도 안 되고 저 사람도 안 된다"고 반대하는데, 그 말에 따라 임명한다면 권력이 대간에게 있는 것이니 임금은 무엇을 할 것인가? …… 대간은 건의를 윤허받지 못하면 그때마다 분한 마음을 품고 사퇴하는데, 이것은 매우 아름답지 못한 풍조다. 내가 즉위한 처음에는 이런 일이 없었으니, 참으로 내가 부덕한 소치다. 옛날에도 이런 풍조가 있었는지 모르겠지만 자라나게 해서는 안 된다(성종25.5.4신묘·5임진).

그러나 결론적으로 대간은 만족스럽게 제어되지 않았다.[71] 치세의 종결을 겨우 몇 달 남겨놓은 시점에서 성종은 당시 정국을 이렇게 요약했다.

지금은 호랑이 두 마리(대신과 대간)가 서로 싸우는 것과 같으니 참으로 아름다운 모습이 아니다(성종25.5.5임진).

이것은 대신과 삼사의 견제와 균형을 조성한 상태에서 왕권을 효율적이고 강력하게 행사하는 '정치적 정립구도'를 끝까지 유지하려던 자신의 목표가 적지 않은 한계를 드러냈다는 쓸쓸한 자평自評이었다.

성종대의 정치적 유산

지금까지 검토한 성종 후반의 정치는 대간의 영향력이 지나치게 커진 결과 국왕·대신과 여러 마찰을 일으킨 상황이었다. 이 문제를 해결하는 가장 효과적인 처방은 대간의 영향력을 적절하게 제어하는 것이었다. 성종은 두 방향에서 접근했다. 우선 대간을 견제할 수 있는 제3의 언론기관으로 홍문관을 육성해 언론기관 내부의 견제구도를 조성하려고 시도했다. 성종은 대간에 대한 문제의식이 싹튼 치세 중반부터 홍문관의 언론권을 키웠고, 거기에 힘입어 홍문관은 성종 20년 이후 대간 탄핵권을 확보해 언론기관의 입지를 굳혔다. 이로써 조선의 언론기관은 기존의 대간에서 삼사로 확대 재편되면서 내부의 견제구도를 형성하는 중요한 발전을 이뤘다.

다음으로, 그런 정국운영의 연장선에서, 성종은 위축된 대신의 위상을 회복시키려고 노력했다. 성종은 대간의 대신 탄핵을 거부하고 대신의 발언을 '공론'으로 평가하는 등 대신을 적극 옹호했다. 대신은 이런 지원에 힘입어 발언횟수를 상당히 늘리면서 국정에 활발히 참여하게 되었다.

그러나 이런 성종의 시도가 만족스럽게 이뤄졌다고 평가하기는 어렵다. 그 까닭은 가장 핵심적 문제인 대간의 지나친 영향력이 충분히 제어되지 않았기 때문이다. 그 결과는 성종 후반 정치세력 사이에 일어난 많은 정치적 갈등과 충돌로 나타났다. 먼저 대신과 대간의 갈등이 고조되었다. 대간은 그동안 대신이 누려온 특권인 제조 구임과 구사의 과다 소유 같은 폐단을 지적해 적지 않게 개선하는 중요한 정책적 승리를 거두기도 했다. 하지만 대신을 '간귀'나 '소인'으로 지목하거나 객관적 논거보다는 주관적이며 감정적인 표현을 동원해 공격하는 문제점 또한 상당히 드러내면서 대신과 첨예한 갈등을 빚었다.

이 시기 성종이 대간의 탄핵에 맞서 대신을 옹호했음을 떠올린다면 대간과 커다란 마찰을 빚은 것은 논리적 귀결이었다. 성종은 대간의 풍문탄핵이나 대신을 겨냥한 탄핵에 심각한 문제를 느꼈으며, 특히 국왕의 인사권을 제약하려는 시도에는 더욱 강력히 대처했다. 이런 과정을 거치면서 성종은 대간이 국가의 큰일은 신경 쓰지 않고 작은 일만 트집 잡고 있으며, 권력이 대간으로 돌아가 임금이 손발을 놀릴 수 없게 되었다는 본질적 문제의식을 갖게 되었다.

지금까지 왕권의 작용을 중심으로 살펴본 성종 때의 정치는 크게 세 가지 국면을 거쳤다. 먼저 성종 즉위년부터 7년까지는 수렴청정이 실시되는 가운데 원상을 중심으로 한 대신이 정국을 주도하는 국면이 전개되었다. 외형으로나 실제로나 왕정의 원리와는 어긋나는 이런 상황은 성종이 친정을 시작하고 원상제를 혁파한 뒤인 치세 8년부터 서서히 변화하기 시작했다.

그 변화의 핵심은 왕권의 확립과 대간의 위상 제고였다. 친정 이후 대신의 월권에 점차 심각한 문제를 느끼게 된 성종은 강화된 왕권을 바탕으로 대신을 직접 규제하기도 했지만, 좀더 근본적으로는 대신의 견제세력으로 대간을 육성해 정치세력의 권력 균형을 맞춰 그 문제를 해결하려고 시도했다. 그 결과 대간의 위상이 크게 제고되었고, 성종 중반의 정국은 왕권의 안정을 바탕으로 대신과 대간이 견제와 균형을 이룰 수 있었다.

그러나 이런 안정은 성종 후반까지 지속되지 못했다. 균열을 가져온 가장 주요한 원인은 대간의 월권이었다. 마치 치세 초반 대신의 위치를 대간이 물려받은 듯한 이런 문제를 해결하기 위해 성종은 다시 다각적으로 노력했다. 우선 주목되는 것은 홍문관의 언관화다. 이것은 조선의 언론기관을 기존의 대간에서 삼사로 확대 재편해 내부의 견제구도를 만든 중요한 정치제도적 발전으로 생각된다.

다음으로 필요한 조처는 그동안 위축된 대신의 입지를 다시 넓히는 것이었다. 그것을 위해 성종은 대신의 발언을 공론으로 인정하고 대간의 탄핵에 맞서 대신을 적극 옹호하는 등 대신의 영향력을 회복시키는 데 많은 노력을 기울였다. 그러나 치세의 맨 끝머리에 "대신과 대간이라는 두 마리 호랑이가 싸우는 것 같다"고 스스로 토로한 것처럼, 성종의 노력은 만족스런 결실을 맺지 못했다.

왕권의 작용과 국왕·대신·삼사의 권력관계에 따라 이런 궤적을 거친 성종대의 정치는 『경국대전』을 완성해 국가운영의 기본 체제를 일단 마련하는 중요한 성과를 거둔 기간이었다고 평가할 수 있다. 가장 주요한 정치제도적 발전은 치세 중반 대간의 언론기능이 확립되어 정치세력의 견제와 균형에 기반한 정치가 구현되었다는 사실이다.

그러나 치세 후반에 전개된 국왕·대신과 대간의 갈등이 보여주듯, 그런 안정이 꾸준히 이어진 것은 아니었다. 가장 큰 원인은 대간의 지나친 언론활동이었다. 이런 측면은 언론기관의 영향력이 많이 보장되고 행사된다고 해서 정국운영이나 정치세력의 권력관계가 안정되는 것은 아니라는 중요한 사실을 알려준다.[72]

요컨대 성종대의 정치는 치세 중반 국가운영의 기본제도가 집약된 『경국대전』 체제의 완성과 왕권의 안정을 바탕으로 정치적 정립 구도를 형성하는 중요한 발전을 이뤘지만, 그뒤 정치세력 사이의 갈등을 충분히 해소하지 못했다는 한계 또한 갖고 있었다. 이런 괴리의 진원은 삼사였다. 성종 중반 처음 본격적으로 활동하기 시작한 삼사는 그 기능상 현실 정치에 쉽게 뿌리 내릴 수 있는 제도가 아니었다. 그 과정에는 많은 난관이 기다리고 있었다. 처음이자 가장 큰 시련은 바로 앞에 다가와 있었다. 삼사의 기능강화를 비롯한 성종의 정치적 유산은 연산군이라는 새 국왕에게 계승되면서 철저히 해체되었다.

4
성종의 왕권─비폭력적 유교정치의 수행

어떤 왕대의 전체적 성격을 결정하는 핵심적 요소는 그 국왕이다. 현재 민주정에서도 지도자의 개인적 성향은 국정의 방향을 크게 좌우한다. 그러니 유일한 세습적 최고 권력자가 통치한 왕정에서 국왕의 영향력은 그야말로 지대했을 것이다. 이런 전제는 전근대 정치사를 파악하는 데 중요하게 고려해야 할 사항이다.

성종의 개인적 특징에서 우선 주목되는 점은 매우 성실한 호학好學의 군주였다는 것이다. 대비가 건강을 걱정할 정도로 책읽기에 몰두했다는 기사(성종 2.2.29임신)는 의례적이며 과장된 상찬이라고 접어둘 수도 있지만, 그가 치세 내내 보여준 경연 참석의 성실함은 그것이 반드시 과장이 아님을 웅변해준다. 그는 재위하는 동안 거의 빠짐없이 하루에 세 번씩 경연에 나가 날이 저물 때까지 강관講官과 토론하는 등 누구보다도 성실하게 경연에 참석했다.[73] 흉년인데도 사서四書와 『춘추春秋』・『강목신증綱目新增』・『문한유선文翰類選』 같은 책을 출판하는 데 너무 많은 비용을 쓰고 있으니 자제해야 한다는 부제학 유윤겸의 건의도 성종의 호학을 반증한다(성종13.7.6계유).

그는 학문을 좋아했을 뿐 아니라 폭도 상당히 넓었다. 성종은 정통 역사서와 성리서 외에도 『노자老子』·『장자莊子』·『열자列子』 같은 도가 서적에도 관심을 보였으며, 간신의 대표적 상징으로 매도되던 왕안석의 문집을 인쇄해 신하들에게 내려주기도 했다(성종14.1.18신해;16.1.26기유;16.3.3갑신).[74]

이처럼 성실하고 폭넓은 성종의 학문적 태도는 그의 정치에도 상당한 영향을 주었다. 우선 문신 위주의 인사정책을 지양하고 무신도 핵심 부서에 적극 등용해 문무의 균형을 유지하려고 노력한 것이 주목된다.[75] "무신이 너무 많이 등용되어 승정원과 육조의 절반을 차지하고 있다"는 신하들의 우려는 그런 성종의 개방적 인사정책을 반증한다(성종9.7.9무진;11.9.14신묘). 실제로 성종은 많은 신하의 반대를 무릅쓰고 무신 어유소·이덕량李德良·한건을 각각 이조판서·형조판서·도승지에 임명했다(성종12.8.25정묘;13.8.22무오;20.8.24기유). 이것은 유교에만 치우치지 않은 성종의 폭넓은 학문적 관심과 무관하지 않은 현상이라고 판단된다.

좀더 중요한 측면은 성종 때의 중요한 특징인 '경연정치'다. 널리 알듯 경연은 국왕과 신하가 유교경전을 중심으로 학문을 논의하는 자리다. 앞서 말한 것처럼 성종은 그런 본연의 기능에 매우 충실했다. 그리고 그는 거기서 한 걸음 더 나아가 경연에서 대신과 삼사가 학문뿐 아니라 현안을 자유롭게 토론·논박하면 배석한 국왕이 그 논의를 적절히 제어하면서 양자의 의견을 수렴해 결론을 도출하는 독특한 정책 결정 방식으로 발전시켰다.[76] 이처럼 신하들의 자유로운 논쟁을 용인하면서도 자신의 결정권을 잃지 않는 '경연정치'는 국왕의 인내와 합리적 판단 없이는 시행되기 어려운 제도였다. 그 바탕에는 성종의 성실하고 균형 잡힌 학문적 태도가 있었다고 생각된다.[77]

이런 제도로 성종이 구현하려던 이상적 정치는 대신과 삼사가 견제와 균형을 이룬 상태에서 왕권이 적절하고 효과적으로 군림하는 수준 높은 유교정치였다. 강조할 사항은 '경연정치'에서 보듯 성종은 신하의 자유로운 비판과 논의를 허용하고 선호했지만, 그것을 최종적으로 판단하는 주체는 왕권임을 분명히 인식하고 실천했다는 것이다.

> 대신의 발언에서 시행할 만한 것은 시행하고 그렇지 못한 것은 내버려두며 …… 대간의 말은 임금이 그 옳고 그름을 판단해 옳으면 따르고 그르면 거부하는 것이다.[78]

앞서 본 여러 사례에서도 인사권에 강한 의지를 가졌음을 알 수 있지만, 성종의 이 말은 그런 태도를 잘 보여준다. 그가 대신과 삼사의 견제와 균형을 중시하면서도 그들의 위계질서는 엄정하게 유지하려고 노력한 것 또한 같은 맥락에서 이해할 수 있다.

그러나 이미 지적했듯 성종의 이런 정치적 구상이 만족스럽게 실현된 것만은 아니었다. 특히 붕어 바로 몇 달 전 "지금은 대신과 대간이 두 마리 호랑이처럼 서로 싸우는 상황과 같다"는 성종의 개탄은 치세 중반의 정치적 현실이 자신의 정치적 이상과는 상당히 괴리된 상태였음을 잘 보여준다.

그렇게 된 가장 큰 원인은 치세 중반 이후 지속된 대간의 지나친 언론활동 때문이었다. 친정 이후 대간은 국왕의 적극적 후원에 힘입어 중앙정치의 필수 관서로 자리를 굳혔다. 그러나 그들은 탄핵과 간쟁이라는 본원적 기능상 국왕이나 대신과 충돌할 가능성이 컸다. 그런 가능성은 성종 중반 이후 점차 현실로 나타났다. 성종은 이런 문제를 해결하고자 홍문관을 언관화해 언론기관 내부의 견제구도를 조성하고, 약화된 대신들의 위상을 다시 제고시키려고 애썼으며, 대간의 지나친 언론을 직접 엄중히 경고하기도 했다. 그러나 치세 후반으로 갈수록 대간의 발언이 오히려 빈번해진 사실이 보여주듯, 결과적으로 대간은 충분히 제어되지 않았다(대간의 발언은 3기에 가장 많았고, 특히 치세의 가장 끝머리인 성종 23~25년에는 394회와 549회, 411회라는 높은 빈도를 기록했다. 이런 측면을 볼 때 대간의 위상은 오히려 강화되었다고 생각된다. 〈표 3〉 참조).

이런 결과가 성종의 우유부단한 태도나 적절하지 못한 해결책 때문에 초래되었다고 지적할 수도 있다.[79] 하지만 좀더 궁극적인 까닭은 그가 국가의 기본 법전인 『경국대전』의 원칙을 최대한 존중해 수준 높은 유교정치를 구현하려고 노력한 데서 찾아야 한다고 생각한다. 『경국대전』에는 각 관서의 기능이 포괄적으로든 명시적으로든 규정되어 있다. 성종은 바로 자신의 치세에 반포된 그 규정을 최대한 준수하려고 노력한 것이다.

그 혜택을 가장 많이 받은 관서는 삼사였다. 여러 번 말했듯 탄핵과 간쟁이라는 그들의 기본 임무는 궁극적으로는 국왕의 활동을 제약하는 것이다. 그러나 성종은 『경국대전』에 명시된 삼사의 임무를, 특히 치세 후반 큰 불만을 가졌음에도, 용인하고 보장했다. 성종 중반 이후 삼사가 탄핵과 간쟁이라는 본연의 기능을 왕조 성립 이후 처음 본격적으로 수행할 수 있게 된 것은 이런 정책 덕분이었다. 성종 때의 정치가 국왕·대신·삼사의 견제와 균형에 기반한 정립구도를 형성할 수 있었던 원동력도 거기 있다고 생각한다.

하지만 바로 동일한 이유 때문에 성종은 치세 후반 대간을 쉽게 제어하지 못했다. 그때 성종은 대간에게 심각한 문제점을 느끼고 있고, 그것을 여러 차례 엄중히 표명했다. 그런데도 그는 전근대 왕권의 핵심적 권능이라고도 할 수 있는 폭력적 제압을 끝내 자제했다. 그 까닭 또한 탄핵과 간쟁이라는 대간의 기능이 『경국대전』에 보장된 것이기 때문이었다.

성종 왕권의 가장 큰 특징 가운데 하나는 바로 이런 비폭력적 성격에 있다고 생각한다. 그의 치세에는 다른 왕대에서 드물지 않았던 신하에 대한 폭력적 숙청이 거의 나타나지 않았다.[80] 그것은 성종이 『경국대전』에 규정된 각 관서의 기능을 최대한 보장하는 수준 높은 유교정치를 궁극적 이상으로 삼아 어떤 세력에게 심각한 불만이 있어도 그들을 폭력적으로 제압하지 않은 결과라고 판단된다.

요컨대 성종이 비폭력적 유교정치를 수행할 수 있던 데는 성실하고 폭넓은 학문적 태도라는 개인적 특징과 그것이 구현된 개방적 인사정책, 그리고 '경연정치'라는 정치제도가 중요한 자양분으로 작용했다. 이런 요소에 힘입어 여러 관서, 특히 삼사는 『경국대전』에 보장된 본연의 직능을 현실 정치에서 처음으로 충분히 발휘할 수 있게 되었다. 그 결과 조선의 왕정은 왕권의 안정을 바탕으로 대신과 삼사의 견제와 균형이 이뤄지는 수준 높은 유교정치를 구현할 수 있었다.

물론 성종의 통치는 치세 후반 대간의 지나친 월권으로 말미암은 정치적 갈등과 균열을 말끔히 해소하지는 못했다는 한계도 가졌으며, 그것은 연산군 때 사화의 중요한 도화선이 되었다. 그러나 그 문제의 폭력적 해결을 끝까지 자제한 성종의 정치는 건국 후 1세기를 거치면서 조선이 도달한 하나의 정치적 정점頂點이었다고 평가할 수 있을 것이다.

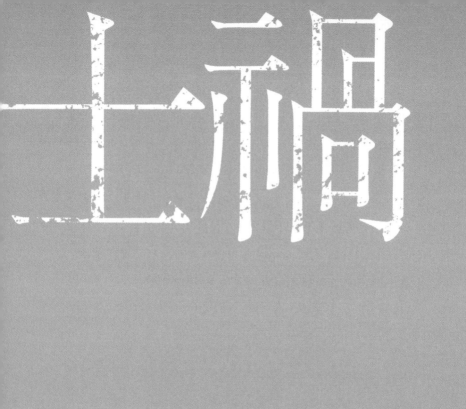

2장

연산군
절대왕권의 추구와
정치적 파탄

성종의 적장자로 열 번째 국왕에 올라 12년 동안 재위한 연산군은 조선시대뿐.아니라 한국사 전체에서 가장 널리 알려진 군주 가운데 한 사람일 것이다.[1] 물론 그 명성은 오명이다.

중앙정치에서 국왕과 신하의 긴장은 늘 존재한다. 그것은 협의와 조정을 거쳐 국정을 발전시키기도 하지만 복잡하고 치열한 정쟁으로 이어지는 경우도 적지 않다. 연산군의 시대는 조선 최초의 사화가, 그것도 두 번이나 일어났다는 데서 알 수 있듯 그 갈등이 특히 격렬했다. 그는 대규모의 처형은 물론 사치·방탕·황음荒淫 등 수많은 폭거를 자행해 국정을 혼란에 빠뜨렸다. 치세 후반으로 가면서 그가 보여준 심리와 행동은 확실히 기이하고 부당한 측면이 많았다.

그의 통치가 거대한 파탄으로 끝난 일차적 원인과 책임은 국정의 최고 책임자인 그에게 있는 것이 분명하다. 그러나 거기에는 시대적 맥락과 구조적 문제 또한 적지 않게 작용했다고 생각된다.

앞서 보았듯 성종 때의 정치에서 나타난 중요한 특징은 언론기관의 기능이 본격적으로 발휘되어 국왕·대신·삼사의 견제와 균형에 기반한 정국운영이 이뤄진 것이었다. 그러나 삼사의 지나친 언론활동을 충분히 제어하지 못한 결과 성종 후반부터는 국왕·대신과의 갈등이 점차 고조되는 문제도 나타났다.

성종 후반의 이런 정치적 지형은 고스란히 연산군의 시대로 이어졌다. 연산군의 가장 중요한 목표는 강력한, 나아가 전제적인 왕권을 확립하는 것이었다. 왕권을 강화하려는 생각은 모든 국왕에게 자연스러운 것이지만, 연산군은 그 의지와 실천력이 남달랐다.

이런 목표를 가진 국왕에게 부왕이 남겨준 정치적 유산은 매우 불만스러운 것일 수밖에 없었다. 연산군은 국왕의 공적·사적 활동을 제약하는 모든 행태를 "아랫사람이 윗사람을 능멸한다"는 의미의 '능상凌上'으로 규정했다. 연산군 때의 주요한 정치적 사건은 모두 이 능상에 저촉되는 대상과 행위를 어떻게 규정할 것인가 하는 문제를 둘러싸고 전개되었다고 말할 수 있다.

대체로 연산군의 시대는 가장 중요한 정치적 결절점結節點이자 파국인 두 사화를 기점으로 삼분한다.[2] 첫 시기는 연산군 1년(1495)부터 무오사화가 일어난 재위 4년(1498)까지다. 어렵지 않게 예상할 수 있듯 집권 초반부터 능상에 가장 빈번하고 심각하게 저촉된 집단은 삼사였다. 다시 말해 전제왕권을 수립하기 위해 연산군이 해결해야 할 첫 과제는 삼사를 길들이는 것이었다. 성종 후반부터 삼사와 충돌해온 대신도 이런 국왕의 판단에 동의했다. 국왕과 주요 대신은 삼사의 능상을 시급하고 철저히 교정해야 한다는 데 공감했다. 이런 상황적 맥락은 무오사화의 본질을 파악하는 데 중요한 열쇠다.

두 번째 시기는 연산군 5년부터 갑자사화甲子士禍가 일어난 재위 10년(1504)까지다. 이 시기의 가장 큰 문제는 무오사화로 삼사를 일단 제압한 연산군이 왕권을 점차 자의적恣意的으로 행사하기 시작한 것이었다. 뒤에서 보겠지만, 무오사화는 처벌의 범위나 수위 모두 상당히 제한적이었다. 이런 정도의 정치적 숙청은 다른 왕대와 견주어 그리 심각한 것이 아니었다. 다시 말해서 이때까지는 '폭정'이라고 부르기는 어려운, 중앙정치의 일반적 상황에 가까웠다고 생각된다.

연산군의 실패는 그뒤부터 시작되었다. 그의 가장 중대한 착오는 자유로운 왕권의 행사와 자의적 일탈을 동일시한 것이었다. 그는 무오사화로 강화된 왕권을 국정운영이나 개혁 같은 정당한 목표에 투여하지 않고 사치나 음행 같은 자신의 다양한 욕망을 채우는 데 소비했다.

이런 국왕의 행동은 정치세력의 관계에 큰 변화를 가져왔다. 그동안 국왕의 정치노선에 공감했던 대신들도 자의적 왕권 행사를 비판하는 데 동참한 결과 삼사와 비슷한 입장에 서는 상황이 빚어지게 된 것이다. 전제왕권의 몽상과 방종에 침윤된 국왕이 보기에 이런 상황은 가장 심각한 폐해인 능상이 신하 전체로 확산된 것이었다. 김종직金宗直 일파와 삼사에 국한된 무오사화의 제한적 숙청과 달리 갑자사화가 거의 모든 신하를 가혹하고 무차별적으로 처벌한 까닭은 이런 상황적 맥락에 있었다. 마지막 시기는 연산군이 편집증에 가까운 폭정을 일삼다가 끝내 반정으로 폐위된 기간이다.

앞서 말했듯 연산군 개인과 그의 치세에 내려진 평가는 대체로 명확하다. 그러나 성종 때 형성된 견제와 균형의 정치가 그토록 급속하고 철저하게 파괴된 원인을 규명하는 것은 그리 간단치 않다. 당시 정치의 문제점에 관련된 연산군의 어떤 진단은 정확하고 날카로웠다.[3] 연산군의 정치적 실패를 객관적으로 파악하는 데는 도덕적 포폄襃貶보다 당시의 상황적 맥락을 충분히 고려하면서 그런 폭정이 나타나게 된 근본 원인을 찾는 것이 중요하다고 생각한다. 연산군이 추구한 정치적 목표와 당시 정치세력의 관계 변화에 유의한다면 그런 목표에 다가갈 수 있을 것이다.

1
능상에 대한 경고 – 무오사화(1~4년)

국왕과 삼사의 대립

연산군대 정치세력의 협력·대립관계는 시작부터 명확하게 드러났다. 국왕과 대신이 성종 후반부터 지속된 삼사의 언론활동을 능상으로 규정하면서 그것의 척결이 당시의 가장 시급한 정치적 과제라는 데 인식을 같이하게 되었기 때문이다. 국왕과 대신이 같은 편에 서고 그 대척점에 삼사가 자리 잡은 구도는 무오사화까지 지속되었다.

먼저 국왕과 삼사는, 연산군이 즉위한 뒤 대간은 거의 매일 대궐문 앞에 엎드려 상소했다는 기록에서 짐작할 수 있듯(연산2.3.14임진) 치세 초반부터 여러 사안에서 충돌했다. 성종 후반 대간은 대신의 견제세력으로 육성할 의도에서 그 언론활동에 우호적이었던 성종조차 심각한 문제의식을 여러 차례 표명할 정도로 과도한 영향력을 가졌으며, 그 탄핵에 불합리하거나 감정적인 부분도 나타나기 시작했다.

연산군은 세자 시절부터 이런 삼사의 행태를 매우 불만스럽게 생각했다(연산2.12.11갑신;5.1.11신미). 특히 그가 삼사 자체의 월권보다는 그것을 제대로 제어하지 못한 성종의 잘못 때문에 이런 현상이 나타났다고 생각했다는 사실은 주목할 필요가 있다. 뒤에서 좀더 자세히 설명하겠지만, 정치적으로나 개인적으로나 연산군이 치세 초반부터 선왕에게 상당한 반감을 가졌다는 사실은 이 시기 정치에 깊은 영향을 미쳤다.

기본적으로 연산군은 국왕과 삼사의 관계가 대립적이라는 사실을 잘 알고 있었다. 따라서 삼사의 권한이 강해져 임금이 독자적 재량권을 행사하지 못하게 되면 상하의 권력관계가 역전될 것으로 생각했다(연산2.3.4임오·13신묘). 특히 삼사가 인사권을 간섭할 경우 "국왕을 침범할 뿐 아니라 사직에도 저촉되는 말"이라면서 민감하게 반응했다(연산1.10.27병자;3.3.19신유). 성종 후반 제3의 언론기관으로 부상한 홍문관의 언론권을 제한적으로 인정한 것도 비슷한 맥락의 조처였다.[4] 궁극적으로 연산군은 대간이 자질구레한 업무나 처리하는 말단 관리[刀筆之吏]며 나아가서는 주인의 지시에 따라야 하는 종에 지나지 않는다고 생각했다(연산3.2.19신묘·26무술).

그러므로 국왕과 삼사의 관계가 초반부터 불편한 것은 불가피했다. 일단 무오사화 한 해 전인 연산군 3년까지 살펴보면, 첫 쟁점은 붕어한 성종에게 드리는 불교식 추모제사인 수륙재水陸齋를 실시하는 문제였다. 연산군 즉위년 12월부터 1년 5월까지 계속된 이 논쟁에서 삼사는 철저한 유교적 입장을 견지하면서 수륙재 실시에 강력히 반대했다.[5]

다음으로 삼사가 반대한 문제는 외척 등용과 포상이었다. 연산군

1년 5~7월에 걸쳐 삼사는 특히 이철견·윤탄·한건·박원종·윤탕로尹湯老·윤은로·신수근愼守勤 등을 집중적으로 탄핵했다(이들의 외척 관계는 다음과 같다. 이철견은 세조비 정희왕후의 동생이고, 윤탄은 성종비 정현왕후貞顯王后의 숙부였다. 한건은 소혜왕후의 조카고, 박원종은 성종의 형 월산대군月山大君의 처남이었다. 윤탕로와 윤은로는 성종의 처남이고, 신수근은 연산군의 처남이자 중종의 장인이었다).[6]

재위 2년부터는 연산군 개인과 관련된 문제가 불거지기 시작했다. 이것은 무오사화 뒤부터 좀더 분명하게 나타나는데, 연산군은 자신이나 왕실에 관련된 인물을 우대하거나 성대한 의례를 치르는 것이 국왕의 권위를 높이는 데 핵심적인 일이라고 생각했다. 그러므로 거기에 반대하는 것은 일반 정치사안을 비판하는 것보다 더욱 민감할 수 있었다.

먼저 그의 유모였던 봉보부인 최씨를 포상한 것이 문제로 떠올랐다. 재위 2년 2월 연산군은 최씨에게 노비 7명을 하사하고 70명에 가까운 공사천公私賤 친족을 종량從良해주었다. 하지만 성종이 자신의 봉보부인에게 그 동생 두 명만 종량해준 것과 견주면, 이것은 너무 많은 인원이었다. 삼사는 즉각 반대했고 의정부도 가세했다. 그러자 연산군은 국왕의 권위를 무시하는 것이라면서 대간을 국문하라고 지시했다(연산2.3.19정유).[7]

내관內官에 관련된 문제도 나타났다. 연산군 2년(1496) 2월 삼사는 내시 김효강金孝江이 왕명을 멋대로 변경했다는 죄목으로 거의 1년 동안 탄핵한 끝에 처벌을 관철시켰다(연산2.2.9정사;3.1.8경술). 이듬해 8월에는 대간이 내시를 구금하기도 했다. 장령 강겸姜謙은 길에서 내관이 자신이 탄 말을 가로막자 그를 잡아 가뒀다. 연산군은 이것을 능상으로 규정해 즉시 강겸을 파직시켰다(연산3.8.23임진·24계사;3.9.11 기유).

연산군의 가장 가까운 가족인 폐비 윤씨와 원자元子에 관련된 사안은 더욱 중요했다. 연산군은 재위 2년 윤3월부터 윤씨 추숭과 사당 건립에 많은 노력을 기울였지만 대간의 강력한 반대로 마찰만 빚었을 뿐 흡족한 성과를 거두지 못했다.[8] 재위 3년 12월 원자가 태어나 내약방內藥房 관원을 가자加資하라고 지시했을 때도 대간은 지나친 포상이라고 반대했다. 연산군은 "내 신하가 아니니 극형으로 다스리겠다"면서 감정적으로 대응했다(연산3.12.25임진).

그밖에도 삼사는 연산군 3년에도 공신 포상과 가자가 지나치니 고쳐야 한다면서 두 달 가까이 상소했으며(연산3.4.15병술·25병신;3.5.10신해)[9] 당상관 숫자가 너무 많다면서 시정을 요구했다(연산3.1.4병오). 이런 국왕과의 대립에서 삼사는 자기 주장이 받아들여지지 않으면 즉시 끈질긴 사직으로 저항했다.[10]

요컨대 재위 초반부터 연산군과 삼사는 매우 불편한 관계에 있었다. 즉위 직후부터 국왕의 거의 모든 행동을 강력히 제약한 삼사의 언론은 자유롭고 강력한 왕권 행사에 남달리 강한 의지를 가진 연산군에게 반드시 길들여야 할 대상으로 다가왔다. 세자 시절부터 이런 생각을 가졌으며 이제 혈기 넘치는 청년으로 성장한 19세의 국왕과[11] 그에 대한 간쟁을 본연의 임무로 삼고 있는 삼사가 첨예하게 대립한 것은 불가피했다.

대신과 삼사의 충돌

국왕과 관계를 감안하면, 삼사가 또 다른 본원적 견제 대상인 대신과
도 많은 마찰을 빚었으리라는 사실은 넉넉히 짐작할 수 있다. 그들
사이에 일어난 첫 번째 큰 충돌은 연산군 1년 7월 영의정 노사신과
삼사의 대립이었다. 쟁점은 앞서 서술한 수륙재 실시와 외척 우대 문
제였다. 삼사의 강력한 반대에 시달리던 연산군은 결국 그들을 추국
하라고 지시했다. 그러자 그동안 이 문제와 관련해 역시 삼사와 대립
해온 노사신은 "참으로 영주英主의 위엄 있는 결단"이라면서 적극 찬
성했다. 삼사는 즉시 노사신을 강력히 탄핵했고, 그는 두 달 뒤 선성
부원군宣城府院君으로 물러났다. 삼사는 대신과의 첫 충돌에서 승리
했다.[12]

같은 해 11월 장령 이의무李宜茂가 올린 10조의 상소도 주목된다.
그는 대신과 대간의 갈등을 우려하면서 상하의 기강을 확립해야 한
다고 전제했지만, 실제로는 제조 혁파를 건의하고 외척과 총애받는
대신이 정사를 어지럽혀서는 안 된다고 지적하는 등 대신에 대한 견
제와 비판이 요지였다. 그는 그런 인물로 영의정 신승선愼承善·우찬
성 이극돈李克墩·병조판서 성준 등 당시 중신을 지목했다(연산1.11.18
정유·20기해·25갑진).

연산군 2년에도 삼사의 비판은 계속되었다. 대간은 정문형鄭文炯
을 우의정에 임명하는 데 반대해 그를 한직인 영중추부사領中樞府事
로 좌천시켰고[13] 홍문관은 의정부 대신이 순종하는 데만 힘쓴다고
탄핵했다(연산2.8.10갑신·12병술. 거론된 대신은 대부분 사직을 요청했다).

연산군 3년부터 발견되는 중요한 변화는 대간의 탄핵에 매우 과격

한 표현이 사용되기 시작한다는 것이다. 그해 1월 장령 이수공李守恭의 발언은 그 첫 사례다. 그는 이때 일어난 재변의 원인을 "대신이 모두 사람답지 못하기 때문"이라는 거친 표현으로 비판했다. 이 탄핵으로 좌의정 어세겸魚世謙을 비롯한 의정부와 육조 대신은 거의 모두 사직상소를 올렸다(연산3.1.25정묘~27기사).[14]

다음 달에는 강도가 한층 높아졌다. 발언자는 사간 최부崔溥고 대상은 역시 삼정승을 포함한 주요 대신이었다.

지금 영의정 신승선은 여자처럼 나약해 국가의 대사에 옳다 그르다 의견을 내는 일이 전혀 없으며 게다가 병이 심해 자리를 비우고 집에 있은 지 몇 년이 지났습니다. 이 때문에 나라를 다스리는 막중한 직책이 죽을 쑤어 중이나 먹이면서 병을 보양하는 자리가 되어버렸습니다. 좌의정 어세겸은 재주와 학문은 칭찬할 만해도 선왕 시절부터 근무에 태만해 오후에야 출근하는 당상관으로 불렸습니다. 전하께서 그를 정승으로 발탁하셨지만 아직 한 번도 훌륭한 계획을 아뢰거나 좋은 정치에 도움이 되었다는 말을 듣지 못했으며 날마다 술로 지새니, 어찌 왕실을 생각하는 대신이겠습니까? 우의정 한치형韓致亨은 자질은 아름답지만 배우지 못한 사람이어서 정승이 된 뒤 건의한 것이라고는 내원內苑에 담장을 쌓고 새 묘소에 사대석沙臺石(병풍석屛風石) 설치를 중지시킨 일밖에 없습니다. 이렇게 작은 일들도 한치형이 건의한 뒤에야 시행되었으니, 지금까지 삼정승이 녹만 축낸 죄를 충분히 알 수 있습니다(연산3.2.14병술).

그밖에도 호조판서 이세좌·예조판서 박안성·이조참판 안침·사복시제조 노사신 등이 능력 부족과 권력 남용 같은 다양한 혐의로 탄핵되었다. 연산군은 이 상소가 마치 털을 불어가며 흠집을 찾는 것과 같으며 국왕을 비판하는 것과 마찬가지라고 진노했다. 이때도 지목된 대신들은 즉각 사직했다(연산3.2.14병술~17기축·19신묘).[15]

가장 과격한 표현은 같은 해 7월 정언 조순趙舜이 전 영의정 노사신을 비판하면서 동원되었다. 그해 3월부터 대간은 공신 적장자 90여 명을 가자하고 판관 채윤공蔡允恭을 고양군수高陽郡守로 삼은 데 강력히 반대해왔다. 그 과정에서 대간은 자신에게 찬성하지 않는 대신이 하는 일 없이 녹만 먹고 있으니 중국 당唐의 대표적 간신 이임보李林甫나 고력사高力士와 비슷하다고 몰아세웠다(연산3.6.15을유). 결국 연산군은 대신들에게 의견을 물어 결정하기로 했다.

이때 다시 나선 사람은 노사신이었다. 앞서 1년 7월에도 그는 대간 추국을 지시한 연산군의 조처를 "영주의 위엄 있는 결단"이라고 칭송했지만, 다시 한 번 대간을 강력히 비판했다. "요즘 대간은 자기 뜻과 조금이라도 다르면 사사로운 이해관계를 갖고 있다고 몰아세우니 이 폐단을 고치지 않으면 안 된다"는 것이었다.

대간의 비판이 퍼부어진 것은 당연했다. 대간은 즉시 노사신을 추국하고 영경연사領經筵事에서 파직시켜야 한다고 주장했다. 바로 이 과정에서 정언 조순은 "노사신의 고기를 먹고 싶다"는 극한적 표현을 사용했다(성종3.7.21경신).[16] 30세의 정언(정6품)이 70세의 전직 영의정에게 투사한 이 표현은 그런 의지의 진실성이나 수사의 적절성을 떠나 대신과 삼사의 관계가 거의 치유하기 어려울 정도로 악화된 상태였음을 상징적으로 보여준다. 무오사화를 꼭 1년 남겨둔 시점에서 대신과 삼사의 관계가 이런 상태였다는 사실은 그 사건의 원인을 파악하는 중요한 열쇠라고 생각한다.

연산군 초반 여러 사안이 복잡하게 얽혀 점차 감정 대립으로 번지는 듯한 갈등을 겪으면서 대신과 삼사의 관계는 치유하기 어려울 정도로 악화되었다. 좀더 정확히 말하면, 삼사의 탄핵을 받은 대신이 번번이 사직한 것에서 알 수 있듯, 삼사의 공격으로 대신이 크게 위축된 것이다. 예컨대 삼정승은 독자적 의견을 개진해 국정을 총괄하지 못하고 다른 관서에서 완성해 올린 계획을 추인할 뿐이었다(연산 2.8.10갑신).[17] 육조도 사정은 비슷해 인사 문제에 대한 대간의 개입으로 이조가 인사권을 거의 포기했다는 지적이 나오기도 했다(연산 3.9.28병인).

이런 과정을 거치면서 연산군 초반 정치세력의 협력·대립관계는 명확하게 구획되었다. 삼사의 강력하고 지속적인 탄핵에 시달리던 연산군과 대신은 당시의 가장 커다란 문제가 바로 삼사의 능상이라는 결론을 공유하게 된 것이다. 연산군 때의 첫 정치적 파국이자 조선 최초의 사화인 무오사화는 이처럼 국왕과 대신이 한편이 되고 그 대척점에 삼사가 자리 잡은 구도에서 발생했다.

삼사의 능상을 교정하라

치세 초반부터 삼사와 날카롭게 대립해온 연산군과 대신은, 국왕과 신하라는 본질적 차이에 따라 서로의 정치적 목표가 반드시 같은 것은 아니었지만(이런 차이는 그뒤 갑자사화에서 명확히 드러난다), 삼사의 능상을 시급히 교정해야 한다는 일차적 목표를 공유하게 되었다.

우선 대신은 삼사에 맞서 연산군의 의견에 적극 동조했다. 앞서 연산군 1년 7월과 3년 7월에 나온 노사신의 발언은 그 대표적 사례였다. 국왕은 좀더 적극적이었다. 처음에 연산군은 대신에게 상당한 불만을 갖고 있었다. 대신이 대간을 두려워해 직언하지 못하며 임금의 질문에도 가부를 정확히 대답하지 못한다는 것이었다(연산1.9.4갑신;2.3.29정미). 그렇지 않다고 의정부가 부인했지만, 연산군은 대신이 대간을 두려워하면 임금이 고립될 것이라고 질책했다(연산3.3.28경오;3.5.10신해;3.6.13계미). 그러나 이런 질책은 우호적 관심의 다른 표현이었다.

삼정승과 임금은 한 몸이니 내가 무엇을 의심하겠는가? …… 대간이 삼정승을 국문하려는 것은 바로 나를 국문하려는 것이다. …… 대간이 삼정승을 사람답지 못하다고 하니 참으로 마음이 아프다. 삼정승과 나는 함께 다스리는 사람이니, 삼정승을 사람답지 못하다는 것은 바로 나를 가리켜 말한 것이다(연산1.2.4무오;1.7.8기축;3.1.26무진).

자신과 삼정승을 동일시할 뿐 아니라 오히려 삼정승을 앞세우는 수사에 실린 옹호와 개탄은 연산군이 대간의 능상을 그만큼 심각하게 느끼고 있다는 반증이었다.

이런 태도는 더욱 분명한 우려와 경고로 나타났다. 대간의 탄핵으로 주요 대신이 번번이 사직하면 권세가 대간에게 있게 되며(연산1.11.20기해·25갑진) 대신이 조그만 실수를 저질렀다고 해서 논박하면 대신을 공경하는 도리가 없어져 대간이 재상의 머리카락을 휘어잡는 지경에 이를 것이니(연산3.6.6병자;4.12.8기해) 대간은 대신을 멸시해서는 절대 안 되며 대신은 대간의 의견에 얽매이지 말고 논의하라는 것이었다(연산2.4.3경진).

그러나 연산군은 이런 말뿐인 경고와 우려는 좀처럼 효과를 내지 못한다고 판단했고, 이제 어쩔 수 없이 다른 수단을 동원해야겠다고 결심했다. 연산군 초반의 가장 큰 정치적 사건인 4년(1498) 7월의 무오사화는 삼사의 능상에 국왕의 불만과 경고가 이어지고 대신도 거기에 적극 동조했지만 그것이 제대로 먹혀들지 않던 상황적 맥락에서 일어났다.

조선 최초의 사화, 무오사화

겉모습은 중요하지 않다고 하지만, 사물의 외형은 그 본질과 밀접히 관련되어 있다. 이를테면 헤엄치는 것이 목적인 물고기는 그 형태가 거기에 알맞게 이뤄져 있다. 외형과 본질의 이런 밀접한 상관성은 자연적 생태계뿐 아니라 인공적 사물에도 대부분 적용된다. 나는 것이 목적인 비행기의 모습은 새를 닮을 수밖에 없다.

이런 원리는 사람이 빚어내는 사건에도 비슷하게 적용된다. 예컨대 장기적이고 본격적인 침략에는 대규모 부대가 투입되는 것이 일반적이다. 반면 적은 병력으로 변방을 건드린 공격을 전면전이라고 판단하는 것은 착오이기 쉽다.

외형과 본질의 이런 상관성은 무오사화를 분석하는 데는 물론 그것과 다른 사화의 차이점을 이해하는 데도 매우 중요하다. 무오사화의 가장 큰 외형적 특징은 지속기간과 처벌대상 등 여러 측면에서 상당히 제한된 규모의 사건이었다는 것이다.

우선 지속기간에서 무오사화는 연산군 4년 7월 1일 소수의 대신들이 어떤 일을 비밀리에 보고하고 국왕이 재가하면서 갑자기 발생해 같은 달 27일 주요 연루자의 처벌내용을 확정해 사태를 마무리하기까지 한 달도 걸리지 않았다. 연루자들을 압송해 본격적인 추국을 시작한 시점부터 따지면 20일도 되지 않는다. 즉 그것은 돌발적으로 일어나 짧은 기간 안에 종결된 사건이었던 것이다.

처벌된 인원의 숫자와 형량도 비슷하다. 뒤에서 좀더 자세히 살펴보겠지만, 처벌된 52명의 형량은 사형 6명(11.5퍼센트), 유배 31명(59.6퍼센트), 파직·좌천 등이 15명(28.8퍼센트)이었다. 이런 처벌 인원과 형량, 특히 가장 무거운 형벌인 사형이 6명에 지나지 않는다는 사실(사망한 뒤 처벌된 김종직을 제외하면 그 비율은 더욱 줄어든다)은 다음 사화인 갑자사화는 물론 조선 후기의 수많은 정치적 숙청에 견주어 상당히 적은 규모라고 말할 수 있다.

이런 객관적 외형은 그 사화의 본질적 의도가 전면적 공격이 아닌 제한적이며 간접적인 경고였음을 알려주는 중요한 증거라고 생각한다. 다시 말해서 무오사화는 거대한 폭정이 아닌 전근대의 중앙정치에서 일반적으로 일어나던 정치행위에 가까웠다. 따라서 이때까지는 연산군의 통치도, 폭력을 동원하기는 했지만, 정상에서 크게 벗어났다고 보기는 어렵다.

사화의 조짐은 그것이 일어나기 1년 전쯤부터 감지된 것 같다. 단편적 사례지만, 연산군 3년 8월 시강관 이과李顆가 "앞으로 대간을 죽이는 일이 있을까 두렵다"고 말한 것은 그런 실마리를 보여준다(연산 3.8.4계유). 그 열 달 뒤 "신하가 임금을 이기려는 풍조가 이미 이뤄졌다 (연산4.6.1병인)"면서 상황의 심각성을 밝힌 연산군은 주요 대신과 함께 삼사의 숙청을 단행해 자신의 정치적 구상을 폭력적으로 실현했다.

사화의 전개 1-김일손의 사초

사화는 크게 세 단계로 전개되었다.[18] 그것은 김일손金馹孫의 사초史 草에 세조와 관련된 불충한 내용이 담겨 있다는 혐의로 시작되어, 그 와 교유한 젊은 관원과 선비들이 현실에 불만을 토로한 문제로 확대 되었다가, 김종직의 「조의제문弔義帝文」이 발견되면서 사제관계를 매개로 붕당을 결성해 역사와 현실에 역심을 품은 사건으로 규정되 는 과정을 거쳤다.

대부분의 정치적 숙청들처럼 무오사화도 돌발적이고 은밀하게 일 어났다. 연산군 4년 7월 1일(을미) 파평坡平부원군 윤필상·선성부원 군 노사신·우의정 한치형·무령군 유자광은 비밀스러운 일을 아뢰 기를 요청했다. 그들이 국왕을 알현하는 자리에는 사관도 참석하지 못했다. 즉시 의금부 경력 홍사호洪士灝와 도사 신극성愼克成이 경상 도로 급파되었지만 외부 사람들은 무슨 일인지 알지 못했다.

체포된 인물은 김일손이었다. 잡힐 때 김일손은 자신의 사초 때문 이라는 것을 알고 있었다. 그는 사초에 세조 때 이극돈과 연관된 불 미스러운 일들을 적었는데[19] 그것을 삭제하려다가 실패한 이극돈이 그런 내막을 숨기고 세조와 관련된 불경한 내용이 사초에 있다고 무 고했기 때문에 이 사건이 발생했다고 판단했다. 그는 이 사건이 반드

시 큰 옥사로 번질 것이라고 예측했다.[20]

이런 김일손의 판단은 매우 중요하다. 즉 그는, 원인의 주종관계는 뒤바꿨지만, 자신의 사초에 이극돈은 물론 세조와 관련해 문제될 소지가 있는 민감한 내용이 있다는 사실을 스스로 알고 있었던 것이다. 이런 측면은 문제의 중심에 있던 실록청 당상 이극돈을 비롯해 유순·윤효손·안침 등 실록청 관원들도 대부분 인지하고 있었다(이하 연산4.7.11을사~13정미).

김일손은 열흘 만에 도성으로 압송되었고, 추국과 신문이 진행되었다. 김일손의 예측대로 그의 사초에서 문제된 부분은 이극돈보다는 세조와 관련된 서술이었다. 거기에는 덕종이 세상을 떠난 뒤 그의 후궁인 귀인 권씨를 세조가 불렀지만 그녀가 분부를 받들지 않았다는 것,[21] 소릉의 재궁을 파서 바다에 버렸다는 것, 황보인皇甫仁·김종서·정분鄭苯 등 대신과 사육신死六臣은 세조의 회유를 따르지 않고 절개를 지켜 죽었다는 것 등 매우 민감한 내용이 들어 있었다. 끝으로 김일손은 김종직이 과거를 보기 전에 꿈을 꾸고 느낀 것이 있어 「조의제문」을 지어 충분忠憤을 부쳤다고 쓴 뒤 전문全文을 인용했다. 실제로 그의 사초는 단종·사육신·소릉 같은 중대한 정치적 사안부터 홀로된 며느리를 취하려는 패륜에 가까운 세조의 행동까지 인화성 강한 문제들을 건드린 것이었다.

연산군은 그 까닭을 날카롭게 추궁했다. "이것은 반심反心을 품은 것이 분명한데, 어째서 너는 세조의 후손이 다스리는 조정에서 벼슬했는가?" 김일손은 자신이 반심을 품은 것은 아니라고 부인하면서 문제된 내용은 이런저런 사람들에게서 들었거나 자신의 소박한 판단에 따라 작성한 것이라고 해명했다. 그러나 정보를 제공했다고 김일손이 지목한 인물들은 그런 사실 자체를 부정하거나 자신들의 말을 김일손이 기록하는 과정에서 착오를 일으켰다고 반박했다. 사실은 쉽게 확인되지 않았고, 책임의 소재는 혼미해졌다.

그동안 거의 모든 논란의 핵심에 서왔던 삼사가 등장한 시점은 이때였다. 이번에도 그들의 생각은 국왕과 크게 어긋났다. 홍문관과 예문관은 사초의 내용보다는 국왕이 실록을 열람해서는 안 된다는 원칙을 좀더 중시했으며, 대간 또한 거기에 찬동했다. 선왕의 치부를 드러낸 심각한 사건에서도 원칙을 고수한 삼사의 자세는 달리 생각하면 피의자들을 감싸려는 의도로 해석될 수도 있는 것이었다.

여기서 연산군은 이 사화의 본질과 관련해 매우 중요한 발언을 남겼다. 삼사의 이런 행동에는 "반드시 어떤 사정事情이 있기 때문"이라고 판단한 것이다. 일단 '어떤 사정'이라고 모호하게 표현했지만, 이런 국왕의 의심은 곧 좀더 분명히 실체를 드러내면서 이 사화의 본질을 구성했다.

사화의 전개 2-붕당의 단초

사화는 두 번째 단계로 접어들었다(이하 연산4.7.14무신). 국왕과 주요 대신은 김일손의 불온한 사초에 연루된 인물들의 집을 수색해 증거를 수집했다. 거기서 발견된 가장 중요한 자료는 임사홍의 넷째 아들 임희재任熙載가 이목에게 보낸 편지였다. 앞서 이목은 김일손의 사초를 실록에서 누락해서는 안 된다고 주장한, 그러니까 김일손에게 매우 공감하는 자세를 보인 인물이었다.[22] 그에게는 좀더 심각한 전력

前歷이 있었다. 앞서 보았듯 성종 23년 12월 영의정 윤필상을 간귀로 지목하고 연산군 1년에는 노사신을 국왕을 우롱하는 대신이라고 비판한 것이다. 사화를 주도한 세력이 보기에 그동안 대신과 날카롭게 대립해온 인물이 사초 사건에도 연루된 것은 공교롭지만 논리적인 결과였을 것이다.

그 편지에서 임희재는 현실 정치와 국왕에 대한 불만을 토로했다. 그는 정석견鄭錫堅·강혼姜渾·강백진康伯珍·권오복權五福·김굉필金宏弼 등 젊고 뜻있는 인물이 파직이나 좌천되어 낙향한 것을 개탄했으며, 물망 없는 인물인 이철견과 윤탄을 의금부지사에 임명하는 데 반대했지만 국왕이 듣지 않았다고 비판했다. 그는 이목에게 지금은 목숨을 보전하기 어려운 시기니 풍자하는 시를 짓거나 사람을 방문하지 말라고 충고하면서, 자신도 곧 낙향할 생각이라고 적었다. 현재의 통설에 따르면 대표적 '훈구파'로 분류될 임사홍의 아들 임희재가 무오사화에 깊이 연루된 사실도 그 통설에 실증적 허점이 있다는 한 증거가 될 것이다.

연산군은 즉시 임희재를 국문하라고 지시했다. 국문을 받으면서 임희재는 편지의 내용을 자세히 해명했지만 궁색한 부분이 많았다. 연산군은 이 문제의 본질에 관련된 자신의 생각을 요약했다. "이제 군소배群小輩가 붕당을 만들어 재상과 나랏일을 비판하니 통렬히 징계해 그 풍습을 개혁하라." 즉 국왕은 이 사건이 김일손이라는 개인의 사초에서 발원한 고립적 문제가 아니라 그와 교유한 집단이 붕당을 결성해 국사와 재상을 비판한 조직적 범죄라고 판단한 것이다.

좀더 중요한 사실은 그가 그런 연관의 혐의를 자신의 가장 큰 정치

적 걸림돌인 삼사로 확장했다는 것이다. "실록을 열람해서는 안 된다
는 말은 붕당이 드러날까 두려워서 그런 것이 아닌가?" 사화가 진행
되면서 이런 연산군의 의심은 점차 짙어졌다. 사화를 주도한 대신은
물론 국왕의 판단에 동의했다.

아무튼 김일손이 압송된 지 사흘 만에 사화의 범위는 상당히 확대
되었고 초점도 변화했다. 국왕과 대신들은 이 사건을 한 집단이 붕당
을 결성해 나랏일과 재상을 비난한 범죄로 파악했다. 더욱 중요한 측
면이라고 생각되는데, 거기 삼사가 관련되었다는 판단도 조금씩 구
체화되었다.

사화의 전개 3-「조의제문」의 발견과 해석

이제 조선 최초의 사화는 가장 중요한 마지막 단계로 접어들었다. 그
것은 유명한 「조의제문」의 발견과 해석이다(연산4.7.15기유). 김일손
이 압송된 지 나흘 만에 사건의 전면에 등장한 그 글은 무오사화의
가장 중요한 전환점이었다. 앞서 보았듯, 그 존재는 이미 이틀 전 김
일손의 공초에서 알려진 상태였다. 그러니까 이틀 동안 그 문서는 진
의가 분석된 뒤 사건의 결정적 증거로 제출된 것이다.

그 임무를 수행한 사람은 유자광이었다. 유자광이 그렇게 한 동기
는 김종직과 묵은 원한 때문이었다.[23] 그것은 유자광이 경남 함양咸
陽에 갔을 때 시를 지어 학사루學士樓에 현판으로 걸었는데, 나중에
그곳 수령으로 온 김종직이 대노하면서 그것을 떼어 불태운 일이다.

유자광은 이극돈이 김일손 사초와 관련된 문제를 상의하자 그 사
건의 함의를 누구보다도 민첩하게 감지했다. 그는 "지금은 조정을 개

혁하는 시기니 크게 처벌해야지 심상하게 다스려서는 안 된다"면서 사건의 확대와 엄벌을 주도했다. 유자광은 국왕의 전교를 직접 작성하려고 나섰고 의금부보다 힘써 옥사를 주장하기도 했다(연산4.7.15 기유·18임자).[24] 그러나 사건은 그의 의도대로 전개되지 않았다. 그때 그가 발견한 돌파구가 바로 「조의제문」이었다.

> 유자광은 옥사의 처벌이 점차 느슨해져 자기 의도를 모두 이루지 못할까봐 걱정하면서 밤낮으로 단련할 방법을 모의했는데, 하루는 소매 안에서 책 한 권을 꺼내니 바로 김종직의 문집이었다. 그는 그중에서 「조의제문」과 「술주시述酒詩」를 지적해 추관推官에게 두루 보이면서 "이것은 모두 세조를 지목한 것이니, 김일손의 죄악은 다 김종직이 가르친 것"이라고 말했다. 그리고는 즉시 주석을 달고 구절마다 해석해 국왕이 쉽게 알도록 했다(연산4.7.29계해).

즉 그는 김종직과 김일손의 연결고리를 발견해 사초에 나타난 불온한 생각의 연원을 찾아내고, 피의자를 김종직의 제자라는 하나의 그물 안에 포획한 것이다. 국왕은 유자광의 「조의제문」 해석에 전적으로 공감했다. "세조께서 일찍이 김종직을 불초不肖하다고 하셨는데, 김종직은 그것을 원망해 이렇게 글을 지어 기롱하고 논평한 것이다(연산4.7.16경술)."

이로써 그동안 다소 혼미했던 사건의 진상은 분명해졌다. 그것은 김종직 문하에서 교육받은 한 집단이 스승의 불온한 생각을 이어받아 그들 내부에서 교류하고 확대해 역사와 현실을 부정한 범죄였던 것이다. 이제 필요한 일은 그 교유의 범위, 즉 붕당의 구성원을 밝혀내는 것이었다.

사건은 신속하게 진행되었다. 국왕은 "사악한 잡초[邪穢]를 깨끗이 없앨 작정"이라는 강력한 의지를 천명했고 대신들은 "성상의 하교가 지당하다"면서 전적으로 호응했다(연산4.7.17신해). 신문과 수사로 밝혀진 '사악한 잡초'의 얼개는 김종직의 제자들과 임희재가 '선인善人'이라고 표현한 사람들이었다. 연루자를 확정해 형량을 선고하는 결론은 길지 않은 시간 안에 도출되었다.

삼사의 연루

순조롭게 진행되던 이런 과정에 다시 제동을 건 것은 이번에도 삼사였다. 「조의제문」의 함의가 드러난 뒤 정문형·한치례·이극균李克均 등 거의 모든 신하는 김종직이 지극히 부도하므로 부관참시剖棺斬屍의 극형에 처해야 한다는 데 합의했다.

그러나 이번에도 대간의 의견은 달랐다. 집의 이유청李惟淸과 사간 민수복閔壽福 등은 「조의제문」이 매우 부도하므로 김종직은 참시해도 부족하다고 전제했지만, 이미 죽었으니 작호를 추탈하고 자손을 폐고廢錮시키는 정도에서 그치는 것이 어떻겠느냐고 아뢴 것이다. 나흘 전 실록 열람에 반대했을 때와 마찬가지로 이때도 대간은 이미 사망한 사람이므로 극한적 추죄追罪는 필요하지 않다는 원칙적 입장을 제출한 것이었다.

그러나 연산군은 이런 대간의 태도를 앞서 의심했던 '어떤 사정'의 확실한 증거로 받아들였다. 그는 대간의 상소에 표시를 달아 대신들에게 보이면서 "김종직의 대역이 이미 나타났는데도 이렇게 논의하니 비호하려는 것이 분명하다"고 대노했고, 즉시 체포해 국문하라고 지시했다.

이때 재상과 대간·홍문관원이 모두 자리에 앉아 있었는데, 갑자기 나장羅將 10여 명이 철쇄鐵鎖를 가지고 한꺼번에 달려드니 재상 이하 놀라 일어서지 않는 사람이 없었다. 이유청 등은 형장 30대를 맞았는데 모두 다른 뜻은 없었다고 진술했다(연산4.7.17신해).

이것은 이 사화에서 삼사가 직접 처벌된 첫 사례라는 측면에서 매우 주목할 만하다.

이 사건을 기점으로 사화의 주요한 처벌대상은 김종직 일파와 삼사라는 두 부류로 좁혀졌다. 그들의 공통된 죄목은 서로 붕당을 맺어 불온한 발언과 기록을 남겼다는 것이었다. 이제 연산군은 그동안 불만스러웠던 삼사의 행태를 철저히 고치려는 의지를 보였다. 이전에도 "젊은 선비는 일을 잘 처리하지도 못하면서 과격한 말만 많이 하니 삼사에는 그런 사람을 임명하지 말라"고 지시했지만(연산3.6.14갑신;3.7.29무진), 대간의 임무와 선발지침을 좀더 구체적으로 하교했다(이것은 나이와 관직, 그리고 발언의 성향이 밀접한 관계를 갖고 있음을 보여주는 흥미로운 사례이기도 하다).

대간이 일을 논의할 때는 말해야 하는 것도 있지만 말해서는 안 되는 것도 있다. 이제 대간을 뽑을 때는 대체를 아는 자를 선발해야 하며, 이전 대간처럼 불초하거나 젊은 자들은 절대 임명하지 말라. 나이가 많더라도 사체事體를 모르는 자는 등용할 수 없다. 이 뜻을 전조에 알리라(연산4.7.24무오).

나아가 국왕은 국무에 관련된 발언과 기록 전체를 통제하려고 시도했다. 그동안 그가 가장 불만스러워했고, 따라서 가장 이루고 싶어한 목표는 아마 이것이었을 것이다. 연산군은 승정원에서 출납하는 공사公事를 누설해서는 안 된다고 승지들에게 하교했으며, 기록을 맡은 주서청注書廳에는 조정 관원이 번잡하게 출입해 모든 공사를 알게 되니 앞으로는 출입을 금지시키라고 지시했다. 사관은 이 조처가 나랏일을 비판한 김일손의 행태를 연산군이 대단히 싫어했고, 외부 사람이 김일손에 관련된 일을 알지 못하게 하려는 의도에서 나온 것이라고 파악했다(연산4.7.26경신).

요컨대 김일손과 김종직의 불온한 문서로 촉발된 사화에는 삼사도 적지 않게 연루되었다. 전자의 죄목은 사제관계를 매개로 현실과 역사에 반역을 저질렀다는 것이고, 후자는 그런 그들과 붕당을 맺어 비호하려고 했다는 것이었다. 즉 그들의 공통된 죄목은 붕당과 능상이었다. 국왕은 이 사화를 계기로 삼사의 행동을 교정하고 새로운 선발지침을 하교해 그동안 가장 불만스러웠던 집단을 자신의 의도와 부합되게 바꾸려고 시도했다.

피의자들의 처벌

처벌은 신속하게 집행되었다. 대상은 모두 52명으로(연산4.7.26경신)

사형 6명(11.5퍼센트), 유배 31명(59.6퍼센트), 파직·좌천 등이 15명(28.8퍼센트)이었다(자세한 내용은 〈표 5-1〉과 〈표 5-2〉 참조). 앞서 말했듯 이런 인원과 형량, 특히 가장 무거운 형벌인 사형이 6명에 지나지 않는다는 사실은 무오사화가 제한적 숙청으로 배후의 전체에게 상징적 경고를 보내려는 심층적 의도를 가진 사건이었다는 판단의 중요한 논거라고 생각한다.

피화인의 구성 또한 유의할 만하다. 그들 가운데 김종직과 직·간접적으로 연관된 인물은 24명(46.2퍼센트)으로 절반이 조금 안 되며, 나머지는 언관(9명, 17.3퍼센트)이나 실록 편찬에 관련된 부류(8명, 15.4퍼센트), 또는 대신과 종친이었다(11명, 21.2퍼센트. 대신에는 안침·어세겸·유순·윤효손·이극돈·홍귀달 등이 포함되었다. 이 사화를 일으킨 주요 인물로 평가되는 이극돈도 파직되었다는 사실은 상당히 흥미롭다). 즉 무오사화의 피화인에서 김종직 일파는 가장 큰 비중을 차지했지만 절반을 넘지 않았으며, 전체적으로는 그들과 무관한 부류가 오히려 더욱 많았던 것이다. 이런 측면 또한 이 사화의 표면적 요인과 처벌대상은 사초와 김종직 일파였지만, 그 내면적 의도는 다른 데 있었음을 보여주는 중요한 방증이 될 것이다.

연산군은 자기 치세에 발생한 첫 옥사를 엄중한 경고의 표시로 삼으려고 했다. 그는 이런 죄악은 발설하기조차 어려우니 통렬히 다스려 뒷사람들이 경계하도록 해야 한다면서 김일손 등을 벨 때는 모든 신하가 보게 했다. 그리고 신령과 사람이 모두 감동할 만한 교서를 짓게 한 뒤 죄인을 처단한 사실을 종묘사직에 알리고 대사령大赦令을 내렸다. 또한 사건을 담당한 추관을 후히 포상하고, 김종직과 김일손

〈표 5-1〉 무오사화 피화인 분석표(1)[25]

번호	이름	형량	분류	문과	참고 사항
1	강겸姜謙	유배	김종직 일파	성종 11년(1480)	사형에서 감형
2	강백진康伯珍	유배	〃	성종 8년(1477)	
3	강혼姜渾	유배	〃	성종 8년(1477)	
4	권경유權景裕	사형	〃	성종 16년(1485)	
5	권오복權五福	사형	〃	성종 16년(1486)	
6	김굉필金宏弼	유배	〃	-	
7	김일손金馹孫	사형	〃	성종 16년(1486)	
8	김전金詮	파직	〃	성종 19년(1489)	
9	김종직金宗直	사형(死後)	〃	세조 5년(1459)	
10	박한주朴漢柱	유배	〃	성종 15년(1484)	
11	신종호申從濩	고신삭탈	〃	성종 11년(1480)	
12	유순정柳順汀	처결 중	〃	성종 17년(1487)	
13	이계맹李繼孟	유배	〃	성종 19년(1489)	
14	이목李穆	사형	〃	연산 1년(1495)	
15	이원李黿	유배	〃	성종 19년(1489)	
16	이종준李宗準	유배	〃	성종 15년(1485)	
17	이주李胄	유배	〃	성종 18년(1488)	
18	임희재任熙載	유배	〃	연산 4년(1498)	
19	정석견鄭錫堅	파직	〃	성종 5년(1474)	
20	정여창鄭汝昌	유배	〃	성종 20년(1490)	
21	조위曺偉	유배	〃	성종 5년(1474)	
22	최부崔溥	유배	〃	성종 12년(1482)	
23	표연말表沿沫	유배	〃	성종 3년(1472)	
24	허반許磐	사형	〃	연산 4년(1498)	
25	민수복閔壽福	유배	언관	성종 15년(1485)	사간
26	박권朴權	유배	〃	성종 23년(1492)	정언
27	손원로孫元老	유배	〃	성종 8년(1477)	헌납
28	신복의辛服義	유배	〃	성종 12년(1481)	지평
29	안팽수安彭壽	유배	〃	성종 23년(1492)	지평
30	유정수柳廷秀	유배	〃	성종 14년(1483)	장령
31	이유청李惟清	유배	〃	성종 16년(1486)	집의
32	이창윤李昌胤	유배	〃	성종 23년(1492)	정언
33	조형趙珩	유배	〃	성종 5년(1474)	장령
34	강경서姜景敍	유배	실록	성종 17년(1486)	
35	성중엄成重淹	유배	〃	성종 25년(1494)	
36	윤효손尹孝孫	파직	〃	단종 1년(1453)	
37	이수공李守恭	유배	〃	성종 18년(1488)	
38	이륙李陸	고신삭탈	〃	세조 10년(1464)	
39	정승조鄭承祖	유배	〃	성종 25년(1494)	
40	정희량鄭希良	유배	〃	연산 1년(1495)	
41	홍한洪瀚	유배	〃	성종 15년(1485)	
42	안침安琛	좌천	기타	세조 12년(1466)	
43	어세겸魚世謙	파직	〃	세조 2년(1456)	
44	유순柳洵	파직	〃	세조 8년(1462)	
45	윤효손尹孝孫	파직	〃	단종 1년(1453)	
46	이극돈李克墩	파직	〃	세조 3년(1457)	
47	이의무李宜茂	장형과 노역	〃	성종 7년(1477)	
48	이총李摠	유배	〃	-	종친(茂豊正)
49	조익정趙益貞	좌천	〃	세조 11년(1465)	
50	한훈韓訓	유배	〃	성종 25년(1494)	
51	허침許琛	좌천	〃	성종 6년(1475)	
52	홍귀달洪貴達	좌천	〃	세조 7년(1461)	

구분	형량			합계
	사형	유배	기타	
김종직 일파	6명(11.5%)	14명(26.9%)	4명(7.7%)	24명(46.2%)
언관	0명(0.0%)	9명(17.3%)	0명(0.0%)	9명(17.3%)
실록	0명(0.0%)	6명(11.5%)	2명(3.8%)	8명(15.4%)
기타	0명(0.0%)	2명(3.8%)	8명(17.3%)	11명(21.2%)
합계	6명(11.5%)	31명(59.6%)	14명(28.8%)	51명(100.0%)

등의 사초를 모두 불태우게 했으며, 의정부·육조·승정원·삼사에 이르는 대대적인 인사를 단행했다(연산4.7.26경신~28임술).

이로써 무오년의 사화는 상당히 짧은 시간 안에 제한된 인원을 숙청하면서 마무리되었다. 김종직 일파의 붕당과 능상이 가장 큰 원인이었지만 그들과 무관한 부류가 오히려 더 많이 연루된 의외의 결과를 도출한 이 사건의 본질은 다시 한 번 신중히 분석해볼 필요가 있다.

사화의 분석

조선 최초의 사화라는 비중에 따라 무오사화는 그 원인과 본질을 분석하는 데 당시부터 지금까지 많은 관심이 집중되었다. 개괄하면 대체로 전근대에는 붕당을 결성해 역사와 현실에 불만을 공유하고 표출한 김종직과 그 제자들을 국왕과 주요 대신이 숙청한 사건으로 파악했다. '사화史禍'라는 명명이 보여주듯, 그때 지적된 옥사의 가장 중요한 원인은 불온한 사초였다. 현대의 견해는 조금 달랐다. 거기서는 사화를 일으킨 인물들을 '훈구파'로 파악하고 김종직 일파를 그들과 정치·경제·사회·사상 등 거의 모든 측면에서 상반된 배경을 갖고 새로이 대두한 '사림파'로 평가하면서 그 두 세력의 충돌로 이 사

화를 해석했다.[26]

이런 전통적 견해와 현대적 해석은 모두 경청할 만하며, 사건의 본질에 다가간 측면도 많다고 본다. 그러나 여러 번 지적했듯 이 사건의 원인과 결과는 언론기관의 활동을 둘러싸고 형성되었다고 생각한다.[27] 사화가 마무리된 뒤 그 전말을 자세히 적은 『연산군일기』의 내용은 이 사건의 본질을 이해하는 데 매우 중요하다.

(유자광과 김종직, 이극돈과 김일손 사이의 개인적 원한을 서술한 뒤 이극돈과 어세겸이 김일손의 사초 문제를 상의하자) 유자광은 팔을 내두르며 "이것이 어찌 의심해 머뭇거릴 일입니까?"라고 말하면서 즉시 노사신·윤필상·한치형에게 가서 세조의 은혜를 상기시키면서 설득하니 세 사람이 모두 따랐다. 그런 뒤 유자광은 차비문差備門 안으로 들어가 도승지 신수근을 불러내 오래 귓속말을 나눴고, 신수근은 주상께 아뢰었다. 앞서 신수근이 승지가 될 때 대간과 홍문관은 외척이 권력을 얻는 조짐이라고 강력히 반대했는데, 신수근을 그것을 마음에 품고 항상 사람들에게 "조정이 문신의 손아귀에 있으니 우리가 무슨 일을 하겠는가?"라고 말했다.

이때 이르러 많은 사람의 원망이 서로 뭉쳤다. 임금도 포악해 학문을 좋아하지 않았으며 문사들을 더욱 미워했다. 주상은 "명예를 노리고 윗사람을 업신여기며 나를 자유롭지 못하게 하는 것은 모두 이 무리들"이라고 말하며 항상 울분에 차 즐거워하지 않았는데, 한번 시원하게 풀려고 했지만 손대지 못하다가 유자광 등의 보고를 듣고 국가에 충성하는 것으로 생각해 특별히 우대하면서 남빈청南賓廳에서 죄수를 국문하라고 명령했다. …… 유자광은 옥사를 자임했으며 …… "지금은 조정을 개혁하는 때니 대대적으로 처단해야지 심상하게 다스려서는 안 된다"고 호언했다. ……

유자광은 옥사의 처벌이 점차 느슨해져 자신의 뜻을 모두 이루지 못할까봐 걱정해 단련할 방법을 밤낮으로 모의했는데, 하루는 소매 안에서 책 한 권을 꺼내니 바로 김종직의 문집이었다. 그는 그 가운데서 「조의제문」과 「술주시」를 지적해 추관에게 두루 보이면서 "이것은 모두 세조를 지목한 것이니, 김일손의 죄악은 다 김종직이 가르친 것"이라고 말했다. 그리고는 즉시 주석을 달고 구절마다 해석해 국왕이 쉽게 알도록 했다. …… 이것은 함양의 원한에 대한 보복이었다.

유자광은 국왕의 분노를 틈타 일망타진할 계획을 세웠는데 …… 좌우 사람들은 모두 침묵을 지켰지만 노사신은 손을 내저으며 제지했다. "무령군은 어떻게 이런 말까지 하시오? 그대는 당고黨錮의 일을 듣지 못했소? …… 청론하는 선비는 조정에 있어야 마땅하오. 청론이 없어지는 것은 나라의 복이 아니거늘 무령군은 어찌 이렇게 그릇된 말을 하시오?" …… 유자광은 노사신의 말을 듣고 조금 저지되기는 했지만 그래도 자신의 뜻을 통쾌하게 풀지 못해 조금이라도 옥사에 연루된 사람은 끝까지 다스리려고 했다. 그러자 노사신은 "당초 우리가 아뢴 것은 사초 때문이었지만 지금은 곁가지로 뻗어나가 사초에 관계되지 않은 사람도 날마다 많이 갇히고 있으니 우리 본의가 아니지 않은가?"라면서 저지했다. 유자광은 달가워하지 않았다. 죄목을 확정하는 날 노사신만 의견이 달랐다. …… 국왕은 유자광 등의 의견을 따랐다(연산 4.7.29계해).

이 사료는 여러 중요한 사실을 알려준다. 가장 먼저 국왕과 주요 대신은 당시의 정치상황에 큰 불만을 공유했으며, 그것을 근본적으로 해소하려는 욕망과 필요를 절실히 느끼고 있었다는 것이다. 그들은 그런 문제를 단번에 해결할 수 있는 기회와 명분을 노리고 있었다.

그런 문제의 원인으로 지목된 대상은 사화 이전부터 "많은 사람의 원망을 뭉치게 하고 국왕을 항상 울분에 차 즐겁지 않게" 해온 집단이었다. 김종직 일파는 사초와 「조의제문」이 발견된 뒤 그런 집단과 합치되는 부류로 지목된 것이지, 그 이전에는 실체가 드러나지 않았다. 그 집단은 "명예를 노리고 윗사람을 업신여기며 국왕의 행동을 제어하는 문신(또는 문사)들"이었다.

그들의 실체를 알려주는 중요한 단서는 우선 신수근이 사화에 참여한 동기에서 찾을 수 있다. 유자광과 이극돈은 김종직과 김일손에게 깊은 개인적 원한이 분명히 있었지만, 신수근은 그렇지 않았다. 그가 증오한 대상은 자신의 출세에 반대한 삼사였다. 신수근은 사초 문제를 들으면서 삼사의 지난 행동으로 맺힌 원한을 떠올린 것이다.

사화의 확대에 유일하게 반대한 노사신의 발언도 중요하게 음미할 필요가 있다. 그는 사초 문제로 촉발된 사건이 그것과 무관한 사람들까지 대거 투옥되는 사태로 번지자 그런 변질을 강력히 저지했다. 그가 보호하려던 부류는 "조정에서 청론하는 선비들", 곧 언관이었다.[28]

앞서 피화인 구성에서도 언관의 비율이 적지 않았지만, 이 사화에 삼사가 중요하게 연루되었다는 정황은 연산군과 대신들의 발언에서도 유추할 수 있다. 사화를 마무리한 직후 국왕은 그 사건의 궁극적 원인과 책임을 대간에게 돌렸다. "선비들이 결탁해 붕당을 만들어 악행을 저질렀지만, 대간이 용렬해 탄핵하지 못했기 때문에 최초의 사건이 발생한 것이다(연산4.8.3병인)." 그러면서 그는 그 결과 대간이 처벌되었다는 사실을 경고하듯이 상기시켰다. "요즘 대간이 망령되게 종묘사직의 중대사를 의논하다가 그 죄를 받았다(연산4.8.7경오)." 즉 연산군은 그동안 거의 모든 국사에 개입해 온 삼사가 정작 김종직 일파의 역모적 사건처럼 진정 중요한 문제는 적발하지 못했거나 그들을 옹호하려는 그릇된 붕당적 행태를 보였기 때문에 이런 옥사가 일어났고 주요한 처벌대상이 되었다고 밝힌 것이다.

사건 직후 부처된 대간을 석방하는 문제도 같은 맥락에서 이해할 수 있다. 정문형·한치형·성준 등 대신은 "(언관이) 죄는 크지만 모두 조급해 잘못 생각한 것이니 용서하자"고 건의했다(연산4.11.10임인). 사건 1년여 뒤 영의정 윤필상 등 삼정승도 "무오사화 때 대간이 잘못된 의견을 아뢴 죄로 처벌되었지만 다른 뜻은 없었으니 용서하자"고 주청했다(연산5.10.7계사). 이런 발언들은 사화로 언관이 상당한 타격을 입었음을 잘 보여준다.

끝으로 김종직 일파와 삼사를 '사림파'로 분류하고 '훈구파'와 거의 모든 측면에서 상반된 집단으로 평가하는 현재 통설의 논리적 타당성을 검토할 필요가 있다. 1970년대부터 등장한 '훈구·사림론'은 사회변화와 지배층 교체를 연결해 이해함으로써 한국사를 동태적으로 파악했다는 중요한 사학사적 의미를 갖고 있다. 그러나 1980년대부터 제기된 반론이 지적했듯, 그 이론은 적지 않은 실증적·논리적 허점을 갖고 있다고 생각한다.[29]

가장 중요한 사항은 한국사의 전체적 전개과정을 충분히 고려하지 않았다는 것이다. 한국사에서는 가장 큰 변화라고 할 수 있는 왕조 교체 자체가 적었고, 그 교체도 이민족의 침입에 따른 붕괴가 아니라 내부 세력의 투쟁이 빚어낸 결과였다. 물론 지배층의 변화는 있었지만, 전면적이지는 않았다.

　이런 역사적 전개의 가장 중요한 원인이자 결과는 지금까지도 강고하고 복잡하게 남아 있는 친족구조일 것이다.[30] 주로 고려 초기부터 시작하고 멀리는 삼국시대까지 거슬러 올라가는 한국의 주요 가문들은, 사실이든 아니든, 복잡하고 연속적인 계보를 형성하면서 지금까지 이어지고 있다. 그러므로 왕조 교체가 일어나지도 않은 15세기 후반에 '사림파'라는 새로운 사회세력이 등장해 기존의 '훈구파'와 대립하다가 1세기 쯤 뒤 그들을 물리치고 역사의 주도권을 잡았다는 설명은, 조선시대사를 역동적 변화의 관점에서 파악할 수 있다는 장점은 있지만, 견고한 실증의 토대 없이 논리에 의지해 구축한 역사상으로 생각된다.

　실제로 '사림파' 중에서 새로 등장한 가문 출신은 드물었고 대부분 기존의 주요 가문 출신이었다.[31] 이런 사례는 거론하기 어려울 정도로 많다. 이를테면 최항(1409~1474, 세조 때 영의정)의 증손이 최흥원崔興源(1529~1603, 선조 때 영의정)이고 이극균(1437~1504, 연산군 때 영의정)의 5대손이 이덕형李德馨(1561~1613, 선조 때 영의정)이며, 심온沈溫(?~1418, 세종의 장인, 영의정)의 6대손이자 심회(1418~1493, 세조 때 영의정)의 5대손이 심의겸沈義謙(1535~1587, 선조 때 대사헌, 동서분당의 핵심 관련자)이고 김국광(1415~1480, 성종 때 좌의정)의 5~6대손이 문묘에 배향된 대표적 '사림'인 김장생金長生(1548~1631)과 김집金集(1574~1656)인 것은 가장 대표적 사례들이다.[32] 송시열宋時烈이 스스로 신숙주의 외예外裔(외손 계열의 후손)라고 밝히면서 그 가문을 '성대하다'고 상찬한 것도 매우 주목된다.[33]

또한 조선시대에 사용된 '훈구' 용례를 검토해보면, 아주 적은 예외를 빼고는, '큰 공훈을 세운 나이 많은 신하[元勳舊臣]'라는 긍정적 의미로 사용되었다.[34] 다시 말해서 당시의 '훈구'는 비판하거나 축출해야 할 부정적 대상으로 파악되지 않은 것이다.

하나의 가정이지만 조선 후기 '사림파'가 조선 전기의 저명한 '훈구파'를 조상으로 두었을 경우(방금 말했듯 그런 사례는 대단히 많다) 그는 그 조상과 거의 전적으로 상반되는 정치·경제·사회·사상적 배경을 가졌으며, 나아가 그 조상의 이런저런 행동을 도덕적 측면에서 비판하거나 부끄럽게 생각했을 것인가? 그 조상이 반역과 같은 결정적인 과오를 저지르지만 않았다면, 그 후손들은 고관에 오르고 공신에도 책봉되는 뛰어난 경력을 가진 자기 조상을 자랑스럽게 생각했으리라는 것이 타당한 판단일 것이다. 조선 전기의 '훈구·사림' 문제는 이런 측면을 충분히 고려해야만 합리적으로 이해할 수 있다고 생각한다.[35]

이 사화와 연관된 부분으로 논의를 좁히면, 우선 '사림파'의 종장宗匠으로 평가되는 김종직의 정치적 행보와 경제적 상황, 사상적 지향, 문학적 태도 등 여러 면모가 '훈구파'와 더욱 많은 유사성을 갖고 있다는 지적을 유념할 필요가 있다. 이를테면 김종직의 문집이 처음 간행되었을 때는 한명회 등 훈구대신을 칭송하는 글들이 실려 있었지만 나중에 삭제된 사실은 그의 '사림적' 면모에 상당한 분식粉飾이 더해져 재구성되었다는 한 증거다. 이런 김종직의 모습은 그 문인 60여 명에게서도 비슷하게 나타났다. 그들은 절반 정도가 서울에 거주했고, 대부분 본인 이전에 중앙 관원이나 공신을 배출한 가문 출신이었으며, '훈구파'의 핵심 인물과 혈연관계를 맺기도 했다. 이런 측면은 통설에서 "영남 출신의 중소지주적 배경을 가진 신진세력"으로 묘사되는 '사림파'의 모습과 상당히 어긋나는 것이다.[36)]

그밖에 대표적 '훈구대신'인 이극균(지적했듯 그는 대표적 '사림파'인 한음 이덕형의 5대조다)이 '사림파'의 주요 인물인 김굉필을 천거한 사실이나(연산2.1.5갑신)[37)] 강희맹姜希孟이 정성근의 능력과 효성을 높이 평가한 일(성종9.7.14계유)[38)] 또한 비슷한 문제점을 상징적으로 보여주는 사례다.

요컨대 무오사화는 김종직 일파와 삼사라는 두 집단을 동시에 처벌하고 경고한 복합적 사건으로 생각된다. 치세 직후부터 삼사와 끊임없이 충돌한 국왕과 주요 대신은 자신들의 자유로운 권력 행사가 제한되는 상황을 타개해야 할 필요성과 당위성을 절감하고 있었다. 김일손의 사초가 발견된 것은 바로 그 시점이었다. 기화起禍세력은 김종직 일파와 삼사를 능상과 붕당이라는 공통된 죄목으로 연결시켰고, 그런 절묘한 논리를 현실적 숙청으로 반영시키는 데 성공했다. 사화 발발에 동의한 신수근의 행동과 처벌 확대에 반대한 노사신의 판단은 그런 전개과정을 입증하는 중요한 증거가 될 것이다.

이처럼 치밀한 정치적 고려와 행동을 구사한 기화세력은 이 사화를 전면적 숙청으로 연결시키지 않고 제한적이며 상징적인 경고로 마무리했다. 물론 그런 경고의 궁극적 대상은 이 사건의 본질적 원인인 삼사였다. 삼사의 그릇되고 과도한 언론활동을 교정해야 한다는 공통된 목표 아래 서로 제휴한 국왕과 대신들은 의미 있는 일차적 성과를 거뒀다. 그러나 국왕과 신하라는 본질적인 차이상 그들의 궁극적 목표는 서로 다를 수밖에 없었다. 특히 삼사를 일단 제압한 연산군이 개인적 성향을 점차 노골적으로 드러내기 시작하면서 그 괴리는 더욱 커졌고, 정치세력의 상호관계와 정국의 전개양상도 크게 변화했다. 그 결과는 갑자사화라는 더 큰 파국이었다.

2
왕권의 일탈과 무차별적 숙청─갑자사화(5~10년)

제어받지 않는 왕권

무오사화 이후 중앙 정치세력의 위상과 관계가 변화한 것은 당연한 결과였다. 가장 우선적인 변화는 삼사가 상당히 위축된 것이었다. 이 것은 국왕과 대신의 권력이 그만큼 팽창하고 자유로워졌다는 것과 같은 의미였다.[39) 사화 직후 "지금 관대한 은혜를 베푼 조처를 감히 그르다고 하는 자는 가만두지 않고 반드시 처벌하겠다"고 연산군이 호언하자 지평 정인인鄭麟仁은 아무 말도 못 하고 물러갔다거나(연산 4.7.29계해) 이처럼 국왕이 대간을 날로 심하게 제압하자 모두 그 관서 에 임명되기를 꺼려 결국 유순하고 나약한 성품의 김영정金永貞이 대 사헌에 발탁된 것(연산4.11.10임인)은 그런 정황을 잘 보여준다. 연산 군은 "오늘에야 대간이 있음을 알게 되었다"면서 이런 변화를 만족 스러워했다(연산4.7.15기유).

이처럼 사화 이후 삼사가 상당히 순치馴致됨으로써 그동안 그들의 반대로 행동을 제약받아 온 국왕과 대신은 자신의 정치적 구상을 한결 자유롭게 실현할 수 있게 되었다. 그러나 그 결과가 유례없는 정치적 파국인 갑자사화였다는 사실은 그 과정과 방법이 순조롭지도 정당하지도 않았음을 보여준다. 그렇게 된 가장 큰 원인은 국왕의 일탈이었다. 다시 말해서 연산군의 폭정은 무오사화 이후 본격적으로 시작된 것이다.

재위 중반 강화된 왕권을 갖게 된 국왕이 그것을 가장 집중적으로 행사한 분야는 정치나 제도 개혁 같은 본질적 문제가 아니라 사치·사냥·연회·음행 같은 지엽적 사안이었다. 좀더 정확히 말하면 연산군은 후자와 관련된 자신의 욕망을 제한 없이 실현하는 것이 바로 능상을 척결해 전제왕권을 행사하려는 자신의 궁극적 목표를 달성하는 관건이라고 판단했다.

지역과 시대를 막론하고 대부분 그렇지만, 뛰어난 지도자와 그렇지 못한 지도자를 구분하는 가장 중요한 기준의 하나는 본질과 지엽을 정확히 구분해 인력과 재원을 효과적으로 집중하는 능력이다. 그러므로 이런 중대한 판단착오는 연산군을 폭군으로 평가할 수밖에 없는 핵심적 논거가 될 것이다.

정치적 사안은, 극도의 폭정을 제외하면, 대체로 찬반의 의견이 갈라지지만 무오사화 이후 연산군이 집중한 일은 긍정적으로 볼 수 있는 여지가 희박한 것들이었다. 그 결과 그동안 국왕에게 동조해온 대신들도 왕권의 자의적 행사를 비판하게 되면서 정치세력의 협력관계는 대신과 삼사가 가까워지고 국왕이 고립되는 형태로 변모해갔다. 제한적이며 상징적인 공격이었던 무오사화와 달리 갑자사화가 대신과 삼사를 아우른 거의 모든 신하를 국왕이 무차별적으로 숙청한 양상으로 일관된 까닭은 이런 정치적 지형의 재편에서 비롯된 결과였다.

방금 지적했듯 치세 중반 이후 연산군은 자신의 왕권을 점차 자의적으로 행사하기 시작했다. 그의 행태는 유사 이래 대부분의 폭군과 비슷했다. 진상進上을 증가시켜 사치에 탐닉했고, 사냥·연회·음행 같은 유희에 몰두했다. 당연히 정무에는 그만큼 소홀해졌다. 이런 문제는 대체로 재위 8~9년부터 본격화되다가 갑자사화 이후는 그야말로 황음의 수준으로 증폭되어 폐위될 때까지 지속되었다. 이것들은 서로 상승작용을 일으키면서 궁극적으로 국가경제를 파탄시켰다.

패행과 사치

이 시기에 연산군이 추진한 주요 업무는 궁궐 보수와 민가 철거·사냥·연회·음행 등이었다. 사치의 팽창이라고 아우를 수 있는 이런 문제들은 결국 국가재정의 고갈로 귀결되었다.[40]

우선 궁궐 보수가 지속적으로 이뤄져 연산군 5년과 7년, 9년에 걸쳐 경복궁景福宮과 창덕궁昌德宮의 담장을 높이거나 행랑行廊을 수리했다(연산5.2.21신해;7.5.1무신;9.11.4정묘·5무진). 연산군은 인정전仁政殿 수리에 선군船軍 5백 명을 투입하고, 창덕궁 후원 담장을 쌓는 공사에는 문신도 감역관監役官으로 파견해 실적을 서로 경쟁시키는 등 궁궐 보수에 많은 인력과 다양한 방법을 동원했다(연산8.3.8경진;9.11.13병자). 궁궐 일이 누설될 우려가 있다는 이유로 궐 안의 관청을 궐 밖으로 옮기거나(연산7.4.27갑진)[41] 진귀한 화초를 대궐 안 동산에 심은 것도 비슷한 조처였다(연산9.2.12기유).

민가 철거는 백성의 피해로 직접 연결된 문제였다.[42] 능상을 금지하려는 목적의 하나로 추진된(연산9.11.5무진) 민가 철거는 연산군 6년(1500) 무렵부터 궁궐에 인접한 민가를 대상으로 시작되다가 8년 이후는 국왕이 궁궐에서 음행하는 것을 숨기거나 잔치를 마음대로 벌이려는 목적에서 가속화되었다(연산8.10.21경신). 이듬해에는 약 2백여 채가 철거될 정도로 규모가 커졌다(연산9.3.6계유·7갑술·9병자;9.11.2을축·4정묘~6기사·8신미·9임신·12을해·13병자·17경진·18신사 등).

연산군은 사냥에도 많은 흥미를 갖기 시작했다. 사냥은 궁궐 밖에서 많은 인원과 사냥개·말·매·갑옷·마구 같은 여러 동물과 장비를 동원하는 행사여서 비용도 그만큼 많이 들었다. 그러나 연산군은 사계절마다 사냥하는 까닭은 백성에게 해로운 것을 없애려는 목적이며, 사냥은 군사훈련의 일종이지 유희가 아니므로 흉년에도 그만둘 수 없다는 수긍하기 어려운 논리로 자기 행동을 강변했다(연산4.9.11병오;4.윤11.15병자;9.9.20계미).

주요 사냥터는 아차산峨嵯山·정토산淨土山·서산西山·창릉昌陵·경릉敬陵 주변·대자산大慈山 등 경기도 일대의 산야였다.[43] 이전부터 사냥터였던 전곶箭串에서도 사열하거나 호랑이 사냥을 구경했다(연산4.11.2갑오;4.12.17무신;5.8.9병신). 새로운 사냥터를 개발하는 데도 적극적이어서 새와 짐승이 많은 곳을 골라 활 쏘고 매를 놓기가 모두 편리한 곳에 사장射場을 만들라고 지시했다(연산9.8.18임자).

사냥에 관련된 관서가 계속 확대된 것은 당연했다. 가장 대표적 기관은 창덕궁 안에 설치된 내응방內鷹坊이었다. 내응방은 재위 5년 7

월 유위군사留衛軍士 1백 명이 소속되어 본격적으로 인원이 확충되기 시작해서 재위 10년에는 1천 명까지 늘었다(연산5.7.9정묘:10.4.12계묘).[44]

그 이름대로 응방에서는 사냥에서 사용할 매를 주로 길렀지만, 국왕의 기호나 용도에 따라 다양한 짐승을 사육했다. 지엄한 궁궐 안에서 그런 짐승을 대량으로 기르다보니 어처구니없는 소동이 벌어지기도 했다. 이를테면 금원에서 매가 떼 지어 날고 대궐 정원에서는 사냥개가 무리지어 짖었다(연산7.1.30기묘). 응방에서 기르던 양 세 마리가 인정전仁政殿으로 들어오고(연산3.5.17무오)[45] 피투성이가 된 돼지 두 마리가 홍문관 책방冊房으로 뛰어들었으며(연산3.6.3계유)[46] 아침에 백관이 도열했을 때 그 사이를 사냥개가 뛰어다닌 적도 있었다(연산8.2.5무신).

응방과 직결되지는 않지만 연산군은 사냥이나 열무閲武에 필수적 동물인 말에도 큰 관심을 보였다(뒤에서 보듯 말은 음행과도 중요하게 관련되었다). 국왕이 다양한 목적으로 말을 소비한 결과 그동안 전국적으로 4만 필을 유지하던 마필 숫자는 재위 8년 무렵 3만 필로 줄었다(연산8.3.23을미).

궁중 연회도 재위 8~9년 이후 잦아졌다(연산5.5.26을유:6.3.3정사). 연산군은 대간의 요구에 따라 금주령禁酒令을 내리기는 했지만 자신은 거의 지키지 않았으며(연산9.2.11무신) 오히려 참석한 신하들에게 노래나 춤을 시키고 사모紗帽를 벗겨 머리카락을 휘어잡고 모욕하는 등 군신君臣의 예절을 완전히 무시하면서 난잡하게 즐겼다(연산9.11.20계미).

음행이 늘어나는 것도 자연스러운 일이었다. 재위 9년(1503) 2월 양기陽氣를 돋우려고 백마 고기를 진상케 한 연산군은 넉 달 뒤 정업 원淨業院에서 여승들을 범했는데(연산9.2.8을사;9.6.13무신), 이것이 본 격적으로 음행을 자행한 발단이었다. 이 무렵부터 여자를 뽑아 입궐 시키는 일도 잦아져 관청의 어린 계집종이나 양민의 딸을 선발했고, 해금 잘 타는 기생을 일반인과 구별되지 않도록 편복을 입혀 입궐시 키기도 했다(연산9.2.7갑진;9.6.12정미). 특히 일반 관원은 물론 승지·재 상·대신의 부인이나 딸까지 들게 했는데(연산9.12.17경술;10.2.21계축) 이런 행동은 일반 정치사안들보다 신하들의 반감을 증폭시키는 원 인이 되었을 가능성이 컸다.

이런 문제의 귀결은 사치의 팽창과 국가재정의 파탄이었다. 국왕 의 사치는 그칠 줄 몰랐다. 생선과 노루·사슴 육포는 희귀해 진상 하기 어려운데도 궁궐의 각종 잔치에 사용하려는 목적으로 각 7천 여 미尾와 9천여 접이나 징수했으며(연산5.3.27병술) 여러 왕대에 걸쳐 비축한 의영고義盈庫의 후추와 제용감濟用監의 소목蘇木(콩과에 속하는 한약재의 하나)도 궁궐에서 마구 사용해 소진되었다(연산6.10.27무신). 국왕의 기호를 맞추기 위해 궁궐에서 근무하는 공장工匠은 5만 명 (53,826명)을 넘었다(연산8.1.28신축).

연산군 스스로도 궁궐에서 사용하는 물품 수량이 한도를 벗어난 것 같다고 인정했지만, 청옥(1천 개)·마노석瑪瑙石·황금·은·진주(3 천 개) 같은 보석과[47] 서리를 맞아 익은 다래[獼猴桃], 담비 가죽[貂皮] (60벌), 가장 긴 가체加髢(1천 개) 등을 요구하는 등 기호는 다양해져만 갔다(연산8.10.7병오;8.10.8정미;9.11.29임진).

연산군 때 공납이 확대된 가장 중요한 계기는 재위 7년 이른바 '신유공안' 제정이었다. 연산군은 그해 4월 공안상정청貢案詳定廳을 두어 좌의정 성준·광원군廣原君 이극돈·이조판서 강구손姜龜孫·공조참판 이계남李季男 등에게 일을 맡겼다(연산7.4.14임진). 상정청에서는 석 달 뒤 대폭 확대된 공안을 보고했고 그 내용은 그대로 시행되었다(연산7.7.17갑자). 이이李珥·조헌趙憲·박동량朴東亮·송시열·정약용丁若鏞 등 조선 중·후기의 저명한 지식인은 연산군 때 궁궐 사치와 민생 부담이 폭증한 결정적 원인으로 이 '신유공안'을 지적하면서 강력히 비판했다(아울러 중종 반정 이후에도 다시 삭감하지 못한 부분이 있어 계속 상당한 폐단으로 남았다고 지적했다).[48]

사치품에 관련된 연산군의 욕망은 국내에만 머물지 않았다. 그는 중국에 가는 사신에게 현지 물건을 많이 사오라고 지시했는데, 그 값이 면포 4만 3천여 필에 이르렀다(연산4.6.11병자). 북경 사행에 능라장綾羅匠을 따라가게 해서 각종 색깔의 염색과 직조 기술을 익혀 오게 했으며(연산8.1.12을유) 일본 사신이 입고 있는 의관衣冠에도 커다란 흥미를 보여 통사通事에게 무슨 핑계를 대서든지 가져오게 했다(연산8.3.17기축).

사치는 기본적으로 연산군 자신을 위한 것이었지만 자신이 총애하는 다른 사람 때문에도 가중되었다. 우선 숙원淑媛 장씨(장녹수張綠水)를 들 수 있다. 특히 재위 8년부터 그녀에 대한 총애가 커져 각 지방의 진기한 음식물을 대량으로 진상케 했다(연산8.10.7병오).[49] 기생을 우대한 것도 사치를 증가시킨 중요한 요인이었는데, 연산군은 기생에게 선물을 못 주면 나중에라도 꼭 챙겨줄 정도로 배려했다(연산

9.5.8계유). 그밖에 왕자·공주·옹주翁主들의 호사스런 혼례도 많은 물의를 일으켰다(연산9.2.18을묘).

이처럼 다양한 국왕의 일탈적 행동은 국가재정을 고갈시켰다. 좌의정 한치형·우의정 성준 등 의정부 대신의 보고에 따르면 이미 연산군 4년에 횡간橫看 이외의 별용 물품은 쌀과 콩이 2,900여 석, 면포 3,600필, 정포正布 1,900여 필, 기름과 꿀 90여 석이었으며 기타 비용은 헤아리기도 어려운 실정이었다(연산5.3.27병술). 그 결과 그 해 국가의 1년 예산은 세출(208,522석 1두)이 세입(205,584석 14두)을 넘어섰다(연산5.10.26임자;8.1.19임진).[50] 연산군 8년 1월에도 삼정승 한치형·성준·이극균은 국가 용도가 많아져 풍저창豊儲倉이 텅 빌 정도지만 상경비용 이외의 여러 용도가 호번浩繁하다고 지적했다(이런 간언의 주체가 의정부 대신이라는 측면은 갑자사화의 발생과 관련해 주목할 만하다). 무오사화 이후 팽창한 연산군의 사치를 가장 상징적으로 보여주는 사실은 궐 안에서 부리는 천인이 2만 2천 명이나 되었고 후원後苑과 별전別殿을 땔감이 아닌 향香으로 데웠다는 것이 아닐까 싶다(연산6.8.29신해;8.11.5갑술).[51]

이런 일탈이 여러 폐해를 일으킨 것은 당연했다. 우선 정무에 태만해졌다. 치세 중반부터 흉년이 심각해졌지만(연산5.12.28임자) 연산군은 전혀 개의치 않았다. 충청도에 산사태가 났어도 술잔치를 벌였고, 경기도에 큰 흉년이 들어 진휼에 전력을 기울여야 할 상황이었지만 토목공사에 열중했다(연산8.9.5갑술;9.4.4경자).

백성의 고통도 커졌다. 국왕이 요구하는 수많은 진상품은 마련은 물론 운반하는 것도 큰 부담이었다. 청옥은 운반 과정에서 수레가 부서지고 말이 넘어져 죽어 사람이 운반하니 원망과 한탄이 길에 가득 했다(연산8.7.16병술). 궁궐 안의 총애가 점점 심해져 먼 지방의 진기한 음식을 한정 없이 구하니 고을들이 지탱할 수 없었고(연산8.10.7병오), 상품賞品을 절제 없이 하사하고 궁인들이 사치스러워 담비 한 마리 값이 면포 10필까지 치솟기도 했다(연산8.10.8정미). 많은 공물을 대려 고 공안상정청을 설치해 진상 부담이 증가했고[52] 함경도에서는 옥 과 자수정을 캐느라 백성이 큰 고생을 겪었다(연산8.7.16병술·18무자).

지금도 왕실이 남아 있는 나라에서 그 국가의 가장 큰 부자는 왕 실이라고 한다. 그러니 이른바 '왕토사상'에 입각해 그 나라의 국토 와 신민을 전일하게 지배한 전근대 왕조국가에서 국왕이 행사한 권 력과 부는 쉽게 상상하기 어렵다. 지역과 시대를 떠나 모든 국왕은 사치스러웠다. 그리고 왕정의 원리상 국가와 신민은 그를 봉양할 의 무가 있었다. "천하가 임금의 신하니 이런 일들이 어찌 불가하겠는 가?(연산8.8.4계묘)"라는 연산군의 발언은 반박하기 어려운 측면도 분 명히 있다.

그러나 이런 측면을 감안하더라도 연산군의 사치는, 특히 조선의 경제력이나 제후국이라는 외교적 위상에 비추어 지나쳤다고 생각된 다. 앞서 말했듯 그의 궁극적 목표는 전제왕권을 구축하고 행사하는 것이었다. 직접 밝히지는 않았지만, 그는 제후국의 국왕이 아니라 황 제를 꿈꿨는지도 모른다. 그러나 방금 말한 것처럼 그것은 당시 조선 의 국력이나 외교질서를 고려하지 않은 허황된 목표였다.

현실을 고려하지 않은 엄청난 목표를 설정하고, 그것을 이루는 과 정에서 부당한 행위를 자행하며, 그 결과로 얻은 소득을 합당하지 않은 분야에 써버리는 것은 도전과 성취가 아니라 몽상과 패행이다. 앞서 말했듯 무엇보다도 결정적인 오류는 연산군이 자신의 절대권력을 국가 발전이나 정치 개혁 같은 건설적 분야에 투여하지 않고 오직 개인적 욕망을 제한 없이 발산하는 데만 탕진했다는 것이었다. 이처럼 도착倒着된 판단과 행동은 그를 포함한 유사 이래 모든 폭군의 공통점이었다.

이런 일들은 일반 정치사안보다 문제점이 훨씬 뚜렷했고, 그것을 비판할 논리적 근거도 그만큼 충분했다. 그 결과 삼사는 물론 대신도 점차 강력하고 빈번하게 그 문제점을 지적하면서 연산군 중반 이후 정치세력의 협력·대립관계는 뚜렷하게 재편되었다. 물론 그 결과도 이전과는 크게 달랐다.

재개되는 삼사의 간쟁

무오사화를 겪은 뒤 삼사의 영향력은 일단 수그러들었다.[53] 하지만 무오사화가 삼사를 직접 겨냥한 것이 아니라 표면적으로는 김종직 일파를 대상으로 한 간접적 경고였다는 측면에서 그 억제 효과는 충분치 않았다.[54] 우선 대신을 겨냥한 삼사의 탄핵은 그리 줄지 않았다. 삼사는 특히 유자광과 임사홍을 계속 강력히 탄핵했으며 윤탕로·신수근·신수영愼守英·박원종 등 외척에게도 여러 문제점을 지적했다.[55]

당시 삼사의 위상을 보여주는 한 사건은 연산군 5~6년에 일어난 우의정 성준과의 충돌이다.[56] 연산군 5년 11월 성준의 손녀가 시댁에 인사 가던 중 사헌부 이속吏屬이 그 행렬을 막고 소지품을 검사했는데, 당시 금지하고 있던 육류肉類가 발견되었다. 이속은 손녀를 수행하던 종을 가뒀다. 범법행위를 적발하기는 했지만, 일개 사헌부 이속이 현직 우의정의 손녀를 검문하고 그 종을 하옥시킨 것은 작은 일이 아니었다. 성준은 사헌부의 이런 행동은 자신을 가둔 것이나 마찬가지로 그동안 잠잠해졌던 능상풍조가 다시 일어나는 증거라면서 강력히 반발했다.

그러나 대간은 물러서지 않았다. 장령 김인후金麟厚를 중심으로 한 대간은 성준이 정당한 법 집행을 문제 삼고 있다면서 국문할 것을 요청했다. 홍문관과 승정원, 판서들도 대간에 동조했다. 하지만 연산군에게는 언제나 가장 중대한 관심사였던 대간의 능상 혐의를 지적한 성준의 탄원이 좀더 설득력 있게 다가왔다(연산5.12.13정유). 국왕은 대간을 모두 파직시키고 성준을 좌의정으로 승진시켰다. 이 사안은 일단 대간의 패배로 끝났지만, 현직 정승에게 상당한 모욕으로 간주될 가능성이 큰 일을 사헌부, 그것도 이속이 감행했다는 점에서 대간의 위상이 무오사화 뒤에도 그리 약화되지 않았음을 보여주는 한 사례로 볼 수 있을 것이다.[57]

홍문관의 탄핵도 상당한 영향력을 갖고 있었다. 당시 홍문관은 대간이 두려워할 정도의 언론권을 행사했다(연산5.12.14무술;7.11.16경인).[58] 대신들도 집현전처럼 자문관서에 지나지 않는 홍문관이 너무 큰 권력을 행사한다고 불만스러워할 정도였다(연산7.10.26신미;7.11.11을유·12병술·16경인·19계사 등). 연산군 7년(1501) 8월 홍문관이 대신은 임무를 제대로 수행하지 못하며 대간도 규찰에 힘쓰지 않고 그저 관망만 한다고 탄핵하자 영의정 한치형을 비롯한 주요 대신과 대간이

모두 사직한 것은 그런 영향력을 잘 보여준다(연산7.8.7임자).[59]

대간은 인사행정에도 적지 않은 입김을 행사했다. 연산군 5년 7월 대간은 자신들이 인사행정에 참여하는 것을 이조가 막고 있다고 비판해 국문을 관철시켰다(연산5.7.15계유·16갑술·21기묘). 국왕의 독단적 인사에도 문제를 제기했다. 연산군 8년 1월 대간은 도덕적 문제가 있거나 능력이 부족한 사람을 국왕이 내지內旨로 특별 승진시키거나 근거 없이 가자를 남발한다고 집요하게 물고 늘어졌고, 결국 가장 문제된 인물이었던 참판 홍백경洪伯慶을 파직시켰다(연산8.1.9임오~11갑신·14정해~16기축·18신묘~24정유·26기해·30계묘).[60]

삼사는 중요한 정책에도 적극 개입했다. 특히 연산군 5년 4월 국왕과 대신에 맞서 여진 정벌을 반대해 관철시키고, 7년 6월 평안도 국경에 장성長城을 쌓으려는 시도를 중단시킨 것은 상당한 의미를 부여할 수 있다.[61]

국왕과 삼사의 충돌

가장 중요한 것은 역시 국왕에 대한 간쟁이었다. 핵심 쟁점은 앞서 본대로 점차 심각해진 연산군의 패행과 사치였다. 그 문제들은 일반 정치사안보다 객관적 문제점이 확연했기 때문에 삼사의 간쟁은 그만큼 타당성과 설득력을 가질 수 있었다.

연산군 8년 4월 홍문관의 상소는 국왕의 불성실과 재정 악화를 중심으로 한 국정의 난맥상을 집약했다고 생각된다.

전하는 재변을 만난 일이 많지만 반성하는 실상은 거의 없습니다.

…… 신들이 요즘 전하께서 하시는 일을 보니 태평을 지나치게 믿는 다고 생각됩니다. 한두 가지만 들어서 말하겠습니다.『강목』은 분량이 많지만 중단하지 않으면 1년 안에 배울 수 있습니다. 전하는 동궁에 계실 때 이미「주기周紀」와「진기秦紀」를 강독했는데 지금 8~9년이 되도록「수기隋紀」를 마치지 못하셨습니다. 대신·대간·시종들이 경연을 열자고 자주 요청했지만 1년에 강독을 받는 날이 손으로 꼽을 지경입니다. ……

몇 년 사이에 심하게 흉년이 든 것도 아닌데 먹을 것이 모자라 바가지를 들고 빌어먹는 백성이 길에 널렸고 도적이 봉기해 곳곳에서 약탈하니, 재물이 아래에 있지 않다는 사실을 알 수 있습니다. 국가재정이 부족해 군자軍資를 임시로 빌어 충당하며, 그밖에 바쳐야 할 물건도 지방에서 끌어와 부족한 분량을 채우니 재물이 위에 있지 않다는 것도 알수 있습니다. 위에도 없고 아래도 없다면 지금 재물은 과연 어디로 돌아간 것입니까? 이처럼 궁핍한 때 큰 기근이나 병란이 난다면 무슨 곡식으로 백성의 목숨을 살리고 무슨 재력으로 군비에 사용할지 신들은 모르겠습니다. 생각하면 한심할 따름입니다. 성종 말년에는 창고가 가득 차서 해마다 들어오는 조세를 동서의 군영軍營에 나눠 쌓고 의영고의 호초胡椒는 늘 1천여 섬이 축적된 것을 보고 들었습니다. 이 두 가지만 들더라도 국가재정이 넉넉했음을 알 수 있는데, 지금 10년도 되지 않아 갑자기 이런 지경에 이른 것은 무슨 까닭인지 알 수 없습니다(연산8.4.20신유).

그밖에도 삼사는 불경을 간행하고 왕실의 원당願堂을 건축하며 유명한 사찰에 소금을 하사하는 등의 불교 관련 시책과 무속 행사를 열려는 국왕의 시도에 반대했다. 또한 복상服喪 기간을 줄이고, 생모 폐비 윤씨에게 바치는 제사를 너무 성대하게 치르며, 기생을 주제로 시를 지으라는 등과 같이 유교윤리에 어긋나는 왕명의 부당성을 지적했다.[62] 요컨대 삼사는 연산군에게 정무에 좀더 관심을 기울이라고 촉구한 것이었다.

이런 삼사의 간쟁에 연산군은 "술이나 마시고 가라"고 조롱하거나 "내가 부덕해 실행하지 못한다"면서 자조적으로 책임을 방기하기도 했다(연산6.11.4갑인;7.12.23정묘). 그러나 가장 자주 표출한 것은 직설적 분노였다. 연산군은 대간이 의논할 때마다 윗사람을 의심하며 사안의 옳고 그름을 헤아리지 않고 국왕이 하려는 일이라면 모두 반대해 자신이 손을 놀리지 못할 지경이라고 노여워했다(연산8.12.1기해;9.1.14임오;9.2.26계해). 그는 성종 말년부터 생긴 이런 폐단을 지금 고치지 않으면 나중에 더욱 심각한 문제가 될 것이라고 진단했는데(연산9.3.14신사), 부왕에 대한 반감은 모후 사사라는 감정적 문제만이 아니라 정치적 판단에서도 발원했음을 보여준다.

이처럼 대신에 대한 탄핵이나 주요 정책에 대한 영향력, 가장 중요하게는 국왕에 대한 간쟁 등을 살펴볼 때 삼사의 언론활동은 무오사화 이후에도 꾸준하게 전개되었다고 평가할 수 있다. 삼사가 그럴 수 있었던 원인은 역설적이게도 바로 연산군이 제공했다. 사화 이후 급증한 국왕의 일탈은 무오사화의 상징적 공격으로는 충분히 제압되지 않았던 삼사가 다시 강력히 발언할 수 있는 좋은 계기가 되었던 것이다.

대신과 삼사의 협력

이처럼 연산군과 삼사는 무오사화 이후에도 그 이전과 거의 다름없이 대립구도를 유지했다. 중요한 것은 대신의 태도 변화였다. 그동안 국왕과 동일한 관점에서 삼사의 능상풍조를 바라보면서 친밀한 관계를 유지했던 대신의 태도가 바뀌게 된 가장 중요한 요인 또한 연산군의 자의적 왕권 행사였다. 대신도 그런 국왕의 행태를 자주 간언한 결과 그동안 친밀했던 국왕과의 관계는 점차 소원해진 반면 삼사와 공감하는 부분이 많아지게 된 것이다.[63] 이것은 연산군 중반 정치세력의 상호관계와 정치의 흐름을 바꾸는 중요한 요인으로 작용했다.

그런 실마리는 무오사화 직후부터 보인다. 연산군 5년 3월 좌의정 한치형·우의정 성준·좌찬성 이극균·우찬성 박건·좌참찬 홍귀달·우참찬 신준申浚 등 의정부의 주요 대신은 10개 항에 걸친 긴 상소를 올렸다. 그 핵심은 국왕의 사치를 줄여야 한다는 것이었다. 특히 종친과 대신에게 하사하는 부의賻儀와 별사別賜 및 궁궐과 내수사內需司로 들이는 물품이 너무 많다고 지적되었다(연산5.3.27병술).

의정부는 7개월 뒤에도 비슷한 문제를 간언했다. 앞서도 들었지만, 작년 국가재정은 수입(205,584석 14두)보다 지출(208,522석 1두)이 많았다면서 우리나라는 토지가 척박해 흉년이 들면 한 해도 버티기 힘든 실정이므로 좀더 많은 재정비축이 필요하다고 강조했다(연산5.10.26임자).

국왕에 대한 대신의 간언은 연산군 8년(1502)을 기점으로 크게 증가했다. 거기에는 그 무렵부터 연산군의 패행이 더욱 심각해졌다는 객관적 조건도 작용했지만,[64] 소혜왕후(인수대비)가 대신에게 좀더 적극적인 간언을 당부한 것이 중요한 계기가 되었다(연산8.6.28무진). 연산군 8년 1월 영의정 한치형·좌의정 성준·우의정 이극균 등 삼정승은 1년 상경비용 외에 잡다한 부수적 비용을 세세히 지목하면서 소비를 줄일 것을 주청했다(연산8.1.28신축).

두 달 뒤 동일한 삼정승이 올린 시폐時弊 10조는 그 제목대로 당시의 폐단을 집약했다고 평가할 만하다(연산8.3.25정유). 지목된 문제점은 ①경연과 시사視事를 폐지한 것, ②대군과 공주에게 시장柴場을 너무 많이 하사한 것, ③후원에서 신하들을 접견하지 말 것, ④공사公事가 많이 지체되는 것, ⑤내시가 신하들의 계청을 더디게 출납하는 것, ⑥후원 영선을 그치지 않는 것, ⑦준마 수집을 중지하자는 것, ⑧화원畵員과 온갖 공인이 대궐 안에 있는 것, ⑨용도가 제한이 없는 것, ⑩경기도에서 빈번히 진상케 해 민폐가 적지 않은 것 등이었다(연산군은 ②~③항만 윤허했다). 그밖에도 대신들은 사냥과 강무講武 등을 중지할 것을 여러 차례 간언했다(연산4.10.16무인;5.9.2기미;5.10.26임자;6.2.5기축;6.3.11을축;6.10.1임오 등).

이처럼 대신도 국왕에게 많은 간언을 올리면서 중앙정치의 지형은 대신과 삼사가 서로 가까워지고 국왕이 점차 고립되는 구도로 재편되었다.[65] 대신이 삼사의 간언에 동조하는 현상은 특히 연산군 9년부터 자주 보인다. 그해 3~4월 영의정 성준·좌의정 이극균·우의정 유순·파평부원군 윤필상 등 주요 대신은 열병閱兵과 사냥을 중지해야 한다는 삼사의 간언에 적극 찬성했다(연산9.3.18을유·19병술;9.4.20병진). 특히 이극균은 "국왕의 자유로운 행동을 막는 대간은 국문하는 것이 어떠한가?"라는 국왕의 물음에 "대간은 전하께서 너

그렇게 용서하실 것을 믿고 말씀드린 것"이라면서 대간을 두둔했다 (연산9.2.26계해;9.10.9임인).

대신의 이런 간언은 연산군에게 적지 않은 부담으로 작용한 것 같다. 예컨대 면포를 궁궐로 들이면서 두 대비의 연회 때문에 어쩔 수 없다고 좌의정 성준에게 그 용도를 설명하거나(연산8.8.8정미;8.9.9무인) 사냥을 나가면서도 놀려는 것이 아니라 오랫동안 열병하지 못했기 때문이라고 변명한 사례는 그런 측면을 보여준다(연산9.9.17경진).

그러나 결과적으로 이런 상황은 무오사화 뒤에도 삼사의 능상풍조가 그다지 수그러들지 않은 것에 큰 불만을 갖고 있던 연산군에게 더 큰 문제의식을 던져주었다. 이제 연산군은 무오사화가 간접적 경고에만 그쳤기 때문에 능상의 폐단이 삼사뿐 아니라 대신까지 만연했다고 분석했다. 그는 "요즘 대간이 일을 말하면 홍문관과 승정원은 물론 의정부와 육조가 한편이 되어 다시 계청하는 등 아랫사람이 자신의 의견을 관철시키려는 능상의 폐단을 이루 말할 수 없다"고 판단했다(연산9.2.1무술;9.3.16계미).

갑자사화를 꼭 1년 앞둔 시점에서 연산군은 당시 중앙정치에 관련된 자신의 견해를 이렇게 요약했다.

대간의 말을 들어주지 않으면 정승이 말하고, 정승의 말을 들어주지 않으면 육조가 말한다. 아랫사람들이 자신의 뜻을 이루려고 노력하니 그 폐단을 이루 말할 수 없다. …… 요즘 위에서 하는 일이라면 기어이 이기려고 해서 쟁론이 끝이 없다. 이전에도 대간이 있었지만 지금처럼 일마다 논쟁해 폐풍이 누적되지는 않았으니, 매우 개탄스럽다. ……

대간이 사체를 헤아리지 않고 말하는데 대신도 따라서 말하니 결코 들어줄 수 없다(연산9.3.16계미).

전제왕권을 꿈꾸는 고립된 국왕이 거의 모든 신하에게 능상의 혐의를 둔 결과는 거대하고 끔찍한 숙청이었다. 연산군은 갑자사화를 절대왕권의 행사라는 자신의 숙원을 이루려면 어쩔 수 없이 거쳐야 할 과정으로 생각했을 것이다. 그리고 실제로 연산군은 갑자사화 이후 반정으로 폐위되기까지 2년 동안 그 숙원을 아쉬움 없이 풀어버릴 수 있었다. 그러나 그것은 연산군과 그 통치를 폭군과 폭정으로 규정하는 가장 확실한 역사적 증거가 되었을 뿐이다.

갑자사화의 발발–이세좌·홍귀달 사건

갑자사화는 무오사화를 포함해 그때까지 조선에서 일어난 정치적 숙청들과 크게 달랐다. 무엇보다 그 규모와 방식이 거대하고 참혹했다. 처벌 대상에는 대신과 삼사를 중심으로 한 주요 관원은 물론 성종 후궁과 궁궐 나인內人·환관까지 포함되었다. 거기에는 이미 죽은 사람도 많이 들어있었기 때문에 일반 처형 외에 부관참시·쇄골표풍碎骨飄風(뼈를 부숴 바람에 날려보냄)·파가저택破家瀦宅(집을 파괴하고 그 터를 연못으로 만듦) 같은 극한적 방법이 동원되었다.[66]

그 사건의 주요 원인과 목적은 능상 척결과 폐모廢母 사건의 소급 처벌이었다. 그러나 국왕이 될 세자의 생모를 폐출하고 사사한 사건은 가장 무거운 능상이라는 측면에서 핵심적 원인과 목표는 이번에도 능상 척결로 수렴될 것이다.

갑자사화의 직접적 발단은 이세좌 사건과 홍귀달 사건이었다.[67] 앞은 이세좌가 잔치에서 어의御衣에 술을 엎지른 실수고, 뒤는 홍귀달이 손녀를 입궐시키라는 왕명을 즉시 이행하지 않은 사안이었다. 연산군은 두 사건을 능상의 표본으로 판단해 집요하고 거대한 피의 숙청을 시작했다.

두 사건의 사소함이나 우연성은 비슷했다. 그러나 현재도 통용되는 '갑자년의 사화'라는 전통적 명칭을 감안하면 연산군 9년 9월에 발생한 이세좌 사건보다는 동왕 10년 3월에 일어난 홍귀달 사건이 좀더 직접적인 계기로 인정되어 왔다고 판단된다.

연산군 9년 9월 11일(갑술) 인정전에서 베푼 양로연에서 예조판서 이세좌는 국왕이 하사한 술잔을 엎질러 어의를 적시는 실수를 저질렀다. 상식적으로 그것은 당연히 고의가 아니었을 것이다. 그러나 연산군은 대노해 이세좌를 즉각 엄중히 추국한 뒤 제조에서 체직시키라고 명령했다. 연산군은 "소리가 나도록 엎질러 어의까지 적셨다"는 문구를 죄목에 명기하라고 지시하면서 자신을 어린 국왕으로 생각해 불공不恭을 저지른 행동이라고 규정했다(연산9.9.12을해·15무인). 당시 27세로 재위한 지 9년이나 된 국왕을 어리다고 업신여겼다는, 쉽게 납득되지 않는 연산군의 판단은 그의 내면적 결핍을 얼핏 보여준다.[68]

그러나 국왕이 대노한 근본적 까닭은 다른 데 있었다. 무오사화는 물론 치세 내내 그랬지만, 그것은 대간의 행동이었다. 연산군은 이세좌를 제조에서만 파직시킨 까닭은 이런 무엄한 행위에는 대간이 추가적 처벌을 다시 주청하리라고 예상했기 때문이었는데 한 사람도 그러지 않았다고 지적하면서 그들이 이세좌의 위세를 두려워하는 것이라고 규정했다(연산9.9.18신사·19임오).[69]

국왕은 즉시 대간을 교체했다. 대사헌 이세영과 대사간 유세침柳世琛을 비롯한 거의 모든 대간을 서반으로 보내 직위를 낮춰 서용하라고 지시하면서 특지가 아니면 홍문관·서연관·대간 등의 관직에 임명하지 말라고 명시했다.[70]

이세좌는 전라도 무안務安을 거쳐 함경도 온성穩城에 유배되었다가 넉 달 만에 풀려났다(연산9.9.19임오~22을유;10.1.11계유). 그가 도성으로 돌아와 창덕궁 단봉문丹鳳門 밖에서 사은했을 때 광경은, 죄목 자체의 불합리함에서 기인한 결과겠지만, 다소 희극적이기까지 하다. 연산군은 "험난한 만 리 길을 와 궐문 밖에서 사은하니 아직도 충성이 남아 있다"고 치하하면서 "이것은 네가 전일 기울여 쏟은 것"이라면서 술을 하사했고, 이세좌는 울면서 사례했다(연산10.3.3갑자).

사건은 이것으로 마무리되는 것 같았지만 며칠 뒤 새로운 도화선이 점화됨으로써 거대한 참극은 본격적으로 시작되었다. 재위 10년 3월 11일(임신) 국왕은 참봉 홍언국洪彦國의 딸을 입궐시키라고 하명했지만 이행되지 않았다. 홍언국은 호조·이조판서·좌참찬을 지내면서 연산군의 큰 총애를 받고 있던 홍귀달의 아들이었다.

당시 경기도 관찰사로 나가 있던 홍귀달은 손녀가 아파서 왕명을 따르지 못한 것이라고 해명했다. 그러자 연산군은 "부자가 서로 구원한다"고 대노하면서 이 문제를 자신이 생각하는 가장 큰 폐단인 능상과 직결시켰다. 국왕은 홍귀달의 불공함은 이세좌가 하사주를 쏟은 죄와 다름없다면서 국문을 지시했으며, 나아가 그런 패역한 발언을 전달했다는 이유로 도승지도 국문하라고 명령했다.

연산군의 분노는 여기서 그치지 않았다. 앞서 보았듯 그동안 신하들이 서로 결탁해 국왕을 고립시키고 있다고 생각해온 그는 전면전을 선포했다.

지금 대간은 재상을 보면 위세가 두려워 말하지 않지만 고립되어 세력이 없는 사람은 반드시 끊임없이 탄핵한다. 대간만 그런 것이 아니라 재상 중에서도 말하는 사람이 아무도 없었다. 이 때문에 대간을 거쳐 재상이 된 사람들은 서로 붕당을 맺어 임금을 위에서 고립되게 하니 이런 상황을 고치지 않는다면 우리나라의 오래된 왕업은 반드시 무너지고 말 것이다. 앞서 무오년에 붕당을 지은 무리가 중형을 받은 것을 거울로 삼아야 하지만, 남은 습속이 아직 사라지지 않고 남아 있다. 이런 폐습은 고치지 않을 수 없다. …… 이세좌가 중죄를 지어 귀양갈 때 재상과 대간은 그 세력을 두려워해 한 사람도 그 처벌이 가볍다고 말한 사람이 없었으며, 그가 방면되었을 때도 너무 빨리 돌아왔다고 말한 사람이 없었다. 재상은 이 때문에 모두 교만해져 "아무개는 귀양간 지 얼마 되지 않아 돌아왔으니 나도 처벌받더라도 오래지 않아 풀려날 것"이라고 말한다. 이 때문에 홍귀달도 삼가지 않고 불공한 말을 한 것이니 국문하고 처벌해야 마땅하다(연산10.3.11임신).

그날로 홍귀달은 강원도 영월寧越에 유배되었다. "이 사건을 계기로 불경하는 풍습을 통렬히 고치려고 한다(연산10.3.19경진)"는 의지를 천명한 연산군은 이세좌와 홍귀달은 물론 그들의 조상·자손·인척들을 철저히 처벌했다. 아울러 갑자사화의 가장 큰 특징인 집요하고 비이성적인 소급처벌도 모습을 드러냈다. 국왕은 이세좌가 방면되었을 때 거기에 반대하지 않은 삼사와 그를 문안한 신하를 낱낱이 적발해 석 달에 걸쳐 가혹하게 처벌했다(연산10.3.11임신~10.윤4.13계유).

폐모 사건의 보복

홍귀달 사건으로 갑자사화가 시작된 지 9일 만에 사안은 폐모 문제로 번져갔다. 그동안도 연산군은 폐모를 추숭하고 친제를 올리며 외가 친족에게 이런저런 보상을 실시하는 등 관심의 끈을 놓지 않았다.[71] 어머니를 그리는 마음을 드러내기도 했다. 그는 "다른 개가 어미를 물자 강아지가 그 개에게 덤벼들었는데, 그냥 그런 것인지 정이 있어서 그런 것인지 모르겠다"고 말했는데(연산6.11.5을묘), 약간 비약하면 이 발언에는 보복의 전조가 드리워져 있다고도 볼 수 있을 것이다. 비참하게 돌아간 어머니를 그리워하는 마음을 핍진하게 밝히기도 했다.

> 회묘懷墓(폐비 윤씨의 묘)는 성종에게 허물이 많았지만 나라에 공적도 많았다. 그러나 20여 년이라는 긴 세월 동안 굶주린 혼령이 되니, 스스로 먹이를 구해 배부른 짐승만도 못했다. 말과 생각이 여기에 이르니 나도 모르게 슬픔이 마음을 짓눌러 눈물이 마구 떨어진다. 내가 어찌 간언을 물리쳤다는 이름을 두려워해 자친을 잊겠는가?(연산8.8.3임인)

연산군은 갑자사화를 상당히 앞둔 시점에 이미 폐모 사건의 원인에 관련된 판단을 정리한 것으로 생각된다. 재위 8년 2월 연산군은 "국왕이 첩의 참소를 살피지 않고 왕후를 폐위시킬 때 조정의 신하들은 목숨을 잊고 간언하는 것이 옳은가, 죽음을 두려워해 순종하는 것이 옳은가?"라고 물었다(연산8.2.5무신).

적시하지는 않았지만 이것은 폐모 사건을 지칭한 발언이 분명했다. 그리고 거기에는 성종의 오판을 유도한 그 후궁들과 그런 오판을 막지 못한 신하들에게 사건의 핵심 요인이 있다는 판단도 또렷이 들어 있었다. 이런 판단은 2년 뒤 갑자사화에서 그대로 적용되었다.

재위 10년 3월 20일(신사) 연산군은 성종 후궁인 귀인 정씨·엄씨와 그 아들들을 가혹하게 폭행함으로써 폐모 사건의 보복을 시작했다. 맹렬한 복수심에 불탄 국왕의 행동은 그날의 『연산군일기』에 생생히 묘사되었다.

국왕은 모비 윤씨가 폐위·사사된 까닭을 엄씨와 정씨가 참소했기 때문이라고 생각해 밤에 그들을 대궐 뜰에 결박해놓고 직접 마구 때리고 짓밟았다. 그리고는 이항과 이봉을 불러 엄씨와 정씨를 가리키며 "이 죄인을 치라"고 명령했다. 이항은 어두워 누구인지 몰라서 때렸지만, 이봉은 어머니인 줄 알고 차마 때리지 못했다. 분노한 국왕은 사람을 시켜 마구 참혹하게 때려 결국 죽게 만들었다.
국왕은 검을 잡고 자순대비慈順大妃(성종의 계비 정현왕후 한씨)의 침전 밖에 서서 노한 목소리로 "빨리 뜰 아래로 나오라"고 연달아 외치면서 매우 재촉했다. 시녀들은 모두 흩어져 달아났다. 대비는 나오지 않았지만, 왕비 신씨가 따라와 힘써 구원해 위험에서 벗어날 수 있었다.

임금은 이항과 이봉의 머리카락을 움켜쥐고 인수대비(소혜왕후)의 침전으로 가서 방문을 열고 "이것은 대비가 사랑하는 손자가 바치는 술잔이니 한 번 맛보시오"라고 모욕하면서 이항에게 잔을 올리라고 독촉하니 대비는 어쩔 수 없이 허락했다. "사랑하는 손자에게 하사하는 것이 없느냐?"고 임금이 물으니 대비는 놀라서 포 2필을 내렸다. "대비는 어째서 내 어머니를 죽였느냐?"고 묻는 등 임금은 불손한 언사를 많이 저질렀다. 뒤에 내수사를 시켜 엄씨·정씨의 시신을 찢어 젓을 담가 산과 들에 흩어버렸다(연산10.3.20신사).

성종의 후궁들을 일단 처벌한 연산군은 이제 사건의 또 다른 주범인 주요 신하들에게 보복의 칼날을 돌렸다. "성종은 명철한 임금이셨으며, 폐비한 뒤에도 자녀가 번성하는 일 등으로 보건대 대신이나 대간이 강력히 반대했더라면 잘못을 깨달으셨을 것이다(연산10.3.25병술)." 이런 분노는 그렇게 중대한 선왕의 오판과 행동을 바로잡지 못한 그 신하들이 그동안 자신의 왕권 행사에는 집요하게 반대했다는 기억과 맞물리면서 더욱 격렬해졌다.

국왕은 폐비 사건에 개입된 모든 신하의 명단을 보고하라고 지시했다(연산10.3.24을유;10.4.1임진·23갑인;10.윤4.13계유). 승정원은 당시 승지와 주서는 물론 교서를 언문으로 번역하거나 그것을 읽은 관원까지 망라한 명단을 보고했다. 공교롭게도 그 목록에는 갑자사화의 발단을 제공한 두 인물인 이세좌와 홍귀달이 모두 포함되어 있었다(연산10.윤4.17정축. 이세좌는 사사할 때, 홍귀달은 폐비할 때 승지였다).[72] 이런 사실을 보면서 아마 연산군은 능상의 연원이 깊고 오래며 그 실체는 매우 복잡하고 복합적이라는 자신의 판단이 틀리지 않았음을 다시 한 번 확신했을 것이다.

피화인의 분석

완전히 정확하다고 자신할 수는 없지만, 갑자사화 피화인은 모두 239명으로 조사되었다(부록 〈갑자사화 피화인의 명단〉 참조).[73] 그러나 '피화'의 기준을 국문(장형 등)이나 하옥·파직은 포함하지 않고 유배형 이상으로 잡았으며, 구체적 인명을 적시하지 않고 일정 범위의 친족 등을 포괄적으로 거론한 경우는 인원을 정확히 파악할 수 없었기 때문에[74] 갑자사화로 실제적 고통을 겪은 사람은 이것보다 훨씬 많았을 것으로 판단된다.

이 결과를 바탕으로 추출할 수 있는 주요 사항은 다음과 같다. 먼저 형량에서는 가장 무거운 형벌인 사형이 큰 비중을 차지했다(96명, 40.2퍼센트). 여기에 국문을 받는 과정에서 사망한 사람과 사형보다 극한적 처벌일 수도 있는 부관참시를 겪은 인원을 더하면 최고의 형벌을 받은 부류는 피화인의 절반을 넘어선다(122명, 51.1퍼센트). 이런 수치는 그 규모와 정도에서 갑자사화가 압도적이었다는 사실을 또렷이 보여준다(무오사화 피화인 52명 가운데 사형은 6명, 유배는 31명이었다. 거기서는 피화 기준에 파직이나 좌천도 포함시켰다. 〈표 5-2〉 참조).

둘째, 피화인은 부자 34명, 형제 35명, 부부 2명, 조손(외조·외손 포함) 4명, 장인·사위 18명, 사촌 4명, 숙질 9명 등 절반(106명, 44.3퍼센트)에 가까운 인원이 서로 의미 있는 친족관계를 형성한 상당히 동질적인 집단이었다. 그중에는 주목할 만한 조상이나 후손을 둔 인물도

<표 6-1> 갑자사화 피화인 분석표-형량별 분류

형량	사형	사망 (옥사·장)	부관참시	유배	종천	충군充軍	폐서인	**합계**
인원	96명 (40.2%)	4명 (1.7%)	22명 (9.2%)	106명 (44.4%)	7명 (2.9%)	3명 (1.3%)	1명 (0.4%)	239명 (100%)

많았다. 대표적으로 권헌權憲(권제權踶의 증손이자 권람의 손자)·김극핍金克愊(김겸광의 아들)·김근사金謹思(김감金勘의 조카)·박안성(박원형朴元亨의 아들)·신용개申用漑(신숙주의 손자)·심회(심온의 아들)·심순문沈順門(심온의 증손)·유헌柳軒(유영경柳永慶의 증조)·유부柳溥 및 유희철柳希轍(유순정柳順汀의 조카)·이극균(이덕형李德馨의 5대조)·이행李荇(이기李芑의 동생)·임희재(임사홍의 아들)·최세걸崔世傑(최만리崔萬理의 손자) 등이다. 이런 사실은 피화인(확대하면 당시 지배층)이 긴밀한 혈연관계로 연결된 동질적 집단이며, 그 연원과 계승 또한 상당한 연속성을 갖고 있었음을 보여준다.

피화인의 평균 나이는 35.1세로 상당히 젊었는데, 뒤에서 보듯 이것은 피화인에 대신보다 삼사가 훨씬 많았기 때문이다. 피화인의 긴밀한 혈연관계와 연속성, 그리고 상당히 젊은 평균 나이와 삼사에 치중된 관직 분포 등은 '사림의 피화'라는 사화의 전체적 특성과 '사림'의 실체를 파악하는 데 중요하게 생각해야 할 부분이다.

셋째, 피화인의 신분은, 자연스런 결과겠지만, 양반(관원)이 압도적 다수였다(190명, 79.5퍼센트). 그들은 대부분 문과 급제자(120명, 63.2퍼센트)로 당시 중앙 조정(주로 문반)에서 핵심적 역할을 담당하던 신하들이었다. 조선전기의 중앙 관직(741과窠)과 대비하면, 갑자사화에서는 중앙 관원의 4분의 1(25.6퍼센트) 이상이 처벌된 것이다(이 조

〈표 6–2〉 갑자사화 피화인 분석표–신분별 분류

신분(직역)		인원	
양반(관원)	대신	20명(7.5%)	190명(79.5%)
	삼사	92명(39.7%)	
	기타(종친)	35명(14.6%)	
	미상	42명(17.6%)	
중인·양인		4명(1.7%)	
천민		13명(5.4%)	
내관		22명(9.2%)	
기타(여성 등)		10명(4.2%)	
합계		238명(100.0%)	

사에 포함시키지 않은 국문·하옥·파직 등을 더하면 그 비중은 더욱 높아질 것이다).[75]

　넷째, 가장 중요한 관원인 대신과 삼사로 범위를 좁혀보면 대신보다는 삼사가 훨씬 큰 피해를 입었다. 이것은 갑자사화 또한, 무오사화와 비슷하게, 삼사를 제압하는 데 큰 목적이 있었음을 보여주는 중요한 증거다.

　그러나 질적인 부분에서는 오히려 대신의 피해가 더욱 치명적이었다고 판단된다. 사화의 발단을 제공한 이세좌·홍귀달은 물론 연산군이 '갑자육간甲子六奸'이라고 지목한(연산10.5.15갑진) 이극균(좌의정)·이세좌(예조판서)·윤필상·성준·한치형(이상 영의정)·어세겸(좌의정)과 부관참시된 한명회·정창손·심회(이상 영의정)·이파(찬성) 등이 모두 당시를 대표하는 대신이기 때문이다.[76] '사림이 피화한 사건'인 사화에서 대신도 큰 타격을 입었다는 이런 사실 또한 '훈구'와 '사림'을 엄격히 나누는 현재의 통설에 실증적 문제가 있음을 알려준다.[77]

<표 6-3> 갑자사화 피화인 분석표-관직에 따른 형태의 분류

신분(직역)	형량	인원	합계
대신	사형	6명(5.4%)	20명(17.9%)
	부관참시	9명(8.0%)	
	유배	5명(4.5%)	
	사망	0명(0.0%)	
삼사	사형	26명(23.2%)	92명(82.1%)
	부관참시	11명(9.8%)	
	유배	53명(47.3%)	
	사망	2명(1.8%)	
합계		112명(100.0%)	

　3백 명에 가까운 대규모의 인원을 참혹한 방법으로 처벌한 폭력을 겪으면서 신하들은 국왕에게 완전히 제압되었다. 이제 연산군은 자신의 욕망을 전혀 제한받지 않고 자유롭게 실현할 수 있었다. 그것은 이전부터 추진해온 익숙한 사안이었지만, 그 규모와 수준은 훨씬 확대되었다. 갑자사화 이후 반정으로 폐위될 때까지 2년 반 동안 연산군이 보여준 행태는 황음이라고 표현할 수밖에 없는 것이었다.

3
폭정과 폐위—11~12년

일상화된 폭정

갑자사화 이후 연산군의 폭정은 정치적·비정치적 분야를 가리지 않고 거의 비이성적 수준으로 일상화되었다. 먼저 정치 분야에서는 능상의 발원인 언론기관의 기능이 극도로 제한되었다. 사헌부 지평과 사간원 정언의 관직을 없앴을 뿐 아니라 사간원 자체를 혁파했으며, 홍문관도 폐지를 추진했다. 그동안 제대로 참석하지 않았던 경연도 아예 철폐했다. 이 시기의 제도적 파행은 정무와 전혀 무관한 내시부內侍府가 주요 국정을 관장하는 데까지 이르렀다.[78]

비정치적 부문에서는 내수사의 기능을 강화해 왕실 재정을 확충하고 다양한 교육적 탄압을 자행한 것이 가장 두드러졌다. 특히 연산군은 그동안 삼사와 밀접히 연관되었거나 앞으로 관련될 가능성이 큰 집단인 유생을 길들이는 데 집중했다. 주요하게는 성균관의 각종 시설을 철폐하고 교육 과목과 의례를 변경하며 불경不敬한 유생을

감찰해 처벌했다.[79]

그래도 이런 제도 개편은 어떤 정책적 목표를 갖고 제한적 범위에서 이뤄진 국왕의 통치 행위였다고 할 수 있다. 그러나 그의 개인적 감정과 맞물린 사안들은 그야말로 광기 어린 발단과 전개과정을 거쳐 파괴적 결과로 이어졌다.

폭군의 공통점이기도 하지만, 연산군은 여느 국왕들보다 개인적 성향을 현실정치에 직접 투영한 비중이 훨씬 컸다. 다시 말해서 그의 정치적 실패는 그의 인간적 특징과 많은 관련을 갖고 있다. 연산군의 개인적 특징 가운데 특히 중요하고 두드러진 측면은 과도한 집착에 따른 자기 제어의 부족이라고 요약할 수 있다. 서로 인과관계에 있는 이 문제는 갑자사화 이후 극단적 형태로 계속 나타나 연산군의 통치를 유례없는 폭정으로 전락시켰다.

먼저 편집증적 증세로도 지적된 바 있는[80] 과도한 집착은 갑자사화에서 자행된 집요한 소급처벌에서 가장 잘 나타났다. 대신과 삼사는 물론 거의 모든 관서의 살아 있는 관원과 죽은 관원을 가리지 않고 부관참시와 파가저택 같은 극한적 처벌을 집행하는 과정에서 연산군은 이해하기 어려울 정도로 사소한 일들까지 문제 삼았다. 그 대표적 사례는 재위 11년(1505) 2월의 전교다. 연산군은 놀라운 기억력과 집중력으로 이미 오래 전에 지나간 일들을 들춰냈다.

① 재위 6년 10월 21일 경회루에 거둥해 활쏘기를 할 때 윤필상·한치형·성준 등이 바람이 차다면서 들어갈 것을 권유한 일.

② 9년 11월 20일 기생 내한매耐寒梅를 주제로 시를 지으라고 지시했

지만 대사헌 이자건李自健·집의 이계맹李繼孟·장령 이맥李陌·지평 유
희저柳希渚가 짓지 않은 일.

③ 8년 10월 28일 기사관 이현보李賢輔가 이조·병조 관원들이 정무를
보는 건물인 정청政廳에 사관史官을 입시시켜야 한다고 주청한 일.

④ 3년 7월 6일 경연에서 대간이 어사御史를 보내 각 도를 감찰해야 한
다고 주청했지만 지사 이세좌가 필요 없는 일이라고 반대한 일.

⑤ 9년 2월 15일 대사헌 최한원崔漢源이 한어漢語의 진강을 반대하고
정언 정침鄭沈이 "임금은 일이 많아 어떤 한 가지에 집중하기 어려울
것"이라고 말한 일.

⑥ 3년 7월 29일 기사관 이유녕李幼寧이 왕명을 전달하는 내시인 승전
색承傳色을 정청에 출입할 수 있도록 허용해야 한다고 계청한 일.

⑦ 5년 1월 13일 정언 윤은보尹殷輔와 지평 권세형權世衡이 유자광의
아첨을 고발한 일.

⑧ 4년 9월 14일 한치형이 창경궁 자순대비의 침전寢殿에 화재가 났다
는 이유로 열무를 중지해야 한다고 아뢴 일.

⑨ 9년 9월 2일 대사간 유헌, 사간 곽종원郭宗元, 집의 유세침, 장령 유
숭조柳崇祖·유희철, 헌납 정사걸鄭士傑, 정언 김언평金彦平·서후徐厚
가 "경상감사·도승지 등을 지낸 이점李坫이 흰 꿩을 바친 일은 아첨한
것이니 파직하고 국문해야 한다"고 계청한 일(연산11.2.8갑자).

시간으로는 8년 전까지 거슬러 올라가고, 사안으로는 연산군 개인
에 관련된 일부터 다른 관원에 대한 탄핵까지 해당되며, 처벌대상으
로는 윤필상·한치형·성준 등 주요 훈구대신부터 대사헌 이자건·

최한원 등 삼사 관원까지 걸쳐 있는 이 사례는 연산군의 소급처벌이 얼마나 집요했는가를 또렷이 보여준다.

환관 김처선金處善과 관련된 조처도 비슷한 사례다. 재위 11년 4월 연산군은 자신에게 간언한 김처선을 처형한 뒤 문무관원 및 군사의 이름과 모든 문서에서 그의 이름에 들어 있는 '처處' 자를 쓰지 못하게 했다. 그래서 실제로 24절기의 하나인 '처서處暑'를 '조서徂暑'로 고치고, 그 글자를 사용한 성몽정成夢井을 처벌하기도 했다. 하지만 상식적으로도 납득하기 어려운 이 조처는 결국 음운만 고쳐 쓰는 것으로 변경됨으로써 스스로 모순을 드러내고 말았다(연산11.4.1병진·3무오;11.6.16기사;11.7.19임인;11.12.22임신;12.6.24임신).

이밖에도 연산군은 정신질환에 가까운 집착을 자주 보였다. 잔치에 참석한 장수들이 흥에 겨워 손으로 철갑을 두드리자 그 소리가 컸다면서 문초하거나(연산9.7.20갑신·21을유) 사냥을 나갔을 때 영의정 성준이 앉아 있는 자세가 무례했다고 경고했다(연산9.10.25무오). 전한 정인인을 처벌한 이유도 남달랐다. 시를 한 수씩 지어 올리라는 왕명에 그가 두 수를 짓자 자신은 남과 다르게 행동하는 사람을 대단히 싫어한다면서 국문을 지시한 것이다(연산8.11.29무술). 강원도 관찰사 김선金瑄은 진상품 목록을 적은 장계膳狀에 서명을 너무 크게 했다는 이유로 파직되었고(연산12.6.29정축) 서 있는 자세가 비스듬하거나 천식喘息 때문에 기침 소리를 낸 관원도 모두 처벌되었다(연산11.10.11임술). 대궐을 등지고 앉는 것이나(연산11.5.26경술) 거둥할 때 관원과 별감別監이 음료수를 주고받으며 서로 접촉하는 것도 금지되었다(연산10.5.27병진). 충성심을 고취시킨다는 이유로 신하들에게 '충忠'과 '성

誠'을 앞뒤로 새긴 사모를 쓰게 하면서, 사모 뿔이 어깨 위로 늘어지게 한 것은 임금이 아랫사람을 제어하는 뜻이라고 설명하기도 했다 (연산12.5.25갑진). 물론 연산군에 관련된 기록에는 그뒤의 비판적 시각이 짙게 투영되었을 가능성을 충분히 고려해야 하지만, 상식적으로 납득하기 어려운 이런 사례들은 연산군이 얼마나 사소한 문제까지 집착했는지를 충분히 보여준다.

이런 문제는 국왕의 필수적이되 지난한 덕목인 자기 제어의 부족으로 나타난 결과로 생각된다. 친아버지인 성종에 대한 적대적 태도 또한 이것과 연관된 현상이었다. 거기에는 어머니의 죽음에서 연유한 개인적 반감과 정치적 견해 차이가 혼재되어 있었다.

연산군은 아버지에 대한 증오를 성종이 붕어한 직후 초빈初殯을 치를 때부터 숨김없이 드러냈다. 그는 성종이 기르던 사슴을 사살해 구워 먹고, 성종 영정을 걸어 손으로 때렸으며, 성종 후궁을 내정內庭에서 장살杖殺했다. 나아가 성종이 세운 법제를 모두 폐지하고 성종을 위해 제사를 지내는 사람들을 처벌하기도 했다(연산12.7.10정해). 재위 2년 12월 성종이 26년 동안이나 거처한 숭문당崇文堂을 희정당熙政堂으로 개명한 것도 비슷한 감정의 표출이었을 것이다(연산2.12.8신사).

연산군의 행동은 갑자사화 이후 더욱 극한적으로 나타났다. 예컨대 성종 기일에 사냥하거나 선릉宣陵에서 연회를 베풀고(연산11.12.24갑술;12.4.3임자) 성종 영정에 활을 쏘거나 선릉을 파오라고 지시하기도 했다(연산11.12.23계유). 세자의 군은 성품이 성종과 닮았다면서 매우 미워한 것도 상식 밖의 일이었다(연산11.7.29임자;11.12.23계유). 요컨대 연산군은 자기 친아버지를 원수처럼 여긴 것이다(연산8.10.24계해).

정치적 측면의 불만은 더욱 깊고 중요했다. 핵심은 삼사의 언론활동을 보는 견해 차이였다. 연산군은 세자 시절부터 삼사를 불만스럽게 생각했다. 좀더 중요한 측면은 연산군이 삼사의 자체적 노력보다 그 언론을 용인하거나 지원한 성종의 잘못된 정책 때문에 그런 현상이 나타났다고 판단했다는 것이다(연산2.6.29갑진).[81]

특히 삼사가 연산군을 비판하는 논거로 거의 언제나 성종의 선정善政을 거론하면서 반감은 더욱 커졌다. 실록의 과장을 감안해도 성종의 통치는 널리 숭앙되었으며,[82] 유생을 양성하고 학문을 진흥시킨 업적은 더욱 높이 평가되었다(연산1.5.22갑진). 당연히 삼사가 가장 찬양한 성종의 미덕은 납간納諫이었다. 삼사는 연산군이 자신들에게 노골적 반감을 드러낼 때마다 언론을 너그럽게 용납한 성종의 태도를 상기시키면서[83] 불교 억압·경연 참석·사냥 자제를 비롯한 모든 문제에서 늘 성종을 본받으라고 촉구했다. 이런 삼사의 발언은 성종에 대한 연산군의 열등감을 깊게 만들었고, 그 결과 반감은 더욱 강해졌다.[84]

그밖에도 연산군은 토목공사와 민가 철거, 금표 확장 등을 이전보다 훨씬 확대된 규모로 추진했다. 황음에 젖고 정무에 태만했으며 국가재정을 고갈시킨 것도 마찬가지였다. 연산군에게 갑자사화 이후의 시간과 행동은 능상을 척결해 절대왕권을 행사하려는 자신의 숙원을 유감없이 해소하는 과정이었을 것이다. 그러나 정치적·비정치적 분야를 가리지 않고 발생한 폭정은 그 자신과 몇 사람의 측근을 제외하고는 더 이상 참기 어려운 수준에 도달해 있었다. 그의 치세가 조선 최초의 반정으로 종결된 것은 필연적 결과였다.

불안해하는 폭군

갑자사화 이후 국정은 완전히 파괴되었고, 신하들은 국왕에게 철저히 제압되었다. 재상은 모든 일을 윤당하다고 아뢰었으며, 승지도 연산군의 사치를 타당하다고 찬성했다(연산10.2.5정유;10.4.23갑인). 선왕의 능침陵寢이 있다는 이유로 전에는 반대했던 경기도 고양高陽 등의 고을을 혁파하는 문제도 의정부·육조·한성부·삼사 모두 찬성했다(연산10.4.25병진). 연산군이 사냥을 나가 궁궐이 비면 재상들은 그를 기다리느라 한밤이 되도록 퇴궐하지 못했다(연산1.3.10계사).

이처럼 신하의 능상을 완벽하게 치료했지만, 그런 처방이 부당하다는 사실은 누구보다도 연산군이 잘 알고 있었을 것이다. 그는 반란으로 폐위될 것을 두려워하기 시작했다. 그런 불안감은 상당히 일찍부터 나타났다. 재위 5년 11월 경연에서 한 혜제漢惠帝(재위 기원전 194~188)를 보기로 들면서 "혜제가 어둡고 어리석어도 신하가 임금을 보필하지 않는 것이 옳은가? 만약 임금이 어질지 못하면 쫓아내고 다른 임금을 세울 것인가?"라고 물은 것은 흥미로운 실마리다(연산5.11.24경진).

그뒤에도 연산군은 임금이 위기에 빠지거나 덕을 잃으면 신하가 구원하지 않는 경우가 있다고 여러 차례 경고했다(연산5.12.1을유;6.9.29경진;9.11.23병술). 폭정과 황음을 자행한 갑자사화 이후 불안감은 좀더 커졌다. 그는 "고려 때 임금처럼 급히 파천해야 하는 창황한 일에 대비하려면 좋은 말을 미리 준비해야 한다"고 지시하기도

했다(연산10.5.21경술;10.8.8을축).

불안감이 커지면서 연산군은 더욱 다각적이고 철저한 대비책을 마련했다. 가장 중요한 것은 군사적 방비였다. 궐문에 창과 칼을 항상 설치케 하고 무장한 군사에게 창덕궁 주변을 철저히 경계하도록 했다(연산10.5.15갑진;10.6.10기사·11경오). 대궐 근처에 무기를 두어 뜻밖의 사태에 대비해야 한다는 판단에 따라 돈화문敦化門과 요금문曜金門 밖에 건물을 신축해 군기시軍器寺의 무기를 옮겨놓게 했으며(연산11.6.19임신) 행차할 때도 창검으로 무장한 군사들이 대가大駕 주변을 세 겹으로 호위하도록 했다(연산10.6.3임술).

경호부대도 확대해 내금위內禁衛를 충철위衝鐵衛로 개칭하고 2백 명을 정원으로 삼은 뒤 소적위掃敵衛 3백 명을 그 아래에 따로 설치했다(연산11.5.13정유·15기해). 각문을 수직하는 군사도 60명을 더 배치했으며 칼날과 활시위를 대궐 쪽으로 향하지 못하게 엄금했다(연산12.2.10경신). 일 없이 궐문 밖을 서성이는 잡인을 금지하고, 보안 상태를 사흘마다 한 번씩 서면으로 보고하게 했다.(연산12.3.5을유). 나라의 안정을 위해 신라시대의 만파식적萬波息笛으로 추정되는 경주慶州의 옥피리를 가져오게도 했다(연산10.8.16계유).

사냥을 비롯한 유람을 좋아했던 연산군은 궐 밖에서 시해될 것에 대한 두려움도 커서 금표禁標를 미행微行하다가 황새를 사람으로 오인해 급히 환궁한 적도 있었다(연산12.5.23임인).[85] 궁궐을 출입하는 행동도 통제해 무기를 숨기지 못하도록 손을 밖으로 가지런히 모으고 소매를 드리우지 못하게 했으며, 어길 경우는 중형에 처했다(연산12.7.14신묘). 연산군은 내궐內闕로 거둥하면 나인들도 어디로 간지 모를 정도로 자신의 행적을 비밀에 부쳤다(연산12.7.13경인).

이처럼 대비하고 조심했어도 폭군의 불안은 더욱 커졌다(연산 11.9.14을미). 재위 마지막 해에는 거의 체념하는 마음까지 드러냈다. 그해 1월 잔치 석상에서 연산군은 "죽은 뒤에는 공명功名도 모두 공허하니, 평시에 즐거이 취해 편한 것만 못하다. 청년이라도 저승의 객이 되면, 이승으로 돌아오기 어려우니 한탄한들 어쩌리[功名身後盡 空虛, 不似平時樂醉舒. 一作青年黃壤客, 難回於世恨何如]"라고 읊은 뒤 그 아래에 "군자는 죽음을 걱정하지 않지만 천운을 만나면 어찌 슬픔이 없겠는가?"라고 썼다(연산12.1.15을미). "역사를 살펴보건대 신하가 임금을 능멸해 죄목을 따지고 폐위시킨 것이 옳은 일인가?"라는 질문도 폐출의 의구심을 진하게 드러낸 발언이었다(연산12.1.27정미).

가장 정확한 예측은 반정을 열흘도 남겨놓지 않은 시점에 나왔다. 연산군은 후원에서 나인들과 잔치하다가 스스로 피리를 연주하더니 "인생은 풀에 맺힌 이슬 같아서 만날 때가 많지 않은 것"이라는 처량한 시를 읊으며 눈물을 흘렸다. 가장 총애 받은 숙원 장씨와 숙원 전씨(전비田非)도 따라서 슬피 울었다. 연산군은 "지금 태평한 지 오래이니 어찌 불의의 변고가 있겠느냐?"고 위로했지만 "만약 변고가 있으면 너희는 반드시 죽음을 모면할 수 없을 것"이라고 예측했다(연산 12.8.23경오). 그가 예상한 '불의의 변고'는 꼭 8일 뒤에 발생했다.

반정과 폐위

당연한 결과겠지만, 최초의 반정은 쉽게 성공했다. 역사상의 정변이 때로 그렇듯, 중종 반정은 오래 전부터 분위기가 조성되었지만 세부

계획은 치밀하지 않았던 것 같다. 반정의 핵심 주동자로 그뒤 '삼대장三大將'으로 불린 박원종·유순정·성희안成希顔이 "큰 계획을 정했지만 모의에 참여할 만한 사람이 없었다"고 안타까워한 사실이나 임사홍·신수근·신수영·신수겸愼守謙 등 연산군의 총신들을 벤 뒤에야 "사전에 약속하지 않았던 사람들이 구름같이 모여들었다"는 기록은 이 거사가 사전에 면밀하게 준비되지 않았다가 일단 시작된 뒤 폭발적 호응을 받았다는 측면을 보여준다.

시작은 조금 불안했지만, 거사의 과정과 결과는 순조로웠다. 연산군 12년(1506) 9월 1일 저녁, 동대문 부근 훈련원訓練院에 집결한 반정군은 먼저 진성대군晉成大君에게 거사 경위와 추대 의사를 아뢴 뒤 3경(밤 11~1시)에 창덕궁을 포위했다. 이 소식을 보고 받은 연산군은 턱이 떨려 말을 잇지 못했다.

겁에 질린 국왕의 모습대로 상황은 금방 판가름 났다. 창덕궁은 숙위하던 군사와 시종·환관·나인들이 모두 도망가 동틀 무렵 텅 비었고 마침내 정문인 돈화문이 열렸다. 박원종 등은 환관을 보내 연산군에게 옥새를 내놓고 동궁으로 옮기라고 전달했다. 연산군은 순순히 따랐다. 가장 중요한 장소인 창덕궁의 상황을 종결한 반정군은 경복궁으로 가서 성종의 계비이자 중종의 생모로 당시 왕실의 최고 어른인 정현왕후 한씨에게 반정을 일으켜 연산군을 폐위시켰다는 사실과 진성대군을 옹립하겠다는 계획을 아뢰었다. 대비는 윤허했고, 그날 신시申時(오후 3~5시) 진성대군은 경복궁 근정전勤政殿에서 즉위했다. 이것으로 조선 최초의 반정은 만 하루도 되지 않아 성공했다.

연산군의 운명도 곧 결정되었다. 폐위된 국왕은 강화도江華島 교동

喬桐으로 유배되었다. 왕비 신씨愼氏는 사가私家로 쫓겨났고, 세자 이
황李類과 왕자들도 각 고을에 안치되었다.[86]

연산군은 두 달 만인 11월 6일 유배지에서 세상을 떠났다(중종
1.11.8계미). 31세의 젊은 나이였다. 실록과 야사 모두 역질疫疾이 원인
이었다고 기록했다.[87] 이렇게 급속한 죽음은 의외지만 인위적 결과
로 생각되지는 않는다. 그는 그동안 여러 질병을 앓았던 것으로 기록
되어 있다. 국왕은 즉위 직후부터 여러 증상을 호소했다. 흉격통胸膈
痛·치통·이질痢疾 증상이 있었고(연산1.2.5기미;1.4.3병진;1.6.10신유), 정
확한 병명은 밝히지 않았지만 허리 아래도 병이 있어 발이 시리고 쑤
셨으며 뜸뜬 자리가 곪기도 했다(연산1.4.22을해;1.5.17기해). 글자를 반
듯하게 쓰지 못할 만큼 손이 떨리고(연산1.5.28경술) 얼굴에도 부스럼
이 나 늘 진물이 흘렀다(연산1.8.8무오;4.10.4병인). 열기가 가슴을 답답
하게 하고 그 통증으로 비위脾胃가 상했으며, 기침이 잦아 밤새 잠을
이루지 못할 정도로 괴로워하기도 했다(연산2.10.19임진;2.11.8신해). 감
기를 심하게 앓고(연산2.11.22을축;3.1.2갑진) 안질이 있어 안개가 앞을
가리는 것 같았으며(연산3.2.27기해·30임인;3.3.4병오·11계축) 눈썹 위에
붉은 무리[赤暈]가 솟아 가려워했다(연산3.10.22경인).

20세의 젊은 국왕은 자신의 고통을 스스로 이렇게 토로했다.

나는 즉위한 뒤 몸에서 병이 떠나지 않아 먹어도 달지 않고 자도 자리
가 편치 않아 구정물을 마시고 썩은 고기를 먹는 것과 같다. ……한 가
지 병이 나으면 다른 병이 또 생겨, 누워서 앓은 것은 아니지만 기운이
없으며 식사는 이전보다 줄지 않았지만 편안히 자지 못한다. 의원이

진맥해도 약효가 전혀 없어 약을 중단하고 조리하고 있다(연산2.2.21기
사;2.10.26기해).[88]

재위 중반에도 다양한 증상이 계속됐다. 아침에 일어날 때 현기
증을 느꼈고(연산7.2.22을사) 입과 머리에 종기가 생겼으며(연산6.5.5무
오;8.1.23병신) 배꼽 아래가 결핵結核되기도 했다(연산8.5.26정유). 오른
쪽 눈이 아프고 붓기도 했고(연산9.1.24임진) 가려움증과 설사를 겪었
으며(연산10.3.14을해) 피를 토하기까지 했다(연산8.8.13임자).

이런 건강 상태는 적어도 5년 이상 황음에 젖으면서 더욱 나빠졌
을 것이다. 거기에 폐위의 심리적 충격이 더해지면서 그의 육신은 소
멸되고 말았다.[89] 이처럼 허망할 정도로 급속한 죽음에는 그의 성향
도 중요하게 작용했다고 생각된다. 연산군이 추구한 핵심적 가치 하
나는 쾌락이었다. 쾌락의 주요한 속성은 허무다. 앞서 본 연산군의
시와 발언(연산12.1.15을미)은 그런 측면을 잘 보여준다. 그러니 쾌락
의 한 극점을 추구한 연산군의 마음에는 그만큼 허무도 넓게 자리 잡
았을 것이다. 그 쾌락을 가능케 한 현실적 기반이 무너졌을 때 그 상
실의 충격에 실린 허무의 감정은 그의 존재 전체를 강타했고, 그는
그 충격을 이기지 못한 채 금방 삶의 의지를 놓아버렸다고 생각된다.
그러니 그가 폭정을 자행한 핵심 요인의 하나인 자기 제어의 부족은
그의 사망에도 결정적으로 작용한 것이다.

4
연산군의 왕권-전제왕권의 추구와 정치적 파탄

세상의 거의 모든 일은 시간과 상황의 맥락 속에서 일어난다. 그러므로 어떤 사건을 정확히 이해하려면 이 두 맥락을 섬세하게 살펴야 한다. 거듭 말했듯 연산군의 유일한 목표는 왕권을 강화해 그것을 자유롭게 행사하는 것이었다. 이것은 왕정의 고유한 원리이자 모든 국왕의 목표이기도 할 것이다. 폭력적 숙청 또한, 물론 갑자사화는 거대하고 잔인한 사건이었지만, 전근대 정치사에 드물지 않았다는 측면에서 폭정의 상징으로 지목하기는 어려운 측면도 있다(특히 무오사화는 그렇다).

그러나 이런 전제에도 연산군의 시대가 거대한 폭정이자 처참한 실패였다는 평가는 움직이기 어렵다고 생각한다. 그 까닭은 두 가지다. 첫째, 그는 앞 시대에 이뤄진 정치제도적 변화를 전혀 인정하지 않은 채 완전히 변개시키는 데만 주력했다. 다시 말해서 그는 시대와 상황의 맥락을 거의 고려하지 않았던 것이다.

연산군이 뜯어고치려던 핵심 문제는 능상이었다. 능상의 범위는 갈수록 확대되었지만, 거기에 가장 오래 심각하게 저촉된 집단은 삼사였다. 삼사의 언론기능이 크게 강화된 것은 성종 중반이었다. 각 관서의 역할을 규정한 『경국대전』 조항을 이념적 차원만이 아니라 현실정치에서도 구현하고, 다양한 정치적 갈등을 직접적·폭력적 방법으로 해결하지 않으려고 노력한 성종의 정치운영에 힘입어 삼사는 언론기능을 성종 중반부터 본격적으로 구현함으로써 국왕·대신과 함께 중앙정치의 한 축으로 떠올랐다. 이것은 중요한 정치제도적 발전이었지만, 신하의 영향력이 상대적으로 강하다는 조선 왕정의 특징을 더욱 고착시키는 효과도 수반했다.

강력한, 나아가 전제적 왕권의 확립과 행사에 남다른 관심을 가진 새 국왕에게 아버지가 물려준 이런 정치적 유산은 매우 불만스러운 것이었다. 그는 그것을 남김없이 처분한 뒤 자신의 자산을 새로 만들려고 했다.

강도의 차이는 있지만, 모든 개혁과 혁명은 기존 체제를 부정하는 데서 출발한다. 앞 시기의 상황을 전면적으로 부정했다는 측면에서 연산군의 정치는 근본적 개혁이거나 혁명이었다. 삼사를 비롯한 당시 정치에 관련된 연산군의 어떤 판단은 날카롭고 정확했으며, 무오사화까지 그의 정치는 일반적 수준에서 크게 벗어나지 않았다고 생각된다.

그러나 그의 첫 착오는 그런 문제가 형성된 상황과 시간의 맥락을 충분히 고려하지 않았다는 데서 출발했다. 근본적 개혁일수록 앞 시대를 면밀히 관찰해 고쳐야 할 부분을 정확히 찾아내야 하지만, 연산군은 그런 노력과 통찰이 부족했다. 그는 앞 시기의 한계는 물론 성과도 모두 부정했다. 이를테면 그의 행위는 "옥석을 함께 태우거나[玉石俱焚]" "목욕물을 버리려다 아이까지 버린[Don't throw the baby out with the bath water]" 것이었다.

연산군이 자신의 정치적 목표를 좀더 효율적으로 이루려면 자신에게 주어진 상황, 그러니까 신하의 영향력이 상대적으로 강하다는 조선 왕정의 특징과 그런 특징이 성종 중반 삼사의 기능 강화로 더욱 뚜렷해졌다는 정치현실을 일단 인정해야 했다. 그러나 그는 그것을 거의 무시한 채 독단적이며 폭압적 수단에만 의존해 정국을 운영하려고 시도했다. 그 과정은 갈등과 충돌의 격화일 수밖에 없었다.

그러나 좀더 결정적인 착오가 있었다. 그것은 그가 본질과 지엽을 혼동하거나 우선순위를 뒤바꿨다는 것이다. 연산군의 핵심 목표인 강력한 왕권의 수립은 무오사화로 일단 어느 정도 이뤄졌다. 그리고 방금 말했듯 이때까지는 일반적 수준에 비추어 폭정이나 혼란이라고 평가하기는 어렵다고 생각한다.

연산군의 본격적인 실패는 그뒤부터 시작되었다. 그는 그렇게 강화된 왕권을 제도나 국정 개혁 같은 건설적 분야에 사용하지 않았다. 재위 중반 이후 그가 집중한 사안은 사냥·토목공사·음행 같은 소모적 행위였다. 그는 왕권의 자유로운 행사와 자의적 일탈을 동일시했고, 그런 판단 착오는 갈수록 커졌다. 그런 과정과 결과는 거대한 폭정과 처참한 실패일 수밖에 없었다.

조선의 국정은 열 번째 국왕 만에 큰 위기를 맞았다. 그러나 그 위기는 중요한 교훈을 남겼다. 그것은 조선 정치체제에서 의미 있는 변화는 국왕·대신·삼사의 권력관계를 유지한 상태에서만 이뤄질 수 있다는 사실을 일깨워준 것이었다. 국왕의 권력이 지나치게 팽창한 결과는 국정의 파탄이었다. 삼사에게 두 차례의 사화는 혹독한 시련이었다. 그러나 시련의 극복은 괄목할 만한 성장으로 이어지곤 한다. 삼사도 마찬가지였다. 연산군의 시대가 끝난 뒤 삼사의 위상은 한층 견고해졌다. 그것의 가장 뚜렷한 증거는 세 번째 사화인 기묘사화다. 그것은 삼사의 영향력이 극도로 팽창한 상황에서 일어난 사건이었다. 국왕이 중심에 서면서 신하 내부의 견제와 균형이 이뤄지는 조선 정치의 독특하고 수준 높은 모습은 점차 뚜렷해지고 있었다.

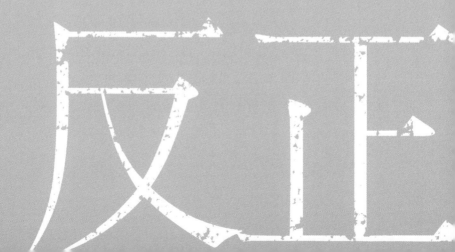

연산군의 치세가 반정이라는 초유의 비상한 방법으로 종결된 것은 거의 불가피했다. 도덕적 가치판단이 짙게 투영된 '반정'이라는 명칭에서 짐작할 수 있듯, 중종은 연산군의 폭정으로 헝클어진 국정을 수습해 중흥을 이뤄야 한다는 역사적 책무를 안고 즉위했다.

중종의 치세는 16세기 전반前半의 대부분을 차지하는 39년의 긴 기간이었다. 그런 길이는 그 왕대를 복잡하고 다양한 사건으로 채워놓았다. 조선 최초의 반정부터 시작해 유례없이 많은 정국靖國공신 책봉, 초기부터 빈발한 모반 사건, 기묘사림의 전격적 등용과 숙청, 권신 김안로의 전횡과 밀지密旨를 사용한 제거, 그리고 대윤大尹과 소윤小尹의 형성에 이르는 목록은 그 줄기다.[1]

이 줄기는 다섯 개의 마디로 다시 나눌 수 있다.[2] 첫 번째 시기는 반정부터 조광조趙光祖(1482~1519)를 비롯한 기묘사림이 본격적으로 등장하기 전인 중종 9년(1514)까지다. 반정의 영향에 따라 정국공신이 이 시기를 이끈 것은 자연스러웠다. 성종 초반 수렴청정 아래서 원상을 중심으로 한 대신이 정국을 주도한 국면을 연상시키는 중종 초반의 상황은 연산군 때 사화의 충격을 극복한 삼사가 위상을 회복하면서 조금씩 바뀌어갔다. 이런 상황적 맥락은 바로 뒤에 이뤄진 기묘사림의 등용배경을 이해하는 데 중요하다.

두 번째 시기는 기묘사림이 활동한 중종 10년부터 세 번째 사화인 기묘사화로 숙청되는 14년(1519)이다. 조선시대 전체에서도 매우 중요하고 독특한 이 시기의 주요 문제는 기묘사림의 등용배경과 개혁정치의 평가라고 생각된다. 당시의 상황적 맥락을 충분히 감안하면서 도덕적 가치판단보다는 객관적 시각에서 이 문제에 접근하려고 노력했다.

세 번째 시기인 중종 15년부터 25년(1530)은 기묘사화 이후 대신이 다시 정국을 주도한 기간이었다. 이 시기는 사화의 충격을 겪은 세 정치세력이 극한적 대립을 자제한 결과 큰 갈등이 나타나지 않고 안정된 기조가 유지되었다.

네 번째 시기는 권신 김안로의 집권으로 척신정치戚臣政治가 실시된 중종 26년부터 32년(1537)이다. 김안로의 집권으로 정치세력의 균형은 무너졌다. 좀더 심각한 문제는 그동안 비판적 언론기관으로 활동해온 삼사가 김안로라는 개인의 정치적 도구로 전락하는 기능 변질을 나타냈다는 것이다. 이것은 조선의 중요한 정치제도적 발전인 삼사도 이제 일정한 수정과 재정비가 필요하다는 징후였다. 끝으로 중종 33년부터 39년(1544)은 이처럼 복잡한 정치적 부침을 겪으면서 왕권을 충분히 행사하지 못한 중종이 늦게나마 자신의 구상을 실현하려고 노력한 기간이었다.

이처럼 긴 중종의 치세를 대표하는 핵심 인물과 사건은 조광조와 김안로, 그리고 그들의 등장과 실각일 것이다(물론 거기에 가장 큰 영향을 준 사람은 국왕 중종이다). 두 사람과 그들이 연관된 사건을 관통하는 주제는 삼사다. 널리 알듯 조광조와 기묘사림은 삼사를 장악해 급진적 개혁정치를 펼치다가 하룻밤 만에 숙청되었다. 그들이 활동한 기간은 삼사의 권력이 가장 팽창한 국면이었다. 즉 삼사는 성종 중반 등장한 뒤 연산군 때 큰 고난을 겪었지만 중종 전반 마침내 위상의 정점에 오른 것이다.

그러나 정상에 오르면 내려와야 하는 등산의 이치처럼, 꾸준히 상승한 삼사의 위상은 10여 년 뒤 다시 하락을 경험했다. 그것은 권력자의 어용적 기구로 전락하는 생경한 상황이었다. 삼사는 이런 흠결을 수리한 뒤에야 비로소 현실정치에 온전히 뿌리내릴 수 있던 것이다.

그러므로 중종의 시대는, 첫머리에서 사용한 비유를 다시 한 번 끌어오면, 건물을 준공해 일단 내부 구획과 집기 배치를 마친 뒤 나타난 이런저런 불편과 단점을 최종적으로 수정한 기간이었다고 말할 만하다. 곧 전개된 당쟁이 보여주듯, 그 체제는 금방 새로운 국면으로 접어들었다. 그러나 성종 때 『경국대전』의 완성으로 시작된 제도, 특히 삼사를 중심으로 한 중앙정치 제도의 변화는 중종 때 일단 완결되었다고 말할 수 있다.

1
추대된 국왕—즉위년~9년

편중된 권력

중종 즉위부터 기묘사림이 등장하기 이전인 재위 9년까지 중앙정치
는 신하들이 기존의 국왕을 폐위하고 새 국왕을 추대한 반정이라는
드물고 독특한 사건에 따라 일차적으로 규정되어버렸다. 반정을 주
도한 세력이 정치적 주도권을 장악한 것은 당연했다. 중종이 반정에
거의 참여하지 못한 채 그저 추대되었기 때문에 권력의 편중은 더욱
심각했다.[3] 삼사도 연산군 때의 충격에서 아직 벗어나지 못한 상태
였다. 중종의 시대가 만난 첫 정치적 지형은 국왕과 삼사의 위상이
미약한 상태에서 정국공신이 이끈 모습이었다.

    정국공신의 영향력은 유례없이 많은 117명이 공신에 책봉되었다
는 사실에서 또렷이 드러났다. 그 핵심 인물은 중종 5~6년까지 의정
부와 육조의 대신직을 장악했다.[4] 문제는 바로 여기서 시작되었다.
정국공신은 책봉 직후부터 남수監授의 혐의가 지적되어 그뒤 기묘사

림의 개혁까지도 핵심 쟁점으로 남았다. 그것은 중종 전반을 관통한 갈등의 뇌관이었다.[5]

정국공신이 남수되었다는 증거는 많았다. 우선 그 자신이 정국3 등공신으로 영의정까지 오른 송질宋軼도 공훈이 있는 사람은 박원종 등 10여 명뿐이라고 인정했고(중종9.2.2병신), 한 사평은 온 조정이 모두 녹훈된 것은 반정세력을 기쁘게 해주려는 목적이었다고 비판했다(중종9.2.15기유).[6] 뇌물을 써 공신책봉을 요청하거나 부자관계라는 이유로 품계를 더한 사람도 많았다(중종1.10.8계축·25경오). 공신은 하인이 3천 명에 이르고 국토의 절반을 차지했으며(중종2.12.7병자) 공신 적장자는 젖먹이라도 녹봉을 받아 왕자군王子君보다 더 좋은 대우를 누렸다는 기록들 또한, 과장을 감안해도 공신의 세력과 남수가 어느 정도였는지를 잘 보여준다(중종3.10.19계미).[7]

그뒤 기묘사림에게 '위훈僞勳'으로 지목되는 이런 과람過濫의 혐의 외에도 정국공신은 무거운 도덕적 약점을 하나 더 안고 있었다. 그것은 연산군의 폭정에 협력했거나 방관한 사람도 많다는 것이다.[8] 이런 두 측면, 곧 팽창한 권력을 이용해 남수의 혐의가 뚜렷한 대규모의 공신 책봉을 강행했으며, 거기에는 치명적 약점을 가진 사람도 많이 포함되었다는 사실은 다른 세력이 그들을 공격할 수 있는 타당하고 충분한 구실이 되었다.[9]

특히 삼사에게 이것은 묵과할 수 없는 오점이었다. 나이나 품계상 삼사에는 공신에 책봉되지 못한 사람이 훨씬 많았기 때문에 도덕적으로 거리낄 것이 적었다(공신에서 배제되었다는 불만도 있었을 것이다). 삼사는 즉시 공신 남수의 문제점을 강력히 지적했다. 정국은 시작부터 대신과 삼사의 첨예한 대립이 나타났다.

요컨대 중종은 반정 과정에 거의 참여하지 못했기 때문에 실권을 장악하기 어려웠다. 정국공신이 핵심을 이룬 대신은 정치적 실권을 장악했지만 공신 남수와 깨끗하지 못한 과거의 처신이라는 현실적·도덕적 약점을 안고 있었다. 국왕과 대신의 간쟁과 탄핵을 고유한 임무로 가진 삼사는 그런 약점에서 상대적으로 자유로웠다. 그러므로 삼사가 정국공신의 현실적·도덕적 약점을 공격하는 것은 그 직무에도 합당했을 뿐 아니라 연산군 때 이후 위축된 정치적 영향력을 다시 키울 수 있는 좋은 방법이 되었다.

삼사의 도전

초반부터 삼사는 대신을 강하게 비판했고, 이런 행동은 그 위상을 자연스럽게 높였다(이것은 그뒤 기묘사림의 등장을 설명하는 데도 중요한 실마리가 된다). 대신에게 쏠렸던 권력의 무게중심이 이동하는 과정은 몇 가지 핵심 쟁점과 주요 대신을 겨냥한 삼사의 탄핵을 살펴보면 이해할 수 있다.

먼저 정국공신보다는 부수적이지만 원종공신原從功臣 남수와 공신에게 음직蔭職을 가자加資한 문제가 쟁점으로 떠올랐다. 원종공신은 정공신正功臣보다 위상이 떨어지기 때문에 원칙 없이 선정될 가능성이 더 컸다.[10] 그러나 그런 원종공신이라도 1등공신은 정국1등공신과 비슷한 공로가 있다고 여겨졌고(중종3.5.12기유) 실제로 80여 명이 당상관에 오를 정도로 현실적 출세와 밀접히 결부되었다(중종3.2.29정유).

원종공신은 중종 1년 9월 선정할 때 이미 1백 명이 넘었지만(중종 1.9.9을유·23기해·25신축) 중종의 지시로 다시 몇 차례에 걸쳐 1백여 명에 가까운 사람이 추록되었다.[11] 강도로 불리던 천민이나 10살짜리 종부시宗簿寺 종이 책봉된 경우도 있었다(중종2.3.28신미:2.5.26무진~29신미). 삼사는 원종공신이 추록될 때마다 강력히 탄핵하거나 사직해 일정한 성과를 거뒀지만[12] 만족할 만한 수준은 아니었다고 생각된다.

정국·원종공신과 그 친족 등을 포함해 거의 3백 명에 이르는 사람에게 당상관 품계를 가자한 것도 오래 논란을 거듭한 문제였다(중종3.4.9병자). 중종 1년 9월부터 삼사는 그런 음직을 환수해야 한다는 주장을 띄엄띄엄 제기하다가 3년 1월부터는 하루에도 몇 번씩 상소와 사직을 반복하면서 집요하게 요구했다(중종3.1.9정미·10무신·14임자·17을묘;3.2.2경오~5계유·7을해·10무인~17을유 등).[13] 박원종·유순정·성희안·유순·신준·박건 등 주요 대신도 삼사의 의견이 공론이라면서 환수에 찬성한다는 의견을 밝혔다(중종3.2.6갑술·14임오·15계미·18병술).

그러나 중종은 공신들이 큰 공로를 세웠고 가자한 지 이미 3년이 지났다면서 환수를 거부했다(중종3.4.5임신).[14] 삼사는 한 달 가까이 하루에도 몇 번씩 사직했다. 육조 판서를 비롯한 대신과 예문관·승정원 등 대부분의 신하도 삼사를 지지했다(중종3.4.26계사·27갑오·29병신·30정유;3.5.3경자·4신축·6계묘·7갑진·9병오·11무신·13경술~16계축·18을묘·21무오·22기미 등). 마침내 중종은 종친을 포함한 69명의 가자를 개정하라고 물러섰다(중종3.5.23경신).[15] 하지만 이것으로 문제가 해결된 것은 아니었다. 얼마 뒤 일어난 재변을 이유로 중종은 환수했던 가자를 다시 지급했기 때문이다(중종3.7.17계축). 신하들은 다시 반대했고(중종3.7.17계축~23기미)[16] 그 결과 몇 번에 걸쳐 부분적으로 다시 개정되었다.[17]

하루에도 몇 번씩 사직하면서 한 달 가까이 논란을 벌였다는 사실은 삼사가 초반부터 자신의 주장을 강력하게 제기했음을 보여준다. 물론 이 두 사안은 공신의 이기심과 그들의 요구를 무시할 수 없던 중종의 취약한 입지 때문에 발생한 것이어서 삼사의 비판은 객관적 타당성을 지녔고, 그 때문에 집요하게 논란할 수 있던 측면도 있다. 하지만 초기부터 삼사가 국왕이나 대신에게 자신의 주장을 굽히지 않았고 상당부분 관철시켰다는 사실은 기억할 필요가 있다.[18]

삼대장과의 갈등

이런 측면은 중종 1~5년까지 주요 대신, 특히 권력의 핵심인 삼대장과의 갈등을 살펴보면 더욱 또렷이 드러난다. 먼저 삼대장 가운데 최고의 공신인 박원종[19]은 중종 1년 12월부터 삼사의 추국 요구에 직면했다. 삼사는 공신들이 위세를 이용해 언론기관을 위축시키려고 하니 국문해야 한다고 주장했다. 좌의정 박원종은 성종 때 대간의 지나친 탄핵으로 큰 혼란이 초래된 경험 때문에 지금까지 참고 있는 것이라고 반박했다. 대간은 박원종의 추국을 즉각 주청했다(중종1.12.4 무신~8임자).[20]

중종 2년 10월에도 대간은 박원종이 경연에 불참했다는 이유로 다시 추국을 요청했다(중종2.10.19기축).[21] 두 달 뒤에는 박원종이 사

직하는 사태까지 일어났다. 좌의정이던 박원종은 이조판서에 홍경
주洪景舟, 평안감사에 안윤덕安潤德을 천거했는데 대간이 홍경주 천
거는 월권이며 안윤덕은 현재 논박받고 있는 부적당한 사람이라고
탄핵했기 때문이다(중종2.12.7병자·8정축).[22]

중종 3년(1508)에는 대립의 수위가 좀더 높아졌다. 가장 민감한 사
안인 공신(정국·원종)과 관련되었기 때문이다. 그해 1월부터 박원종
은 대간이 음직 가자를 문제 삼고 있지만 받아들일 필요가 없다면서
유순정과 함께 강경히 맞섰다(중종3.1.13신해).[23] 그는 같은 해 2월과
11월에는 좀더 분명히 입장을 표명했다.

개국 원종공신에게도 토지와 노비를 하사했는데 지금의 원종공신이
그들과 무슨 차이가 있어 작은 상급을 아까워한단 말입니까? …… 원
종1등공신에게 토지와 노비를 준 것은 이미 오래 전 일이니, 지금 개정
하면 인심을 헤아리기 어려워지고 나랏일이 견고해지지 않을 것입니
다. …… 지금 대신이 어떤 말을 하면 대간은 그 본뜻을 왜곡해 대신을
공격하는데 …… 이것은 대신이 말을 할 수 없게 하려는 것입니다(중
종3.2.28병신).

…… 지금 무반武班은 대간의 탄핵이 너무 지나쳐 자신들이 등용되지
못할 것이라고 생각하고 있으니, 큰 변란이 일어나지는 않더라도 조정
에 불화가 생기는 원인이 될까 걱정됩니다. …… 지금 조정에서 공신
을 기탄함이 너무 심합니다. …… 조정 사무가 걸핏하면 아랫사람에게
견제되기 때문에 육조 판서가 낭관郎官을 만나면 번번이 그들의 말을
거스르지 못하고 따르는데, 이것은 그 낭관이 나중에 대간이 되어 자

신의 잘못을 탄핵할까 두려워하기 때문입니다(중종3.11.26경신).

대간의 탄핵이 두려워 조정 사무가 번번이 아랫사람들에게 견제되고 대신이 말을 할 수 없게 되었다는 박원종의 불만은 중종 초반부터 삼사(와 낭관)의 영향력이 매우 강했음을 잘 보여준다.

중종 4년 4월에는 전라좌도 수군절도사 이종인李宗仁의 포상이 논란으로 떠올랐다. 이종인이 왜병 13급을 베는 공로를 세우자 박원종은 그에게 한 자급을 더해주자고 건의해 윤허를 받았다. 그러나 삼사는 이종인이 이미 가자를 받았으니 필요하지 않다면서 발의자인 박원종을 탄핵했다(중종4.4.17무인~19경진·26정해·27무자·30신묘;4.5.1임진).[24]

갈등은 더욱 고조되었다. 중종 5년 1월 대간은 박원종의 행동을 '지록위마指鹿爲馬'에 비유했다.[25] 발단은 중종 4년 11월 박영문朴永文을 공조판서로 임명한 조처였다. 대간은 적절하지 않은 인사라면서 철회할 것을 강력히 주장했다. 대간의 탄핵이 한 달에 가까워지자 박원종은 박영문을 적극 옹호하면서 대간 교체를 우회적으로 요청했다. 성종 때 대간은 주청이 받아들여지지 않으면 물러갔으며, 요즘 대간 언론은 자신뿐 아니라 많은 사람이 너무 지나치다고 생각한다는 것이었다. 대간은 이 발언이 지록위마의 고사와 같다고 탄핵하면서 사직했다. 이 문제는 성희안을 비롯한 의정부 대신과 육조가 박영문 파직에 동의해 결국 대간의 승리로 끝났다(중종4.11.3신유~6갑자 등;5.1.9병인~11무진 등).

박영문을 몰아내는 데 성공한 삼사는 박원종에게 탄핵을 집중시켰다. 시강관 이사균李思鈞은 박원종이 경연에서 대간의 직언을 노골적으로 헐뜯었다고 비판했다. 사간 허굉許硡은 "대간의 탄핵이 지나쳐 조정이 불안해지고 있다"는 박원종의 말은 대간을 미워하는 것이니 추국해야 한다고 주장했다(중종5.1.13경오).

삼대장의 한 사람인 성희안도 삼사와 자주 마찰을 빚었다.[26] 첫 갈등은 중종 1년 12월에 일어났다. 대간이 연산군 10년에 치른 과거(갑자방甲子榜)를 무효로 돌려야 한다고 주장하자 이조판서였던 성희안은 인재는 하루아침에 얻을 수 없고 연산군 때 허물이 없는 사람은 없다면서 반대했다(중종1.12.18임술).

중종 2년에는 인사 문제로 충돌했다. 대간은 한성부 우윤 하한문河漢文과 형조참판 심정沈貞을 파직하고, 연산군 때 총신으로 지목받던 김감을 경연관에 임명해서는 안 된다고 주장했다. 성희안은 "대간이 사안을 종합적으로 판단하지 않고 너무 작은 부분까지 문제 삼기 때문에 논박당하는 사람이 많다"면서 다시 맞섰다(중종2.8.24을미).[27]

앞서 박원종처럼 공방은 중종 3년부터 가열되었다. 그해 3월 성희안은 대간의 탄핵을 받던 남율南慄 등을 변호하면서 그동안 참아온 불만을 숨김없이 드러냈다.

신은 마음에 품고 있는 회포를 아뢰고자 한 지 오래되었습니다. 요즘 대간이 너무 자세하게 백관을 규찰해 모두 근신하고 두려워하고 있습니다. 이것은 좋은 일인 것 같지만, 이전의 잘못은 소급해 논란할 수 없는 것입니다. 누군들 잘못이 없겠습니까? 요즘 대간의 탄핵을 받아 앞길을 그르치는 사람이 매우 많습니다. 그들은 속으로 '저 사람들이라

고 어찌 잘못이 없겠는가?'라고 생각해 원망이 날로 깊어지고 있습니다(중종3.3.1무술).[28]

대간은 즉시 성희안의 추국을 요청했다. 성희안도 대간이 자신에게 사사로운 이유가 있다고 근거 없이 탄핵하니 매우 부당하다면서 맞섰다(중종3.3.6계묘·7갑진·14신해). 같은 해 4~5월 성희안은 갑자방을 무효화하고 홍문록을 개정하며 족친 가자를 환수해야 한다는 대간의 요구에 다시 반대했다. 대간은 그가 정승도 아닌데 대간의 공론을 번번이 가로막으면서 권신으로 행세한다고 비판했다.[29]

중종 4년 3월에는 주요 공신인 병조판서 홍경주 탄핵을 둘러싸고 대립했다. 대간은 홍경주가 인사를 청탁했다는 혐의를 강력히 제기했다.[30] 성희안은 홍경주를 변호했고, 대간은 성희안을 탄핵했다. 결과는 대간의 승리였다. 홍경주는 지중추부사判中樞府事로 좌천되어 공신의 입지는 상당한 타격을 받았다(중종4.3.16무신·17기유·20임자).

중종 5년에는 성희안이 이기李芑를 종사관從事官에 천거한 사안과 공신 가자가 논란되었다(중종5.5.7신유;5.9.9임술). 성희안은 대간의 사직과 탄핵이 지금보다 심한 적이 없었다고 비판했다(중종5.11.11계해·29신사). 그러나 성희안은 대간과 거듭 마찰을 겪으면서 상당히 위축된 것 같다. 냉증冷症 치료차 온양온천溫陽溫泉에 가고 싶어도 대간의 탄핵 때문에 가지 못하겠다는 토로는 그런 심리를 얼핏 보여준다(중종5.3.18계유).

나머지 삼대장인 유순정도 중종 3년 11월 신복의辛服義 모반 사건에 연루되어 대간의 탄핵에 시달린 적이 있었다. 모반 사건이라는 특수성은 있었지만 대간은 하루에도 3~6차례씩 그를 탄핵했다. 그때 우의정 겸 병조판서였던 유순정은 계속 사직상소를 올렸다(중종 3.12.5무진·7경오·11갑술·12을해·18신사·21갑신·25무자 등).[31]

조회 때 삼대장이 나가면 중종이 일어났다가 앉을 정도였던[32] 치세 초반에도 삼사가 삼대장의 추국이나 파직을 빈번하고 강력하게 요구했다는 사실은 상당히 주목된다. 물론 그 요구들은 대부분 윤허되지 않았다는 한계를 지녔다. 그러나 조정 사무가 번번이 아랫사람에게 제어되며 대간 언론이 너무 지나치다는 박원종의 불만이나 대간의 탄핵 때문에 온천에도 가지 못하겠다는 성희안의 푸념은 삼사의 높은 위상을 반증한다.

삼대장이 이랬으니 다른 대신들은 더욱 심각한 처지였으리라고 예상할 수 있다.[33] 중종 2년 9~10월 대간은 한두 대신의 의견은 공론이 아니며, 경연에서 전혀 발언하지 않으니 재상의 도리가 아니라고 비판했다(중종2.9.18무오;2.10.1신미). 같은 해 12월에는 오랜 논핵 끝에 박영문을 도총관과 평시서平市署 제조에서 파직시키고 지급된 가자도 환수하는 성과를 올렸다(중종2.12.18정해·19무자~21경인·25갑오·26을미;3.1.2경자·3신축·5계묘).[34]

중종 3년에도 대간의 비판은 여러 차례 제기되었다. 대표적으로 3월에는 풍문탄핵을 제한하려는 대신의 시도를 강력히 비난했고(중종3.3.2기해·3경자·30정묘) 4월에는 공조판서 정광세鄭光世를 경연관직에서 몰아냈으며(중종3.4.19병술·21무자·22기축) 5월에는 대신이 원종공신의 가자 개정에 반대하자 "권세를 농간하며 술수를 부린다"면서 추국을 요청했다(중종3.5.23경신·24신유).

중종 4년이 되자 삼사의 탄핵은 실제적 위력을 더 많이 갖게 되었다. 우선 작은 각사各司의 제조에 정1품을 임명하는 것은 부당하다면서 대신의 지위를 약화시키려고 시도했다(중종4.2.9신미·11계유). 더욱 중요한 사실은 같은 해 윤9월 영의정 유순의 파직을 관철시킨 것이다.[35] 삼사는 어진 재상을 가려 뽑아야 한다고 끈질기게 주청했고, 마침내 좌의정 박원종·우의정 유순정·이조판서 성희안 등 주요 대신의 반대를 물리치고 중종의 윤허를 얻어냈다(중종4.윤9.16을해~18정축·24계미).[36] 영의정을 교체시킨 이 일은, 같은 해 3월 홍경주를 좌천시킨 것과 함께, 삼사의 영향력을 보여준 중요한 사건이었다. 다시 대간은 같은 해 10월 승지 유희저柳希渚가 복상服喪 중에 첩을 가까이 했다고 탄핵해 파직시키고 그를 감싼 동료 승지들도 서반으로 좌천시켰다(중종4.10.15계묘·16갑진·18병오·19정미).

중종 5년에도 대간은 좌찬성 이손李蓀·좌참찬 신윤무辛允武·공조판서 강혼 등을 논박하고(중종5.5.21을해·24무인)[37] 김윤온金允溫·이순량李純良을 대사성大司成에 임명하는 문제로 삼정승과 대립했다(중종5.10.23병오·25무신·27경술).[38]

전체적으로 중종 초반은 반정이라는 특수한 사건으로 중종의 왕권이 제자리를 잡지 못한 상태에서 정국공신을 중심으로 한 대신이 정국을 주도한 국면이었다. 그러나 이런 상황에서도 삼사가 점차 영향력을 회복하면서 삼대장을 포함한 대신에게 강력히 도전했다는 사실은 주목된다. 최고 공신인 박원종과 성희안조차 "삼사의 탄핵과 사직이 너무 심해 조정 사무가 아랫사람에게 제어되고 있다"고 불만스러워 할 정도로 삼사는 부담스러운 존재였다. 이런 측면을 종합하면 중종 초반 정치세력의 권력관계는 대신의 우위를 인정하더라도 그들이 정국을 장악했다고 말하기는 어렵다. 그리고 이제 보듯 중종 6년(1511)부터는 대신이 삼사에게 오히려 밀리는 국면으로 반전되면서 정치적 영향력의 무게중심은 다시 삼사로 옮겨가게 되었다.

재연再燃되는 능상

그런 변화의 중요한 증거는 연산군 때 사화의 핵심 원인이던 삼사의 능상풍조가 다시 문제된 현상에서 찾을 수 있다. 중종 6년 10월, 겨울에 천둥이 치는 재변이 일어나자 중종은 구언교서를 내렸다. 그 교서에 대한 답변에서 대사헌 남곤南袞과 대사간 이세인李世仁은 재변의 원인을 대신에게 돌리면서 강력히 비판했다. 거기서 그들은 능상이라는 표현을 다시 동원했다.

> 이번 재변은 삼정승이 그 책임을 다하지 못했기 때문에 나타난 것으로 생각됩니다. …… 좌의정 유순정은 청렴에 힘쓰고 정성껏 임금을 보좌해 백관의 모범이 되어야 마땅하지만 도리어 재산을 늘리는 데만 힘쓰니 모범을 보이는 대신의 도리가 전혀 아닙니다. 홍경주는 본래 인망이 없는데 반정의 기회를 우연히 만나 갑자기 높은 벼슬에 올랐지만 임무를 성실히 수행하지 않아 많은 비판을 받았습니다. 신윤무는 쓸 만한 재주가 있어도 경력과 경험이 부족하니 공훈은 있지만 재상에는 적합하지 않습니다. …… 이 두 사람은 파직하는 것이 좋겠습니다. ……
>
> 어쩌다 대간이 공론으로 사람을 논박하면 대신은 인심을 얻는 데만 치

중해 대간의 논박이 잘못되었다고 공개적으로 비판합니다. 또한 대신은 대간이 자신들의 의견과 다른 것을 미워해 조정을 불화케 한다거나 윗사람을 능멸한다[凌上]면서 전하를 현혹하고 있습니다. …… 이런데도 제어하지 않는다면 장차 권세가 대신에게 돌아가 대간은 손발을 둘 곳이 없게 될 것입니다(중종6.10.11무자).[39]

영의정 김수동金壽童과 우의정 성희안은 즉시 사직했다. 중종은 윤허하지 않았지만, 삼정승과 홍경주·신윤무 등은 하루에도 몇 차례씩 사직상소를 올렸다(중종6.10.11무자~14신묘). 계속해서 대간은 좌의정 유순정이 문반과 무반의 인사를 맡은 이조와 병조에 인사를 청탁하고 재물을 늘렸으며 형세에 따라 처신하는 시정배와 같다는 탄핵도 추가했다(중종6.10.16계사·18을미).

주요 대신을 거의 망라한 대간의 이 탄핵은 중종에게 심각한 문제의식을 던진 것 같다. 중종은 대간에게 성희안이 능상이라고 말했다는 증거를 대라고 추궁했고, 대간의 답변이 궁색하자 추국을 지시했다. 결국 국왕은 삼정승을 포함한 대부분의 신하가 반대했지만 대간을 파직시켜 버렸다. 새로 임명된 대간도 다시 유순정을 강력히 탄핵하면서 하루에도 6~7번씩 사직했지만, 중종은 받아들이지 않았다(중종6.10.21무술~27갑진·29병오;6.11.18갑자·19을축;6.12.2무인·7계미·8갑신·12무자·13기축 등).

석 달 동안 이어지면서 감정 대립 같은 느낌까지 받게 되는 이 사건은 중종이 즉위한 뒤 일어난 대신과 대간의 첫 번째 주요한 충돌로 생각된다. 물론 대간이 탄핵한 대신은 무사하고 도리어 대간이 파직된 것은 그 영향력에 아직 한계가 있음을 보여준다. 그러나 민감한 표현인 '능상'이 다시 거론되었다는 사실은 중종 6년 무렵 삼사 위상이 연산군 때 정도로 회복되었음을 알려주는 증거로 생각된다.

대신에 대한 삼사의 공격은 계속되었다. 주요 사례만 추려보면, 중종 6년 6월 대간의 파직 요구가 부당하다는 의견을 밝힌 예조판서 신용개가 탄핵받았다. 삼정승은 신용개 추국에 반대했지만 대간은 사직을 무기로 두 달 동안 집요하게 논핵해 추국을 끝내 관철시켰다(중종6.6.2경진~4임오·10무자;6.7.6갑인·25계유;6.8.19병신 등). 중종 7년 4월 삼사는 오랫동안 탄핵해온 경상도 관찰사 강혼을 파직시키고(중종7.4.3정축) 중종 8년 3월에는 충훈부 탄핵을 관철시켰다(중종8.3.17병술). 대신의 사치를 비판하고(중종8.10.19계축·21을묘)[40] 재상 자제만 등용해선 안 된다고 지적한 사례도 주목된다(중종8.11.4무진).

삼사는 천거된 사람을 관직에 임용하는 데도 대신과 팽팽하게 맞섰다. 당시 대신은 대부분 자기 자제들인 문음 출신자가 관직에 나아갈 수 있도록 여러 방법으로 청탁했기 때문에 천거된 유생들이 임용되지 못하고 있었다. 삼사는 대신의 이런 행태를 강력히 공격했다.[41]

이처럼 조금씩 고조된 대신과 삼사의 갈등은 중종 9년(1514) 초반 하나의 절정에 도달했다. 영의정 송질·우참찬 홍숙洪淑·형조판서 윤순尹珣·병조참판 강징姜澂 등을 겨냥한 삼사의 탄핵이었다.[42] 그해 3월부터 석 달 넘게 대간은 하루에도 7~9회씩 상소를 올리면서 그들의 교체를 주장했다(중종9.3.16기묘~22을유·24정해~28신묘·30계사;9.4.2을미·4정유~9임인·11갑진·12을사·15무신·16기유;9.5.24병술~26무자 등). 중종의 대응도 강경했다. 중종은 매달 문신에게 부과되는 제술製

述인 월과月課를 짓지 않았다는 이유로 사간 이자李耔를 파직시키고, 탄핵받는 대신을 교체하지 않겠다는 의지를 보이면서(중종9.4.19임자;9.5.24병술) 대간을 강하게 비판했다.

> 요새 대간의 논박을 보면 조정에 제대로 된 사람은 없고 버릴 사람만 많으니 이런데도 사람을 얻으려고 한다면 어렵지 않겠는가? …… 반정한 뒤로 대간은 …… 선비의 습속[士習]을 바로잡는 데는 힘쓰지 않고 작은 잘못을 찾아내 일과처럼 끊임없이 탄핵하니 어찌 아름다운 일이겠는가? …… 대간은 논박이 임무지만 어찌 공격만 일삼고 인물 등용의 어려움은 헤아리지 않는가?[43]

그러나 삼사의 끈질긴 탄핵에 밀린 거의 모든 신하들의 찬성으로 송질 등은 결국 교체되었다.[44]

삼사의 집요한 탄핵과 사직 끝에 주요 대신 4명이 교체된 이 사건은 상당히 주목된다. 우선 삼사의 영향력이 매우 강해졌음을 또렷이 알 수 있다. 좀더 중요한 측면은 그런 삼사의 위상 강화에 부정적 인식이 더욱 깊어졌다는 것이다. 아래 사평은 대사헌 이자견李自堅과 대사간 손중돈孫仲暾이 주도한 지나친 사직 때문에 조정의 기강이 문란해졌다는 비판과 함께(중종9.5.19신사;9.6.8기해) 대간의 총체적 문제점을 지적했다.

> 사관은 말한다. 이때 대간은 조정의 중요한 일은 거론하지 않고 사람을 공격하는 것만 일삼아 작은 잘못도 용서하지 않으니 조정에 온전한

사람이 없었다. 이 때문에 모든 사람이 눈앞의 잘못만 고치고 부수적인 곳만 꾸미니 한 틀에 찍은 듯 비슷하게 되어 현명한 사람과 어리석은 사람이 더욱 뒤섞이고 사악한 사람과 올바른 사람을 분간할 수 없게 되었다. 또 대간은 사람을 논박할 때 나쁜 점을 드러내 연못에 던지듯 했으며 임금이 완강히 거부하면 잠시 그쳤다가 다시 다른 사람을 탄핵했는데, 이런 일이 일과처럼 끊이지 않았다. 그 끝이 곧 시작이었기 때문에 당시 사람들은 "어떤 사람이 대간에 새로 임명되었으니 누가 또 탄핵을 받겠구나"라고 조롱하곤 했다. 대간의 말이 이처럼 사람들에게 믿음을 잃었기 때문에 주상도 대간의 탄핵을 특별하게 생각지 않았으며, 어쩌다가 대간 건의에서 옳고 그름이 분명한 일이 있어도 으레 판결을 미루곤 했다(중종9.11.7을축).[45]

지금까지 살펴본 중종 초반의 정국은 신하들이 일으킨 반정이라는 이례적 사건으로 왕권이 상당히 위축된 상황에서 대신과 삼사가 주도권을 양분한 것으로 정리할 수 있다. 반정 이후 일정 기간 정국공신의 영향력은 지대했지만, 공신 남수라는 그들의 본원적 약점은 삼사가 공격할 수 있는 좋은 빌미를 제공했다. 삼사는 삼대장을 포함한 대신을 강력히 탄핵했고 그 과정에서 그들의 위상은 자연스럽게 강화되었다. 특히 중종 6년 후반 능상풍조가 다시 거론되고 중종 9년 6월 주요 대신 4명을 교체시킨 사례는 사화를 불러올 정도였던 연산군 때의 위상을 거의 회복한 증거로 판단된다.[46]

하지만 "대간이 조정의 중요한 일은 거론하지 않고 사람을 공격하는 것만 일삼아 작은 잘못도 용서하지 않으니 조정에 온전한 사람이 없었다"는 부정적 평가 또한 고조되고 있었다. 이처럼 삼사의 영향력이 다시 팽창했지만 부정적 인식 또한 커지고 있었다는 상황적 맥락은 중종이 기묘사림을 등용하는 중요한 정치적 결단의 배경과 목표를 이해하는 데 핵심적 실마리가 될 것이다.

2
급진적 개혁과 실각─기묘사화(10~14년)

왕권 강화의 의지

기묘사림의 등장부터 실각에 이르는 시기는 기묘사림이라는 정치세력의 독특한 성격이나 그들이 추진한 개혁정치의 급진성 등 여러 측면에서 중종 때는 물론 조선시대 전체에서도 매우 이례적 국면이었다. 이 시기의 정치적 과제 또한 앞 시기의 문제를 해결하는 것이 될수밖에 없었다. 앞서 보았듯 이때까지 전개된 정국은 반정 직후 정국공신이 주도권을 장악했지만 중종 6년 무렵부터 삼사의 영향력이 회복되어 동왕 8~9년에는 능상풍조가 다시 문제될 정도로 위상이 강화된 상태였다.

중종이 볼 때 이런 상황은 "올바른 가치를 회복한다"는 반정의 목표나 명분과는 거리가 있는 것이었다. 무엇보다 근본적 문제는 국왕이 거의 소외된 채 정국공신과 삼사가 정치적 주도권을 양분하고 있다는 것이었다. 그러므로 치세 10년을 맞은 중종이 이런 상황을 타개해 왕정의 고유한 원리에 합치되는 정치를 펴려는 강한 의지를 갖게 된 것은 자연스런 변화였다.

이런 목적을 이루려면 두 측면의 접근이 필요했다. 능상 문제를 다시 드러내던 삼사를 적절히 제어하고, 상당히 위축된 대신을 회복시키는 것이었다. 그러나 국왕·대신·삼사의 권력관계가 고립적 구조가 아닌 상보적相補的 관계라는 사실을 생각하면, 이것은 별개의 사안이 아니라 하나의 문제였다. 즉 국왕과 대신의 역할을 충분히 인정하는 세력을 새로 발탁해 삼사를 구성하는 것이 가장 효과적 방안이었다. 이런 개혁이 필요했다는 사실은 기묘사림의 등용배경과 개혁정치의 성격을 이해하는 데 유용하다.

우선 삼대장을 비롯한 주요 공신이 사망한 뒤[47] 대신의 입지는 상당히 위축되었다. 사헌부가 대신을 곧바로 추고推考하는 일이 많으니 삼가라는 전교나(중종10.8.5기미) 나라의 권세가 모두 대간에 있어 대신은 조심하며 눈앞의 죄만 벗어나려고 했다는 사평은 그런 정황을 잘 보여준다(중종10.9.5무자).[48] 실제로 국정이나 인사 문제를 논의할 때 대신은 자기 의견을 적극적으로 개진하지 못하고 결정된 의견을 거의 추인할 뿐이었다(중종11.4.24을해;11.9.20무술;11.9.28병오 등). 중종이 보기에도 대신은 대간의 말에 반대하지 못한 채 그저 따르고 있었다(중종11.8.9무오).

이런 상황을 타개하려면 대신의 입지를 어느 정도 강화시킬 필요가 있었다.[49] 우선 주목되는 조처는 의정부 서사제署事制를 다시 시행한 것이다.[50] 그 제도는 중종 10년 삼사 등의 요청으로(중종9.9.26을유;10.2.25계축;10.5.11정유;10.7.3무자·18계묘) 이듬해 6월부터 다시 실시되어 대신권 강화라는 이 시기 정치적 목표의 첫 수순이 되었다.

여러 번 강조했지만, 왕정의 원리상 어떤 정치적 변화가 성공하려면 최고 권력자인 국왕의 동의가 관건이다. 그런 의미에서 이 시기를 앞뒤로 중종이 새 인재를 등용해 정치를 개혁하려는 생각을 적극 표명한 것은 주목된다.[51] 국왕은 자신이 밤낮으로 지치至治에 온 정성을 기울이고 있으니 재조在朝와 재야在野를 가리지 말고 숨어 있는 인재를 천거해 자신의 간절한 소망에 부응하라고 지시했다(중종11.10.20 무진;12.8.21갑자). 이조의 의망擬望에만 따르지 않고 자신이 직접 특명으로 등용하겠다고 밝히기도 했다(중종13.11.16임자·17계축). 치세 초반 내내 정국공신과 삼사 때문에 왕권을 제대로 행사하지 못한 중종은 이제 대신의 위상 회복과 삼사의 월권 억제라는 복합적이면서도 단일한 문제를 해결해 지치를 구현하겠다는 강력한 의지를 보이고 있었다.

기묘사림의 등장

기묘사림의 발탁이 이런 상황적 맥락에서 이뤄졌다는 사실은 그 등용배경에 관련된 기존 해석을 수정할 필요를 알려준다. 대체로 지금까지는 그때까지 우월한 권력을 행사하던 대신(특히 정국공신)을 압박하려는 의도에서 기묘사림을 등용했다고 파악했다.[52] 그러나 이것은 그뒤 기묘사림이 대신에게 전개한 공격을 등용배경까지 소급해 해석한 결과로 판단된다.

이 문제를 이해하려면, 앞서와 마찬가지로, 당시의 상황적 맥락을 중시해야 한다. 기묘사림 등용 이전의 정치적 지형은 "나라의 권세가 모두 대간에 있어 대신은 조심하며 눈앞의 죄만 벗어나려던" 상황이었다. 다시 말해 대신은 대응세력이 필요할 정도로 영향력을 갖지 못했으며, 문제는 삼사의 월권이었다. 이런 상태에서 새로 등용한 기묘사림도 기존 삼사의 문제점인 능상과 월권을 되풀이한다면 구태여 그들을 발탁할 필요가 없었을 것이다. 그러므로 기묘사림의 등용배경은 기존 삼사를 억제하거나 대체해 권력의 역전 현상을 타개하려는 중종의 의도에서 찾는 것이 좀더 타당하다고 생각한다.

둘째, 기묘사림을 이끈 조광조가 권력의 핵심으로 진출하는 과정 또한 기존 삼사를 순조롭게 계승한 것이 아니라 그들을 비판하면서 이뤄졌음을 중시할 필요가 있다. 조광조는 한국사에서 가장 인상적 인물 가운데 하나일 것이다. 개국공신 조온趙溫의 5대손으로 한양에서 태어났다는 사실이 알려주듯, 그는 한미하거나 새로 흥기한 가문 출신이 아니었다.

그의 삶에서 중요한 전기는 무오사화가 일어난 17세 때 김굉필을 만나 수학한 경험이었다. 조광조는 그해 평안도 어천魚川 찰방察訪에 임명된 아버지 조원강趙元綱을 따라 갔다가 무오사화로 근처인 희천熙川에 유배와 있던 김굉필을 찾아가 배웠다. 조광조가 김굉필에게 어떤 가르침을 받았는지는 정확히 알 수 없다. 하지만 주요 피화인인 스승에게서 당시 현실에 관련된 문제의식과 통찰을 배웠으리라는 것은 그리 근거 없는 추측이 아닐 것이다. 그리고 몇 년 뒤 성년의 나이에 지켜본 갑자사화와 중종 반정은 이 뛰어난 젊은이에게 더욱 많은 생각을 던져주었을 것이다.

조광조의 관직생활은 상당히 늦게 시작되어 짧은 시간 만에 끝났

<표 7> 조광조의 주요 경력[53]

시기	나이	경력	품계
중종 10년 6월 8일(계해)	34세	조지서 사지	종6품
중종 10년 8월 22일(병자)	〃	문과 급제	정6품
중종 10년 8월 29일(계미)	〃	성균관 전적	〃
중종 10년 11월 20일(임인)	〃	사간원 정언	〃
중종 11년 3월 6일(정해)	35세	홍문관 부수찬	종6품
중종 11년 3월 28일(기유)	〃	홍문관 수찬	정6품
중종 11년 5월 22일(임인)	〃	경연 검토관	종6품
중종 12년 2월 3일(기유)	36세	홍문관 부교리	종4품
중종 12년 7월 29일(임인)	〃	홍문관 응교	정4품
중종 12년 8월 22일(을축)	〃	홍문관 전한	종3품
중종 12년 윤12월 13일(갑신)	〃	홍문관 직제학	정3품
중종 13년 1월 15일(을묘)	37세	홍문관 부제학	〃
중종 13년 5월 2일(경자)	〃	승정원 동부승지	〃
중종 13년 5월 5일(계묘)	〃	홍문관 부제학	〃
중종 13년 7월 11일(무신)	〃	성균관 동지사(겸직)	종2품
중종 13년 11월 21일(정사)	〃	사헌부 대사헌	
중종 14년 3월 15일(무신)	38세	홍문관 부제학	정3품
중종 14년 5월 16일(무신)	〃	사헌부 대사헌	종2품
중종 14년 11월 15일(을사)	〃	피화	
중종 14년 12월 16일(병자)	〃	사사	

다. 그는 34세인 중종 10년(1515) 6월 이조판서 안당安瑭의 추천으로 조지서造紙署 사지司紙에 임명된 뒤 만 4년이 조금 넘는 기간 동안 그야말로 급속하고 화려한 승진을 거듭했다.

짧게는 사흘에서 보통 서너 달 만에 요직에서 요직으로 옮겨간 이런 경력은 매우 이례적이지만 그만큼 위험하기도 했을 것이다. 이 4년 동안 조광조와 기묘사림은 오랜 동안 누적된 여러 난제를 대부분 해결했다. 가장 대표적 사항은 정국공신 가운데 4분의 3에 가까운 76명을 삭훈하고 천거과(현량과賢良科)를 시행한 것이다. 그러나 삭훈이 단행된 나흘 뒤 중종은 기묘사림의 숙청을 재가했고, 그들은 하룻밤 만에 실각했다(중종14.11.15을사). 조광조는 한 달 뒤 전라도 능주綾州(지금 화순)에서 사사되었다(중종14.12.20경진).

이런 격동을 이끈 조광조가 주목받은 첫 계기는 중종 10년 8월에 시작된 폐비 신씨愼氏 복위와 관련된 논쟁이었다.[54] 1년 전 큰 번개와 천둥이 치는 변고가 일어나자 중종은 국가 현안에 관련된 여러 의견을 올리라고 하교했다(중종9.9.27병술). 구언의 응답은 1년 뒤에야 올라왔다. 중종 10년 8월 담양부사潭陽府使 박상朴祥과 순창군수淳昌郡守 김정金淨은 반정 직후 연산군 때 좌의정 신수근의 딸이라는 이유로 억울하게 폐비된(중종1.9.9을유) 신씨를 복위해야 한다는 내용의 긴 상소를 올렸다(중종10.8.8임술).

폐비된 왕비를 복위시키자는 주장은 당연히 매우 민감한 것이었다. 거기에는 당시 반정세력의 판단과 행동이 잘못되었다는 비판도 내포되었다. 금기를 건드린 그 발언이 제기되자 조정은 논란에 휩싸였다. 국왕은 당황했고 신하의 의견은 둘로 나뉘었다. 영의정 유순·좌의정 정광필鄭光弼·좌찬성 장순손·영경연사 김응기金應箕 등 주요 대신은 구언으로 올라온 상소라는 근거에서 박상과 김정을 처벌하는 데 반대했다.

대간의 생각은 달랐다. 대사헌 권민수權敏手와 대사간 이행을 중심으로 한 대간은 그 상소가 종사의 안위를 크게 위협하는 주장이라면서 엄벌을 강력히 주청했다. 상소를 올린 지 보름 만에 박상과 김정은 그런 대간의 의견에 따라 각각 전라도 남평南平과 충청도 보은報恩으로 유배되었다(중종10.8.24무인).

공교로운 우연이지만, 이 사건이 벌어진 시기는 조광조의 삶에서도 중요한 전환점이었다. 앞서 본대로 그는 이 상소가 올라오기 두 달 전 조정에 출사했고, 박상과 김정이 유배되기 이틀 전 문과에 급제했으며, 석 달 뒤 사간원 정언에 제수되었다.

정언이 된 이틀 뒤 조광조는 앞서 대간이 주도한 결정을 정면으로 반박하는 상소를 올렸다(중종10.11.22갑진). 그의 논점은 두 가지였다. 자유로운 발언이 보장된 구언에 따라 제기된 상소를 내용이 그르다는 이유로 처벌하면 언로가 막힐 것이며, 발언의 소통과 보장을 가장 중시해야 할 대간이 처벌을 주장한 것은 더 큰 잘못이라는 비판이었다. 벼슬에 나온 지 반 년도 안 된 34세의 사간원 정언은 사건의 본질을 날카롭게 지적해 결론의 당부當否를 전복시켰다.

조광조의 문제 제기로 조정은 더 큰 논란에 휩싸였다. 해를 넘긴 논쟁을 거치면서 좌의정 정광필·우의정 김응기·우찬성 김전金詮· 우참찬 남곤 등 주요 대신을 비롯한 대부분의 신하는 조광조에게 동의하게 되었다. 대간은 모두 교체되었고, 박상과 김정은 유배된 지 1년 3개월 만에 관직으로 돌아왔다(중종11.11.13경인).

국왕·대신·삼사를 포함한 온 조정이 '언로의 소통'과 '종사의 안위'라는 상반된 주제를 놓고 1년 넘게 치열하게 논쟁한 사안의 결론을 자기 의견대로 이끈 조광조는 즉시 중앙정치의 핵심 인물로 부상했다. 그는 대단히 민감한 논쟁에서 삼사를 비판하고 대신에게 찬성해 언론권의 새로운 담당자로 떠오른 것이었다.

셋째, 기묘사림이 지향한 정치적 목표 또한 이런 측면과 연결된다고 생각한다. 그뒤 기묘사림은 위훈 삭탈과 천거과 실시로 대표되는 개혁정치를 추진하면서 대신과 첨예하게 대립한 것이 사실이다. 그러나 이것은 결과적 현상일 뿐 처음에는 그들도 대신 중심의 정치를 지향했음을 주목할 필요가 있다. 우선 그뒤 기묘사림과 밀접한 관계를 맺는 대신인 안당은 중종 8~9년부터 지속된 삼사의 월권을 매우 부정적으로 보면서 대신의 위상 회복을 주장했다(중종10.9.5무자).[55]

좀더 중요한 측면은 조광조 또한 대신 중심의 정치운영을 지지했다는 것이다.[56] 그는 조정의 위계질서를 중시했다. 신진新進과 구신舊臣의 재주와 덕행이 비슷하면 구신을 써야하고(중종13.8.4신미) 대신과 상의해 일을 결정해야 조정의 기강이 서며(중종12.1.11정해) 육조판서 위에서 삼정승이 결정권을 행사하면서 대신이 제 역할을 해야한다고 생각했다(중종14.3.1갑오;14.4.19임오). 성리학을 아는 사람을 등용하고 싶다는 중종의 말에 조광조가 성종 때 대신들을 추천한 사실도 주목된다(중종11.10.19정묘). 현재 통설에 따르면 성종 때 이후의 대신은 '훈구파'의 중심을 형성한 세력이고 기묘사림은 '사림파'의 전형이지만, 조광조는 성리학을 아는 사람으로 그들을 추천한 것이다. 이런 조광조의 태도는 '훈구·사림'을 이분하는 통설의 문제점을 보여주는 또 하나의 증거라고 생각한다.

요컨대 기묘사림의 등용은 당시의 상황적 맥락과 그 핵심 인물인 조광조가 권력의 핵심으로 진출한 계기, 그리고 그의 정치적 지향 등을 종합할 때 기존 삼사의 월권을 제어하려는 중종의 포석으로 생각된다. 중종은 새로 삼사에 등용한 기묘사림이 그 고유 임무인 대신 비판을 방기하는 것은 바라지 않았겠지만, 대신의 권한을 충분히 인정해 무너진 정치적 균형을 복원하기를 바랐을 것이다. 그러나 그런 희망은 크게 빗나가고 말았다.

개혁정치를 보는 시각

앞서 말했듯 기묘사림과 그들이 추진한 개혁정치는 중종 때는 물론
조선시대 전체에서도 매우 독특한 현상이었다. 무엇보다도 그들은
젊은 나이에[57] 빠르게 정치의 중심으로 진입해 대부분의 쟁점을 근
본적 수준에서 해결했지만, 그만큼이나 갑작스럽게 실각했기 때문
이다.

지금까지 많은 연구가 축적된 기묘사림과 개혁정치에서 좀더 살
펴보고 싶은 사항은 두 가지다. 첫째, 앞서도 여러 번 언급했지만 '훈
구'와 '사림'을 도식적으로 이분하지 말고 연속적 관점에서 파악해야
한다는 것이다.[58] 우선 기묘사림의 가문적 배경이나 사상적 특징은
앞 시기의 지배층과 연결되는 측면이 더 많다는 지적을 의미 있게 받
아들일 필요가 있다.[59]

기묘사림이 추진한 개혁정치가 이전의 삼사와 상당한 유사성을
갖고 있다는 사실 또한 주목된다. 옛 체제의 폐단을 척결해 전통적
명분을 회복하고 새로운 통치질서를 수립하려는 목표로 추진된 개
혁정치는 '사림파'의 긍정성과 차별성을 보여주는 주요 논거로 제시
된다.[60] 그러나 그 각론의 많은 부분은 기묘사림이 등장하기 전 삼사
가 제기하고 추진한 것이다. 통설에 따르면 그때의 삼사는 '사림파'
로 보기 어렵다.

중종 1~14년 삼사의 주요 언론활동을 주제에 따라 제시하면 〈표
8〉과 같다.

사안별로는 역시 이 시기 내내 핵심 쟁점이던 정국공신 관련 문제
가 절반 정도(41.5퍼센트)로 가장 많았다. 다음으로는 구습舊習과 적폐

〈표 8〉 중종 1~14년 삼사의 언론활동[61]

내용	1기									2기					합계
	1년	2년	3년	4년	5년	6년	7년	8년	9년	10년	11년	12년	13년	14년	
①	42	57	88	29	31	88	19	23	4		13	5		33	432(41.5%)
②	2						40	32			66		1		142(13.7%)
③	9	55	6	18	1	28	4	1	1	3	16	4	7	22	175(16.8%)
④	1	1		3				2	8	5	1	20	10	15	75(7.2%)
⑤										1	10		12	46	69(6.6%)
⑥	11	8	1	3	3	2	2	1	27	14	15	17	21	22	147(14.1%)
소계	65 (6.3%)	121 (11.6%)	97 (9.3%)	53 (5.1%)	35 (3.4%)	118 (11.3%)	65 (6.3%)	59 (5.7%)	40 (3.8%)	23 (2.2%)	129 (12.4%)	46 (4.4%)	51 (4.9%)	138 (13.3%)	1,040 (100.0%)
합계	653(62.8%)									387(37.2%)					1,040 (100.0%)

＊내용 항목은 ①정국공신 관계 ②전통적 명분의 회복(문종비 현덕왕후 복위, 단종과 연산군의 입후立後, 무오·갑자사화 피화인 신원과 추증, 폐비 신씨 복위) ③구습과 적폐의 혁파(기신재忌晨齋·소격서昭格署·여악女樂·내수사 장리長利 혁파, 연산군 때 폐단 청산, 유자광 등 앞 시대 인물의 처벌) ④성리학적 통치질서 수립(유향소留鄕所·향약鄕約·『주자가례朱子家禮』,『성리대전性理大全』 등의 보급,『소학』 등 경전 교육 강화, 홍문관 기능 확충) ⑤천거과 실시 ⑥경연 교육과 지치.

積弊의 혁파, 경연 교육과 지치, 전통적 명분의 회복 등이 15퍼센트 안팎으로 비슷한 비율을 나타냈다. 천거과 문제는 2기부터 논의되었기 때문에 가장 적었다(6.6퍼센트).

연도별로는 사화가 일어난 중종 14년에 가장 빈번했고 그 다음은 중종 11년이어서 기묘사림이 등장한 2기에 삼사의 활동이 좀더 활발했다. 하지만 그밖에는 중종 1~3년, 6~7년 등 1기가 2기의 나머지 해인 10년, 12~13년보다 많았다. 특히 가장 중요한 정국공신 문제는 오히려 2기보다 1기에 훨씬 많이 제기되었다.

이런 사실은 기묘사림이 제기한 문제 가운데 천거과 실시를 제외한 주요 사안을 이전의 삼사도 공유했으며, 상당히 지속적이고 강력하게 추진했음을 보여준다. 물론 가장 중요한 차이는 앞 시기의 삼사는 결실을 맺지 못했지만 기묘사림은 끝내 관철시켰다는 사실이다. 이런 핵심적 차이를 인정하지만, 기묘사림의 개혁활동이 이전 삼사의 논제를 계승한 측면이 크다는 사실은 '훈구·사림'을 연속적 관점에서 파악해야 한다는 설득력 있는 논거라고 생각한다.[62]

둘째, 기묘사림의 개혁정치를 객관적 관점에서 분석하고 평가하는 것이 중요하다. 그때까지 조선에서 이뤄진 개혁 가운데 가장 급속하고 과감했다고 말할 수 있을 그 개혁은 '도덕적 질서를 구현하려는 운동'과 비슷한 인상을 갖고 있다.[63] 그러나 기묘사림의 정치적 목표가 도덕적 질서를 구현하려던 것은 사실이라고 해도 그 방법까지 그랬던 것은 아니다. 그들의 개혁 또한 본질적으로 현실적 이해관계가 복잡하게 얽힌 정치행위였다.[64]

기묘사림의 특징과 문제점, 그리고 거기에서 연유한 실패 원인은 당파성과 급진성으로 압축할 수 있다(중종14.11.18무신).[65] 기묘사림에게 주어진 객관적 상황 가운데 가장 일차적인 것은 그들이 해결하려던 사안의 크기와 중요성이 특별했다는 것이다. 그 문제들은 10년 넘게 누적되어왔다. 거기에 도전한 기묘사림은 상당히 젊었고 그 때문에 관직의 경험이 많지 않았으며 자신을 지원해줄 대신과 친밀도가 떨어질 수밖에 없었다. 그러나 그들에게는 이런 모든 난점과 약점을 덮어줄 수 있는 결정적 도움이 있었다. 그것은 최고 권력자인 국왕의 전폭적 지원이었다. 이런 객관적 상황, 즉 오래 누적된 거대하고 민감한 문제들을 젊고 열의에 찬 신진 관원들이 대신의 도움은 거의 받지 못한 채 국왕의 후원에만 의존해 짧은 시간 안에 근본적으로 해결하려던 상황은 그뒤 기묘사림의 정치적 행보와 궁극적으로는 그들의 실각에 이르는 거의 모든 원인을 파생시켰다.

기묘사림의 첫 특징이자 문제점인 당파성은 이런 객관적 조건에서 발원했다. 그들은 비교적 소수였고 삼사에 편중되었다. 그러므로 국왕의 지원이 있더라도, 중대한 사안을 근본적으로 해결하기에는 힘이 부족했을 것이다. 그들은 이런 약점을 극복하기 위해 자파自派를 확충하는 한편 지원세력을 대신에 포진시키려고 노력했다. 당파성의 심화는 이런 과정의 논리적 결과였다.

당파성이 짙게 드러난 대표적 사례는 기묘사림이 자신들에게 우호적인 안당을 정승에 앉히려는 시도다. 중종 12년 7월 대간은 좌의정 김응기가 직무에 적합하지 않으니 교체해야 한다고 주청했다. 김응기는 당시 병으로 자리를 오래 비우기는 했지만 상당히 좋은 평판을 받고 있었다. 사평은 이 탄핵이 안당을 정승에 앉히려는 대간의 의도에서 나온 것이라고 지적했다(중종12.7.8임오;12.윤12.18기축).[66]

첫 시도는 일단 무산되었다. 그러자 대간은 좀더 정략적인 방법을 사용했고 결국 목표를 이뤘다. 중종 13년 5월 자리가 빈 우의정에 김전·이계맹·남곤·안당을 임명하는 문제로 중신 회의가 열렸다. 그때 좌의정 신용개는 병으로 불참했기 때문에 그의 의견을 물으려고 주서 윤구尹衢를 집으로 보냈다. 신용개는 안당을 뺀 세 사람 가운데서 고르는 것이 좋겠다는 의견을 밝혔다. 그러나 돌아와 보고하는 과정에서 기묘사림의 일원인 승지 이자와 김정의 압력을 받은 윤구는 신용개가 안당을 지지한다고 아뢰었다. 이런 거짓 보고에 따라 안당은 정승에 발탁되었다. 이번에도 사평은 기묘사림이 자파에 우호적인 안당을 정승으로 올리려는 목적에서 좋은 평판을 받던 좌의정 김응기를 부당하게 탄핵하고, 주서 윤구를 압박해 조작된 정보를 국왕에게 아뢰게 하는 정략적 술수를 사용했다고 날카롭게 비판했다(중

종13.5.7을사).[67]

중종 13년 7월 사간원 당하관들이 대사간 송흠宋欽을 파직시키고 그 다음 달 사간원이 병조참판 한효원韓效元을 탄핵한 것도 당파성이 부정적으로 작용한 사례다. 송흠을 물러나게 한 표면적 이유는 그에게 80세의 노모가 있다는 것이었지만, 진짜 이유는 그가 기묘사림과 친하지 않기 때문이었다. 사평은 송흠을 상당히 훌륭한 관료로 평가하면서 기묘사림의 파당적 인사행정을 예리하게 지적했다(중종 13.7.24신유).[68] 앞서 사소한 문제로 홍문관과 마찰을 빚은 한효원이 병조참판에 제수되자 사간원은 "한효원이 지향하는 바가 분명치 않다"는 '분명치 않은' 이유로 탄핵해 파직시켰다(중종13.8.5임신). 이런 사례들은 기묘사림의 정치활동 또한, 모든 정치행위가 그렇듯, 자기 이익을 앞세울 수밖에 없는 현실에서 자유롭지 못했음을 보여준다.

기묘사림의 또 다른 특징인 급진성도 점차 증폭되었다. 그런 현상은 핵심 과제인 위훈 삭제와 천거과 실시를 추진하면서 특히 두드러지게 나타났다. 한 사평은 당시 삼사의 성향을 이렇게 지적했다.

요즘 언론을 담당한 사람들은 그동안 쌓인 폐단을 미워해 단번에 없애려는 생각으로 공의公義만 믿고 너무 지나치게 논란하고 탄핵한다. 그 결과 관원이 직무에 충실해 탐오의 풍조가 조금 수그러들기는 했지만 탄핵된 사람들은 잘못을 고치려는 생각은 않고 도리어 서로 헐뜯어 원한이 더욱 깊어지고 있다(중종13.4.20무자).

당파성과 급진성이 고조되면서 대신과의 마찰도 증폭되었다. 영의정 정광필을 비롯한 삼정승과 좌찬성 김전 등은 기묘사림의 당파성을 강력히 비판하면서 최근 나이 많은 재상은 대부분 쫓겨나지만 젊은 선비는 지나치게 빨리 승진한다고 지적했다.[69] 사평도 기묘사림의 당파성 때문에 대신과 갈등이 깊어지고 있다고 동의했다(중종 14.1.4기해).

삼사 언론에는 점차 무리하고 부당한 사례도 나타났다. 중종 13년 여름 도성에 지진이 나서 담장과 집이 무너지자 대간은 소인이 지나친 자리에 있기 때문이라면서 병조판서 장순손을 지목했다.[70] 자연적 사고를 어떤 개인 탓으로 돌린 것도 부당하지만, 이 탄핵의 근본 원인은 당시 장순손이 천거과에 반대하고 앞서 신씨 복위 문제에서도 기묘사림과 상치되는 의견을 냈기 때문이었다. 몇 년 뒤 이계맹은 자기 집 담장이 우연히 무너지자 "우리집 담장도 장순손이 무너뜨렸다"면서 대간의 부당한 탄핵을 비꼬기도 했다(중종18.2.28기해).

그런 탄핵은 계속되었다. 기묘사림은 중종 14년 6월 병무兵務에 뛰어나다고 인정받던 병조판서 이계맹을 능력이 부족하다고 파직시켰다(중종14.6.23을유).[71] 같은 해 8월 정언 권전權礦은 이조판서 신상申鏛을 탄핵해 교체시켰다. 그러나 사평은 오히려 신상이 군자이고 권전이 소인이라고 밝혔다(중종14.8.2계해).

당파성과 급진성이 짙어지고 부당한 탄핵이 제기되면서 기묘사림이 주축이 된 삼사의 활동에는 부정적 평가가 점차 우세하게 되었다.

사관은 말한다. 대간은 함께 모인 자리에서 인사 문건을 두루 짚어가며 "아무개는 어떻고 아무개는 어떻다"고 사람을 평가하는데, 노골적으로 비판하지는 않아도 모두 두려워하면서 머리를 맞대고 수군댔다. …… 지금 대간은 노여운 일이 있으면 반드시 그 사람을 탄핵하기 때문에 대간의 논의가 존중받지 못하는 경우가 적지 않았고 탄핵받은 사람도 부끄러워하지 않았다(중종12.6.11을묘;13.8.18을유).

이처럼 삼사가 모든 관원을 너무 세밀하게 평가하고(중종12.6.11을묘) 그 탄핵이 지나치게 감정적이어서 탄핵된 사람도 부끄러워하지 않게 되었다는 비판적 견해는 점차 확산되었다.

지금까지 살펴본 이런 사실은 기묘사림의 활동이 그들을 발탁한 중종의 구상은 물론 자신들의 목표에서도 조금씩 벗어나고 있음을 보여준다. 이런 점진적 균열을 결정적으로 확대시킨 것은 기묘사림에 뒤늦게 합류한 신진 유생이었다. 그들은 기묘사림의 명성이나 영향력에 매혹되어 급격히 추종하게 된 부류가 많았다(중종12.11.22갑오;13.8.21무자). 그들은 학문 수준도 편차가 컸고 정치적 견해도 다양했다. 이런 신진 유생이 걸러지지 않고 다수 편입된 결과 처음 도덕적 견결성을 내세우면서 현실의 모순을 개혁하려던 기묘사림은 그 수준과 성향이 복잡해졌다.[72]

이런 문제는 중종 14년 2월 천거과의 전단계로 치러진 생원·진사시 합격자 발표 행사에서 상징적으로 나타났다. 그 행사에서 우의정 안당을 비롯해 공조판서 김극핍·지중추 임유겸任由謙·승지 공서린 孔瑞麟·유용근柳庸謹 등 기묘사림은 그동안 계속 커져온 자파의 세력을 믿은 나머지 국왕 앞에서도 상당히 무례한 행동을 서슴지 않았다. 더 심각한 문제는 유생이었다. 합격한 유생들은 궁궐을 거리 유람하듯 느릿느릿 걷거나 부채를 흔들면서 돌아보았다(중종14.2.22병술).

이런 현상에 위기를 느낀 사람은 조광조가 거의 유일했다. 앞서도 그는 대신 중심의 정치체제를 옹호하고 국왕·대신·삼사의 권력 균형 회복을 지향했다고 말했지만, 문제를 일으키기보다는 안정시키려고 힘쓰면서 자파인 대간의 오류를 지적한 유일한 존재였다(중종14.4.24정해).[73] 그러나 그만의 노력으로는 기묘사림의 문제점을 고치기 어려웠다(중종14.9.28기미;14.10.10경오).[74]

그 가장 큰 원인은 개혁의 추진력이 이미 관성을 얻었고, 다양한 세력이 섞여 들어 구성원의 수준과 이해관계가 매우 복잡해졌기 때문으로 생각된다. 조광조를 제외한 기묘사림의 주요 인물은 부족한 경험과 넘치는 정의감의 괴리가 빚어낸 과격함과 미숙함을 충분히 극복하지 못했다는 것도 지적할 수 있을 것이다.[75] 이를테면 사화가 일어나자 조광조만 의연하게 죽음에 나아갔을 뿐 다른 사람들은 그렇지 못해 비웃음을 샀다는 기사는 그런 측면을 보여준다(중종15.4.16계유).

기묘사림에게 주어진 특수한 상황과 그들의 독특한 성격은 함께 상승 작용을 일으키며 성취와 한계를 동시에 남겼다. 그 성취와 한계의 비율에는 다양한 의견이 있을 것이다. 다만 그들의 개혁정치 또한 앞 시기와 연속적 관점에서 파악하고, 도덕적 선입관이 개재한 포폄보다는 객관적 견지에서 평가해야 한다고 말하고 싶다.

기묘사림과 그 개혁정치가 당시 조선에 청신淸新한 기운을 불어넣은 것은 분명했다. 기묘사림이 집권했을 때는 중앙과 지방의 기강이 엄정했지만 그들이 실각한 뒤부터 해이해졌다는 평가는 그들의 개혁이 가져온 긍정적 영향을 보여준다(중종15.10.16경자). 중요한 사실은 그들이 대단히 급속하고 비상한 방법으로 숙청되었다는 것이다. 중종이 재가한 그 숙청의 타당성이나 불가피함에는 여러 견해가 있을 것이다. 그러나 그것이 문제를 해결하는 방법 가운데 가장 후유증이 큰 선택이었다는 사실은 분명하다.[76] 그 후유증은 그뒤 조금씩, 그러나 구체적으로 나타났다.

3
역전된 정국―15~25년

다시 우위에 선 대신

이 시기는 기묘사화의 충격과 함께 시작되었다. 중종의 전폭적 지원을 받으며 거침없이 국정 개혁을 추진하던 기묘사림이 바로 그 국왕과 대신들에게 하룻밤 만에 숙청되면서 정치세력의 권력관계는 단번에 역전되었다.[77]

먼저 삼사가 위축된 것은 당연했다. "대간이 어찌 지난날의 폐단을 모르고 감히 교만하겠습니까?"라는 대사헌 홍숙의 말이나(중종16.7.6 을묘) 중종 2년 9월과는 달리 국왕의 명령을 그대로 따라 별시別試 시험관으로 들어간 사례 등은[78] 순치된 삼사의 모습을 잘 보여준다.

대신의 입지가 강화된 것은 자연스러운 반작용이었다. 대신은 거리끼지 않고 삼사의 언론권을 비판했다. 당연히 그 논리적 근거는 기묘사림의 과오를 상기시키는 것이었다. 중종 16년(1521) 6월 좌의정 남곤은 기묘사림이 어떤 사람의 마음이나 목표가 바르지 않다는 등의 모호한 말로 탄핵해 큰 폐단을 일으켰으니 이제는 실제의 죄를 잘 살핀 뒤 논박해야 한다면서 삼사의 무책임한 탄핵에 제동을 걸었다 (중종16.6.4갑신).[79]

중종 17년 7월 영의정 김전이 올린 5조의 상소도 주목된다. 김전은 세 번째 항목에서 '등급을 엄격히 해야 한다'는 주제 아래 기묘사림이 저지른 능상의 폐단을 언급한 뒤 그 습속이 아직도 있어 나라가 쇠퇴하니 근절해야 한다고 역설했다(중종17.7.20갑자). 같은 해 10월 상산도정常山都正 이말손李末孫을 추국하는 문제로 논란이 벌어지자 삼정승은 대간의 말에 구애되지 말고 국왕이 독자적 판단을 내려야 한다고 촉구했다(중종17.10.5정축·8경진·9신사).[80]

중종 19년 4월 시강관 임추任樞와 동지사 김극핍이 신진 등용의 폐단을 지적한 것도 주목할 만하다. 그들은 기묘사림의 과오를 거론하면서 젊은 인물보다는 노성한 사람을 먼저 등용해야 한다고 주장했다(중종19.4.10갑진). 비슷한 때 동지사 김안로와 특진관 허굉도 기묘사림의 풍문탄핵은 자파와 의견이 다른 대신을 부당하게 공격한 행위였다고 비판하면서 대간의 고유 권한으로 받아들여지던 풍문탄핵을 문제 삼기도 했다(중종19.4.28임술). 같은 해 8월 좌의정 남곤은 홍문관의 태만을 비판했다. 그는 각 관서의 젊은 관원이 집에서 삼정승과 판서를 함부로 논란하는 것은 직무에 태만하다는 증거며, 이것 또한 기묘사림에서 말미암은 폐단이라고 지목했다(중종19.8.12갑진).

"모든 결정에서 대신의 의견만 따른다"는 대간의 불만이 보여주듯 (중종18.1.7기유) 기묘사화 이후 7~8년 동안은 대신의 공세에 삼사가 몰리는 상황이 이어졌다. 그러나 앞서 중종 초반에도 연산군 때 사화

의 충격을 곧 극복하고 중앙정치의 한 축으로 다시 부상했던 삼사의
저력은 다시 한 번 나타났다. 기묘사화는 분명히 큰 시련이었지만,
그때까지 조선 역사에서 삼사의 권력이 가장 팽창한 국면에서 일어
난 사건이었다. 곧 성종 중반 이후 30여 년 만에 삼사의 위상은 흔들
리지 않은 상태에 이른 것이다.

삼사의 회복

삼사의 회복을 보여주는 실마리는 곧 나타났다. 중종 17년 1월부터
3월까지 대간은 아부했다는 혐의로 전 병조판서 이장곤李長坤을 끈
질기게 탄핵해 파직시키고 고신도 빼앗았다.[81] 같은 해 12월에는 김
극개金克愷 · 조윤선曹閏孫 · 서지徐祉 등을 교체하는 데 반대한 좌의정
남곤과 우의정 이유청 등을 탄핵했고(중종17.12.25정유~27기해;18.1.4병
오·7기유·8경술) 이듬해 윤4월에는 좌참찬 유담년柳聃年과 병조판서
장순손 · 이조판서 이항李沆을 관직에서 물러나게 만들었다(중종18.윤
4.8무신·11신해·17정사·20경신~22임술).[82]

삼사의 기능이 되살아나는 추세를 보여주는 중요한 증거는 그들
의 능상풍조가 다시 거론되기 시작한 것이다. 중종 22년(1527) 5월
삼사의 탄핵으로 좌의정 이유청이 교체된 것은 그런 조짐의 하나였
다. 이유청은 대간이 육조의 근무태도를 잘 감시하지 않는다고 비판
했다. 대간은 즉시 그를 탄핵했고, 우의정 심정이 반대했지만 이유청
은 교체되었다(중종22.5.5신사·6임오).

석 달 뒤에는 드디어 대간의 능상풍조가 재론되었다. 사안은 뇌물
을 받은 전 강음현감江陰縣監 이승겸李承謙의 처벌 문제였다. 대신은

이승겸의 처벌에 반대했다. 중종은 그 의견을 따르려고 했지만 대간의 요구에 밀려 결정을 번복했다. 그러자 이조판서 이항은 대신의 건의가 이처럼 묵살되기 때문에 능상이 나타난 것이며, 아직 조광조 때의 풍조가 남아 있으니 고치지 않으면 큰 폐단이 생길 것이라고 강력히 경고했다. 대간은 이항의 이 말은 대간의 입을 막으려는 것일 뿐 아니라 사림을 해치려는 술수라면서 즉각 파직시킬 것을 주청했다.

이 시점에서 좌의정 정광필은 매우 주목할 만한 발언을 올렸다. 앞서 그는 기묘사림에 동의하지 않았지만 그들을 가장 적극적으로 구제했던 균형 잡힌 시각을 가진 대신이었다. 하지만 이때는 이항을 적극 변호하면서 대간을 비판했다.

대간이 아뢴 말은 지나칩니다. 대간의 뜻은 신들과 다르며 매우 부당합니다. 대간의 말이 어찌 모두 옳겠습니까? 하지만 사람마다 시비하면 언로가 막힐까 우려해 그동안 그냥 지내온 것입니다. 전에도(조광조 때를 가리킨다-원주原註) 이런 일이 있었습니다. …… 근래에도 어찌 이런 풍조가 없겠습니까? 지금 대간과 관련해 다른 일은 모르겠지만 언로가 넓지 못한 폐단은 있습니다. 장령과 지평을 서너 명이 교대로 맡고 있는데, 할 만한 사람이 있어도 조금만 의견이 다르면 논박합니다. 지방 수령 가운데 대간에 임명될 만한 사람이 어찌 없겠습니까만 하지 못하고 있습니다. 이항만 이런 폐단을 우려하는 것이 아니라 조정에서 모두 걱정하고 있습니다. …… 지금 이항을 처벌하면 이 풍조가 지난 날과 같아질 것입니다(중종22.8.14기미).

우의정 심정과 좌찬성 이행·우찬성 김극핍도 "이항의 말은 신들도 마음에 품고 있던 것"이며 "대간 외에는 말할 수 없게 하면 대간의 폐단이 더욱 심각해질 것"이라면서 적극 동조했다. 논쟁을 해결한 것은 홍문관이었다. 홍문관은 이항과 대간 모두 그르니 파직해야 한다고 아뢰었고, 일단 대간이 먼저 교체되었다. 그러나 새로 임명된 대간은 이항뿐 아니라 정광필까지 탄핵하기 시작했다. 결국 충돌의 진원인 이항이 병으로 사직하고서야 사태는 일단 마무리되었다(중종 22.8.12정사·13무오~16신유·20을축~24기사;22.9.3정축·10갑신 등).

이 사건은 두 가지 중요한 변화를 알려준다. 우선 대간의 위상이 기묘사화 이후 8년 정도 만에 거의 회복되었다는 것이다. 능상풍조가 다시 거론되고 조광조 일파의 풍조가 남아 있다는 지적은 그런 측면을 뚜렷이 보여준다.

다음으로 이 무렵부터 삼사의 임용 범위가 상당히 좁아지고 있다는 사실도 주목된다. 서너 명이 돌아가면서 장령과 지평을 맡는다는 정광필의 발언에서 알 수 있는 이 사실은 중종 때 인사행정은 물론 정치운영의 변화와도 밀접히 관련된 중요한 문제다(뒤에서 다시 언급하겠다).

대신에 대한 삼사의 공격은 이어졌다. 중종 22년 9월 대사헌 김근사는 앞서 대간 비판에 동참한 우찬성 김극핍을 "마음을 쓰는 것이 바르지 않고 음험해 재신의 반열에 들 수 없다"고 탄핵했다. 나아가 그는 "대신의 방해로 대간이 직책을 수행할 수 없는 지경"이라면서 대신 전체로 비판을 확대했다(중종22.9.11을유·13정해;22.10.19계해).

중종 23년 사헌부는 이조가 사사로운 의견만 따르고 공론을 무시

한다고 탄핵해 그 관원들을 서반으로 좌천시켰고(중종23.1.12을유·13병술) 헌납 정만종鄭萬鍾은 대신이 적극적으로 발언하지 않고 미루기만 한다고 비판했다(중종23.5.18무자).[83] 우의정 이항은 "능상의 폐단이 이미 굳어졌으니 고치지 않으면 나라가 위험해질 것"이라면서 삼사의 권력 팽창을 다시 우려했다(중종23.8.20기미).

대신의 반격은 번번이 무산되었다. 중종 24년 1월 대간은 고령첨사高嶺僉使 이장길李長吉을 탐욕하다는 혐의로 오래 탄핵한 끝에 파직시킨 뒤 그런 인물을 추천한 삼정승도 큰 책임이 있다고 비판했다(중종24.1.19병진·26계해). 그러나 삼정승은 쉽게 물러나지 않았다. 그들은 열 달 뒤 이장길을 다시 서반에 추천했다. 그러자 대간은 그를 아예 임용 대상에서 제외해야 한다고 주장해 윤허를 얻어냈다(중종24.11.12갑진).

중종 25년 5월 우의정 이행은 홍문관이 어떤 사람을 정확히 지적하지 않고 모호하게 말해 사람들을 위축시키니 탄핵 대상을 분명히 밝혀야 한다고 비판했다(중종25.5.22신해). 그러자 삼사는 첨사僉使·만호萬戶·권관權管·교수敎授·훈도訓導부터 이서吏胥까지 재상이 인사를 청탁하지 않는 관직이 없다면서 구체적 증거로 좌찬성 이항의 청탁 혐의를 제기했다. 정광필·심정·이행·조원기趙元紀 등 대신은 잘못의 경중을 따져봐야 한다면서 이항을 두둔했지만 결국 이항이 파직됨으로써 대신의 입지는 더 위축되었다(중종25.8.4신유·5임술·7갑자·11무진·12기사).

이처럼 중종 중반의 정국은 기묘사화의 영향으로 대신의 우위가 일정 기간 나타났지만 곧 삼사가 사화 이전의 위상을 회복해 권력 균형을 이룬 국면이었다고 정리할 수 있다. 중종 22년 8월 삼사의 능상 풍조가 재연되고 있다는 이조판서 이항의 발언과 꼭 1년 뒤인 23년 8월 "능상의 폐단이 이미 굳어졌으니 고치지 않으면 나라가 위험해질 것"이라는 우의정 이행의 우려는 삼사의 위상이 완전히 회복되었음을 보여준다.

이런 과정에서 나타난 특징은 두 가지로 정리할 수 있다. 첫째, 이전처럼 정치세력 사이의 격렬한 충돌은 나타나지 않고 권력 균형이 비교적 잘 유지되었다는 것이다. 이 시기에도 왕권은 뚜렷한 정치적 조정력이나 영향력을 보여주지 못했다고 생각된다. 또한 기묘사화 직후에는 대신이 우위에 서다가 중종 22년 무렵부터 삼사가 위상을 회복하는 과정에서 두 세력의 대립이 간헐적으로 계속된 것도 사실이다. 그러나 사화라는 큰 충격을 경험한 국왕·대신·삼사는 극한적 대립을 자제했고, 거기에 따라 권력 균형은 다른 때보다 잘 유지되었다고 판단된다.[84] 앞서의 정국공신이나 기묘사림, 그리고 그뒤의 김안로처럼 권력이 집중된 세력이나 인물이 나오지 않았다는 것은 그런 판단의 한 논거다.[85]

아울러 이런 측면은 기묘사화를 일으킨 대신의 정국운영 능력을 객관적으로 평가해야 할 필요성을 알려준다. 기묘사림의 개혁정치와 관련해서도 언급했지만, 중종과 대신이 일으킨 사화 또한 현실적 정치행위였다. 그러므로 거기에 도덕적 잣대를 들이대는 것은 부당하다. 그들의 국정운영 능력을 객관적으로 평가해야만 그 한계와 공로를 공정하게 가늠할 수 있다고 생각한다.

변질의 실마리

중종 중반 이후 나타난 중요한 현상 가운데 하나는 삼사의 기능이 점차 변질되었다는 것이다. 이것은 그동안 삼사의 가장 큰 문제점이던 능상이나 월권과는 전혀 다른 모습이었다. 세상의 모든 일처럼 삼사도 이중적 성격을 갖고 있다. 그것은 엄정한 탄핵과 간쟁으로 국정을 발전시킬 수도 있지만 국왕이나 일부 대신에게 복속되어 어용적 언론을 펼치거나 핵심에서 벗어난 논쟁을 제기해 필요치 않은 갈등을 증폭시킬 수도 있다. 이 시기부터 조금씩 나타난 역기능은 그뒤 김안로 집권기에 뚜렷해졌다.[86)]

그런 실마리는 기묘사화 이후 기묘사림을 비판하는 데 대간이 가장 적극적으로 나섰다는 사실에서 찾을 수 있다. 사화로 숙청된 뒤 기묘사림은 매우 부정적으로 평가될 수밖에 없었다.[87)] 그들의 '악행'은 공인되었고, 거기에 이견을 제기하기는 현실적으로 무척 어려웠다. '공인된 악행'을 고발하고 비판하는 데 앞장서는 것이 삼사의 기본 임무임을 감안하면 삼사가 기묘사림을 부정하는 데 적극적이었던 것은 이해할 수도 있다. 그러나 실제 사례에는 그렇게 보기 어려운 부분도 적지 않다.

대간은 사화 직후인 중종 14년 12월 천거과 혁파와 안당의 파직을 가장 먼저 건의했다. 조광조가 사사되고 그 밖의 핵심 인물 7명이 먼 섬과 변방에 안치된 것도 대간이 드러나지 않았던 일까지 날마다 폭로한 것이 큰 영향을 미쳤다. 사간원은 공조참판 이사균의 마음이 순정純正하지 않다고 탄핵했는데, 사평에 따르면 이사균이 부제학일 때 조광조 등의 처벌을 완화해달라고 여러 번 주청했기 때문이었다.

논리보다 감정이 짙게 밴 폄하도 있었다. 중종 15년(1520) 1월 사간 남세준南世準은 조광조 일파가 나쁜 마음은 없었지만 품성 자체가 집요하고 학식이 모자랐다고 지적했다. 홍문관도 날선 비판을 제기했다. "기묘사림은 모두 이익을 노리는 젊은 사람들로 몰래 결탁해 국정을 논단한 결과 조정의 기강을 무너뜨리고 나라를 위태롭게 만들었습니다. 천거과 또한 자신의 사사로운 당파를 늘리려는 편법이었습니다." 같은 해 3월 좌의정 남곤·대사간 서지·장령 채침蔡忱 등도 기묘사림은 공도公道는 생각지 않고 사의私意만을 앞세워 국정을 논단했다고 매도했다. 같은 해 6월 김정과 기준을 처벌하는 문제에서 좌의정 남곤을 비롯한 대신은 사형에 반대했지만 오히려 대사간 서지가 사형을 주장한 것도 의외다. 넉 달 뒤에는 대사헌 홍숙이 김식은 잡서를 조금 알 뿐이고 조광조는 본래 글을 하나도 모른다고 말했다. 사평은 상식적으로도 납득하기 어려운 이 발언의 부당성을 지적했다.

탄핵에 사용한 표현도 점차 과격해졌다. 중종 16년 7월 안당과 문근文瑾 등 8명의 고신과 자급資級을 삭탈해야 한다는 사헌부의 주장은 대표적 사례로 생각된다.

안당은 나라를 그르친 간괴奸魁고 문근은 그릇된 무리와 영합해 명예를 훔쳤으며, 유운柳雲과 유인숙柳仁淑은 형세만 관망하고 정순붕鄭順朋은 종[奴] 같은 태도로 아첨해 섬겼습니다. 신광한申光漢은 어리석고 망령되어 징계를 받았고, 이성동李成童은 동정을 구걸해 영합했으며, 박영朴英은 이름을 팔아 이익을 추구했습니다(중종16.7.8정사).

'간괴'나 '종' 같은 표현에서 느낄 수 있지만, 이 탄핵에는 죄상을 입증할 수 있는 정확한 증거보다는 과격하되 그만큼 모호한 비난의 감정이 더 많이 묻어 있다. 중종 19년 5월에도 대사헌 성운成雲은 '사악한 당파邪黨'인 기묘사림 때문에 국정이 문란해지기 시작했다고 비판했다.

앞서도 말했듯 기묘사림을 지목한 삼사의 비판은 그 임무나 비판 대상을 보는 당시의 시각 등을 고려할 때 수긍할 수 있는 부분이 있다. 그러나 기묘사림과 그 관련자를 지나치게 상세히 고발하거나 감정적 폄하나 과격하되 정확하지 않은 비난을 전개한 것은 타당성을 인정하기 어렵다고 생각한다. 삼사의 기묘사림 비판이 시대적 분위기에 영합한 것이라고 비판한 사평은(중종15.4.24신사) 그것이 본질적으로 현실적 정치행위라는 사실과 함께 부정적 방향으로 틀어질 가능성을 시사한다.

이런 과정을 거치면서 삼사의 활동에는 부정적 요소가 점차 많아지기 시작했다. 대간이 국가의 대사는 논의하지 않고 하위 관직의 인사 같은 작은 일만을 문제 삼는다는 비판이 제기되었다.[88] 대간은 사사로운 이해관계에 따라 탄핵을 중지하고[89] 그릇된 판단을 내리거나[90] 고식적 대처로 일관하기도 했다.[91]

그러나 가장 심각한 변질은 특정 인물을 두려워해 발언하지 못하게 된 것이다. 대표적 사례는 김안로와 심정이 개입된 것이다. 중종 17년 4월 대사헌 김극성金克成은 김안로가 어머니 상중에 근신하지 않고 아들이자 부마駙馬인 연성위延城尉 김희金禧의 집 짓는 일을 감독하는 비례非禮를 저질렀지만 그의 권세가 두려워 탄핵하지 못했다. 중종 24년 4월 집의 심언광沈彦光의 행동도 상당한 문제가 있다. 심언광은 자신이 작성한 상소에 좌의정 심정을 비판한 부분이 많았기 때문에 그의 노여움을 살까 두려워 얼마 뒤 직접 그를 찾아가 오해를 풀었다. 사람들은 심언광이 체모를 잃었다고 비웃었다(중종 24.4.25경인).[92]

결론적으로 이 시기 왕권의 위상과 정치의 추이는 국왕이 뚜렷한 정치적 조정력이나 영향력을 발휘하지 못한 상태에서 일단 대신이 기묘사화의 영향으로 우위를 차지했지만 중종 22년(1527) 무렵부터는 삼사가 다시 영향력을 회복한 것으로 파악되었다. 기묘사화라는 커다란 충격을 겪은 삼사가 8년 정도 만에 위상을 다시 확보했다는 사실은 이제 삼사의 언론권이 정국운영의 필수 요소로 확고히 자리를 굳혔음을 입증하는 현상이라고 생각된다. 이런 정치적 변화가 나타난 이 시기는 전체적으로 정치세력 사이의 전면적 충돌은 나타나지 않고 상대적으로 안정된 기조를 유지했다.

주목할 사실은 삼사의 기능이 점차 변질되기 시작한다는 것이다. 그것은 지금까지 문제된 능상이나 월권과는 전혀 다른 '어용화'의 현상이었다. 삼사는 국정 현안을 외면하거나 개인적 이해관계에 따라 탄핵을 중지하기도 했다. 그러나 무엇보다도 특정 인물을 두려워하기 시작한 것은 그 본연의 비판 기능을 방기해 국정 이완을 가져올 수 있는 실마리를 보여주는 심각한 현상이었다. 이런 문제의 전모는 뒤이은 김안로 집권기에 드러났다.

4
김안로의 집권과 삼사의 기능 변질—26~32년

김안로의 시대

이 시기의 시작과 끝은 김안로의 집권과 실각으로 장식되었다. 그만큼 그는 이 시기 정치를 결정한 가장 중요한 변수였다. 그러나 '권신'이라는 표현에서 짐작되듯 김안로의 집권은 정치세력의 균형을 무너뜨려 정국을 파행으로 몰고 간 부정적 변수였다(통설에 따르면 그는 '훈구파'로 분류될 것이다. 그러나 그의 『용천담적기龍泉談寂記』는 이 시기 '사림파'의 주요 저술로 평가된다. 이런 상충된 측면 또한 통설의 문제점을 보여주는 증거라고 생각한다).[93]

이 시기 정치의 얼개는 "권력이 나라에 있지 않고 김안로에게 있다"는 평가에서 가장 명확히 알 수 있다(중종29.11.22갑신).[94] 김안로는 국왕과 대신·삼사를 모두 포섭하거나 장악해 '권신'이라는 이름에 합당한 위세를 떨쳤다.

먼저 그는 부마인 아들 김희에 힘입어 궁중 사정을 두루 파악해[95]

가장 중요한 권력의 원천인 국왕과 왕실에 밀착했다. 즉 중종은, 앞서 기묘사림처럼, 왕권의 영향력을 김안로에게 대부분 위임한 채 별다른 정치적 조정력을 보여주지 못했다.

김안로는 대신도 자기 세력 아래 두었다. 당시 의정부와 육조는 대부분 김안로에게 복종했다(중종31.10.30일자). 일부 대신은 그에게 아부해 승진하거나 그의 지시로 다른 당파를 배척하기도 했다.[96]

가장 중요한 사실은 김안로가 삼사에도 절대적 영향력을 행사했다는 것이다. 이처럼 한 개인이 국왕의 전폭적 지지를 바탕으로 대신과 삼사를 거의 모두 장악한 현상은 정국공신이나 기묘사림이 정국을 이끈 기간에도 나타나지 않은 일이었다. 이런 드물고 기형적인 권력 편중은 당연히 여러 문제를 드러냈다.

국정의 난맥상

가장 먼저 살펴보아야 할 측면은 이 시기를 앞뒤로 나타난 사회경제적 변동이다. 당시는 정치·경제·사회적 측면의 상호영향이 지금보다 훨씬 긴밀했던 미분화未分化된 사회였다. 그러므로 민생문제라고 포괄할 수 있는 이 사안은 정치의 안정과 불안에 상당한 영향을 주었다.[97]

우선 당시의 사회경제적 상황을 결정한 기본 변수인 자연적 조건이 중종 중반부터 상당히 악화되었다는 사실을 주목할 필요가 있다. 중종 20~25년에 걸쳐 가뭄·홍수·역질疫疾·병충해 같은 재해가 빈발해 심각한 흉년이 이어졌다.

이런 중종대의 불리한 자연적 조건은 사회경제적 상황 전체에 큰 영향을 주었다. 국가재정과 국역체제國役體制의 운영 같은 거시적 지표부터 살펴보면, 중종 때 국가재정은 심각한 어려움에 빠져 있었다고 평가된다. 이를테면 중종 25년(1530) 지출은 연산군의 폭정이 정점에 이른 갑자사화 무렵과 비슷했고, 중종 후반 왕실의 재정수요는 세출 예산표인 횡간橫看에 규정된 액수를 열 배 이상 넘었다. 이런 재정 상황은 앞서 살펴본 자연재해나 거기에 따른 농산물 생산 감소 등을 고려하면 상당한 문제가 있었다. 일반적으로 세원稅源의 총량이 줄면 재정운영도 긴축해야 하지만, 중종과 그의 조정은 그러지 않은 것이다.

이런 국가재정의 고갈은 국역체제의 해체로 이어졌다. 그것은 중종 25년 이후 본격적으로 진행되어 명종 15년(1560) 무렵에는 돌이킬 수 없을 정도로 악화된 것으로 평가된다. 이런 현상은 국가행정의 이완으로 이어져 중앙과 지방 모두 전횡과 부정이 증가했다. 백성은 사역私役보다 국역을 훨씬 부담스럽게 생각하게 되면서 유망流亡하는 부류가 늘어났다.

이런 사회경제적 상황의 악화는 부수적 사회변동을 연쇄적으로 일으켰다. 가장 중요한 사항은 많은 양민(주로 농민)이 토지를 잃은 반면 양반 지주의 토지 독점은 급속히 확산되었다는 것이다. 신분에 따른 토지소유의 편중은 신분구성의 변동으로 이어졌다. 양반 지주는 국역체제에서 벗어나(또는 쫓겨나) 자신에게 투탁한 몰락 양민을 노비로 만들고, 그들을 기존의 노비와 결혼시켜 자손을 생산해 재산을 불렸다. 이런 행태가 지속되면서 국가 전체 인구에서 노비 비율은 계속 증가해 16세기 전반 이후 신분구성은 양민보다 천민이 많은 구조

[良少賤多]로 재편되었다.[98]

　전체적으로 이 시기의 정치는 국왕은 물론 대신과 삼사를 비롯한 대부분의 정치세력이 김안로에게 의존하거나 부속된 상태로 운영되었다. 이런 기형적 정국에서는 대신이나 삼사 모두 고유한 직무를 충분히 수행할 수 없었다. 이 시기에도 몇 가지 제도 개편이 추진되었지만 방향과 내용 모두 현안을 해결하기에 미흡했던 까닭은 이런 구조적 문제에 있었다고 생각된다.[99] 삼사의 기능 변질은 그런 구조적 문제를 가장 잘 드러낸 현상이었다.

사유화된 삼사

여러 번 언급했듯 성종 중반 이후 진행된 가장 의미 있는 정치제도적 발전의 하나는 삼사의 기능이 확립되어 국왕·대신과 견제와 균형을 이루면서 정국을 운영하게 된 것이다. 지금까지 서술한 사건의 많은 부분은 삼사의 그런 기능이 현실에 뿌리내리는 과정에서 나타난 반발과 극복이었다. 그동안 삼사는 일정한 문제점을 드러내기도 했지만 본연의 직무인 탄핵과 간쟁을 성실하고 용감하게 수행해 정치운영에 중요한 순기능을 해왔다. 그러나 김안로라는 한 개인에게 국왕을 포함한 거의 모든 정치세력이 부속된 기형적 상황은 삼사의 기능에도 중대한 변질을 가져왔다.

　앞서 살펴본 대로 삼사는 중종 22년 이후 천천히 위상을 회복했다. 이런 추세는 김안로가 집권하면서 더욱 굳어졌다. 대신은 국정운영의 책임을 삼사에게 미루고 방관했다. 그 결과 삼사의 위상은 "정치가 대간에 귀속되었다[政歸臺閣]"고 평가될 정도로 높아졌다. 예컨대 삼사가 시골에 내려가면 감사 이하가 모두 굽실대면서 쌀과 콩을 몇 백 석씩 바쳤다는 기사는 그런 정황을, 부정적 측면에서, 잘 보여준 다(중종28.11.4임인).[100]

그러나 심각한 문제는 이런 삼사의 높은 위상이 김안로의 어용 언 론으로 기능해 얻어진 것이라는 데 있었다. 본연의 기능상 삼사는 대 신의 비행非行을 감찰하고 탄핵해야 마땅했다. 그러나 김안로 집권 기의 삼사는 그러지 못했을 뿐 아니라 가장 부정적 형태의 기능 변질 인 권력자의 사적私的 언론으로 전락하고 말았다.

김안로는 삼사의 인사권을 장악해 자신과 의견이 다른 사람은 의 망조차 하지 않았으며 자기 인척을 여럿 임명해 삼사를 완전히 재편 했다(중종28.7.29경오;32.6.21무진;32.8.3기유).[101] 이렇게 구성된 삼사가 김안로와 결탁해 그의 개인적 이해에 따른 언론을 제기한 것은 당연 한 결과였다. 그러므로 "정치가 대간에 귀속되었다"는 말은 "정치가 김안로에게 귀속되었다"는 표현과 동일했다.

그런 사례는 자주 나타났다.[102] 우선 중종 26년(1531) 4월 전 좌찬 성 이항을 탄핵한 것이 주목된다. 이때 삼사는 이항에게 수뢰 혐의를 두었지만, 실제 원인은 그가 대사헌일 때 자신을 귀양 보낸 일에 원 한을 품은 김안로의 사주 때문이었다. 김안로의 지시를 충실히 따른 삼사는 이항을 사형시켜야 한다고 극론했지만, 삼정승의 반대로 유 배형에 그쳤다(중종26.4.6경신·9계해~11을축·15기사·20갑술·24무인). 삼 사가 김안로의 개인적 원한에 따른 사주를 받아 사형이라는 극한적 처벌을 주장한 이 사례는 앞으로 나타날 삼사의 기능 변질을 예고하 는 전조였다.

같은 해 10월에도 비슷한 사례가 나타났다. 이번에는 대신이 먼저 공격했다. 대간이 예조판서 김안로를 탄핵하지 않은 것은 서로 결탁한 증거라는 것이었다. 대간은 혐의를 완강히 부인하면서 사직했다. 특히 대사헌 심언경沈彦慶과 대사간 권예權輗는 대신이 대간을 김안로 당파로 몰아 언로를 막으려고 한다면서 강력히 반발했다. 김안로를 사이에 두고 발생한 대신과 대간의 충돌에서 중종은 좌의정 이행과 공조판서 조계상曹繼商을 파직시키고 호조판서 유여림兪汝霖의 고신을 삭탈해 대간의 손을 들어주었다. 기선을 제압한 대간은 대신의 비판을 주도한 공조판서 조계상을 다시 집중적으로 탄핵해 멀리 유배 보냈다. 뒤이어 의정부와 육조가 상당수 교체됨으로써, 대신이 공격을 시작한 이 사안은 오히려 삼사의 일방적 승리로 끝났다(중종 26.10.22임인~26병오·28무신;26.11.1신해·9기미·25을해 등).[103] 이번에도 사평은 김안로가 자기 당파를 삼사에 많이 심어 서로 결탁했다고 지적했다(중종26.10.24갑진·25을사).[104]

삼사의 왜곡된 언론은 계속되었다. 중종 29년 4월 사헌부는 전라 좌수사에 제수된 이권李卷은 탐욕스러우니 임명해서는 안 된다고 반대했다. 그러나 이때도 실제 까닭은 이권이 김안로가 미워하던 이행의 형이기 때문이었다(중종29.4.3기해). 김안로의 마음을 잘 아는 사헌부는 미리 헤아려 움직였다.

일시적 위기도 있었다. 중종 27년 12월 장령 송인수宋麟壽의 탄핵으로 김안로가 이조판서에서 물러난 것이다. 그러나 당시 사헌부는 대사헌 황사우黃士祐, 지평 채무택蔡無擇·박홍린朴洪鱗 등이 모두 김안로의 당파였다. 송인수는 곧 그들의 중상으로 유배되었다(중종

27.12.19임진·26기해).

　이 시기 대간은 기본 임무상 자신과 유기적 관계에서 권신과 맞설 수 있는 낭관도 공격했다.[105] 중종 26년 2월 이조정랑 이찬李燦과 홍문관 저작 김노金魯는 김안로의 복직에 반대하다가 대간의 탄핵으로 유배되었다. 이때 대간도 물론 김안로 당파였다. 같은 해 7월 사간원은 이조좌랑 민제인閔齊仁이 사사로운 이해관계에 따라 권세를 부린다고 탄핵했지만, 그 내막은 그가 김안로를 따르지 않기 때문이었다. 중종 30년 1월 이조좌랑 홍섬洪暹이 사간원의 탄핵으로 파직된 사례도 비슷하다. 그 까닭은 홍섬이 김안로의 권력 행사에 비판적 의견을 나타내고 이조좌랑 선임에서도 김안로 일파인 대간과 이견을 보였기 때문이었다.

　지금까지의 사례도 포함되겠지만 김안로에게 가장 유용하고 중요한 삼사의 기능은 자신의 정적을 탄핵해 실각시키는 것이었다(중종 29.12.7기해).[106] 이것은 삼사의 어용화가 도달한 마지막 단계였다고 말할 만하다. 그 대상은 중종 때 주요 대신인 심정과 정광필이었다. 김안로의 가장 큰 정적인 심정은 중종 26년 12월 사사되었는데[107] 김안로와 삼사가 협력한 결과였다(중종26.12.1경진).

　같은 해 10월에는 정광필이 김안로의 사주를 받은 대간의 탄핵으로 관직에서 물러났다. 특히 이때 삼사는 "권간權奸에게 아부"하고 "흉악한 짓을 계속"한 "사악한 논의의 뿌리"라는 대단히 과격한 표현으로 그를 매도했다. 중종 32년 5월 정광필은 다시 언관의 탄핵을 받아 고신을 빼앗기고 김해金海로 유배되었다. 사평은 정광필의 사직을 안타까워하면서 이것 또한 김안로의 사주를 받은 대간의 언론이

었다고 밝혔다(중종29.10.14정미;30.1.10신미·16정축).[108]

　김안로 집권기에 뚜렷해진 삼사의 기능 변질을 가장 명확히 지적한 사람은 중종이었다.

　나라가 어지러운 때는 권간이 삼사의 수장이 되어 자기 심복을 언관에 배치해 놓으면 하고 싶은 일을 모두 마음대로 할 수 있다. 언관에게 먼저 논의를 꺼내게 한 뒤 권간은 그것을 뒤따라 찬성하면 되기 때문이다. 겉으로는 공론을 가탁해 반드시 따라야 한다고 주청하지만 실제로는 자기 욕심을 이루려는 것인데, 아무도 이의를 제기하지 않기 때문에 임금은 모두 따를 수밖에 없다. 언론을 받아들이는 것이 중요하지만, 이렇게 되면 도리어 위험과 혼란으로 빠지게 된다. 옛말에도 "정치가 대간으로 돌아가면 천하가 어지럽게 된다"고 하지 않았는가? 이런 폐단이 바로 지금 조정에 있지만 아무도 지적하지 않으니 이것 또한 요즘의 폐단이다(중종32.11.13무자).

　이것과 함께 유생의 습속이 나빠지고 학문 수준도 낮아지는 문제가 심각해졌다.[109] 교육과 학문 수준의 저하는 중종 2년 6월 대간이 침체된 학교와 선비를 일으켜야 한다고 주장할 정도로, 일찍부터 문제로 떠올랐다. 가장 큰 원인은 중앙정치에 큰 충격을 준 세 차례의 사화였다. 이런 영향에 따른 유생의 수준 저하는 상당히 심각했다. 관련 기사는 중종 5~7년과 14년을 빼고는 해마다 나올 만큼 빈번했고 그 정도 또한 우려할 만한 수준이었다.

　그것을 잘 보여주는 객관적 증거는 유생의 시험성적이 크게 떨어졌다는 사실일 것이다. 예컨대 중종 17년 4월 제술에 응시한 성균관 생원 3백여 명 가운데 절반 이상이 아예 제술을 하지 못했고, 했어도 제대로 된 것은 한편도 없을 정도였다. 상당한 시간이 지난 뒤에도 상황은 비슷했다. 중종 31년 1월에 치른 시험에서 유생 7백여 명의 답안 가운데 제대로 된 것은 30편뿐이었고 거기서도 합격자는 2명밖에 되지 않았다. 다음 달에는 더 심각해 2천 명 가운데 2명만 합격했다. 중종 33년 10월에는 성균관과 사학四學 유생 10명에게 국왕이 직접 강경講經을 치렀으나 모두 합격하지 못했다. 쓸 만한 인재가 부족해진 것은 당연할 결과였다. 이것은 앞서 말한 국역체제 해체와 행정체계 이완에도 영향을 주었을 것이다.

여러 대책도 강구되었다. 강경에서 좋은 성적을 거둔 사람은 즉각 포상하고 인재 선발을 목적으로 별시를 자주 실시했다. 그러나 이런 학문 장려책에 장기적 안목이 부족했다는 평가에서 알 수 있듯, 이런 노력은 도리어 합격자의 수준을 떨어뜨리고 과거에 부정이 만연하게 만들었다. 서얼과 각 관청 노비도 응시할 수 있었으며, 마음대로 책을 갖고 시험장에 들어가거나 걷은 답안지를 몰래 돌려준 뒤 다시 작성케 해 합격시킬 정도로 관리가 허술해졌다. 무과에서는 시험 감독관이 응시자의 무기나 말을 강제로 빼앗아 자기 친척이나 친구에게 주는 일까지 있었다. 이런 과거의 문란은 중종도 큰 문제로 인식할 정도였다.

요컨대 김안로가 집권하는 동안 왕권의 위상과 정치는 상당한 문제점을 드러냈다. 중종이 왕권의 영향력을 김안로에게 거의 위임한 결과 대신과 삼사를 포함한 거의 모든 신하가 그에게 종속됨으로써 정치세력의 균형은 크게 와해되었다.

특히 중요한 사실은 삼사가 김안로에게 사유화된 기능 변질이 뚜렷이 나타났다는 것이다. 대부분 김안로 당파로 채워진 삼사는 김안로의 비위를 맞추거나 그의 정적을 실각시키는 어용 언론을 전개했다. 이 시기 삼사는 "정치가 대간에 귀속되었다"고 평가될 정도로 강력했지만, 그것은 본연의 기능을 폐기하고 권신의 사적 언론으로 전락해 얻은, 다시 말해 권신이 허락한 권력일 뿐이었다.[110]

삼사는 성종 중반 이후 60년 가까이 세 사화를 비롯한 여러 시련을 극복하면서 중앙정치의 필수 관서로 자리를 굳혀왔다. 그러나 이런 변질된 모습은 이제 삼사도 일정한 재정비가 필요한 시점이 되었다는 하나의 경보였다. 중종과 신하들은 이런 문제를 해결하기 위해 다시 한 번 여러 노력을 기울였다. 적지 않은 한계를 지녔지만, 그것은 조선의 정치를 한 단계 더 발전시키는 동력이 되었다.

5
중흥의 마지막 노력―33~39년

중흥의 의지

39년에 걸친 긴 치세를 마감하는 이 시기는 중종이 자신의 정치적 구상을 실현할 수 있는 마지막 기회였다. 그동안 중종은 연산군 때의 정치적 파탄을 수습해 왕권을 회복하고 국정을 안정시키려고 다양한 방법을 모색해왔다. 기묘사림과 김안로 일파의 등용과 그들을 앞세운 정국운영은 그런 모색의 대표적 성과와 한계였다고 할 것이다.

그러나 전체적으로 그동안 중종이 왕권을 충분히 행사했다고 보기는 어려웠다. 집권 초반 정국공신부터 기묘사림과 사화를 주도한 일부 대신, 그리고 권신 김안로에 이르기까지 중종은 대체로 어떤 집단에 왕권의 영향력을 위임하거나 정치적 주도권을 빼앗긴 상태로 치세를 이어왔기 때문이다. 따라서 치세의 끝머리에 중종이 풀어야 할 일차적 과제는, 늦었지만 정국운영의 주도권을 장악해 앞서 김안로 집권으로 야기된 파행을 바로잡는 것이었다.

이런 맥락에서 볼 때 이 시기 첫머리부터 중종이 직접 정치적 변화를 주도하겠다는 의지를 강하게 나타낸 사실은 주목된다. 중요한 계기는 중종 33년(1538) 10월 전위傳位 의사를 표명한 사건이었다. 일찍이 태종도 그랬지만, 전위 파동은 국왕이 신하를 압박해 정치적 주도권을 장악하려는 의도로 일으키는 사건이다.[111] 이때도 비슷했다. 신하들의 만류로 하루 만에 전위 의사를 철회한 중종은 이제야말로 "더욱 정성을 다해 정치를 도모할 때"라면서 자신에게는 네 가지 기회가 있으므로 중흥은 반드시 성공할 것이라는 강한 자신감을 피력했다.

내게는 바로 지금 네 가지 기회가 있다. 간신奸臣을 제거해 조정이 화평해진 것이 첫 번째 기회며, 지금 내 나이가 태종과 꼭 같은 것이 두 번째 기회다. 내가 즉위한 지도 세종과 같은 33년째니 이것이 세 번째 기회며, 세자가 현명하게 자라 학문이 고명하고 기질이 순수하니 이것이 네 번째 기회다. 이런 네 가지 기회는 만나기 어려운 것이다(중종 33.10.1신축·2임인).

태종과 세종의 통치를 모범으로 삼겠다는 의욕의 구체적 성과는 우선 인사정책에서 나타났다. 김안국金安國·김정국金正國·권벌權橃·신광한 등 기묘사화로 쫓겨난 인물을 다시 등용하고 이언적李彦迪·송세형宋世珩 등 성리학 지식이 풍부한 신진 인사를 홍문관에 배치했다. 기묘사림과 일정한 친연성을 가진 그들은 앞서 좌절된 향약·향음鄕飮·향사례鄕射禮와 천거제의 재실시를 건의하고 여러 개혁책을 제시했으며, 조광조를 비롯한 기묘사림의 신원伸寃 등을 주장했다.[112] 이런 기묘사림 관련 인물의 등용은 인적 쇄신으로 정치변화를 시도하려는 중종의 노력이었다.[113]

한계와 성과

그러나 왕권 강화와 개혁적 인사정책을 바탕으로 정치적 변화를 추진하려던 중종의 구상은 여러 난관에 부딪혔다. 우선 대신의 위상이 제대로 회복되지 않았다. 앞서 김안로와 그에게 예속된 삼사에 국정운영의 주도권을 자발적으로 이양하고 임무를 방기했던 대신은 김안로의 실각으로 되찾은 국정운영의 책임을 성실하게 떠맡지 않았다(중종33.1.21병신;35.1.30계해). 김안로가 전권을 휘두르다가 숙청되는 것을 보면서 권력에 대한 두려움을 느꼈기 때문이다(중종36.4.28갑신;36.11.15정유). 그 결과 삼정승은 국정을 주도적으로 논의하지 않고 자리만 채울 뿐이었다(중종39.1.27병인). 판서들도 비슷해서, 이조는 인물 선별은 대간의 일이라면서 인사권을 양보하기도 했다(중종34.윤7.4기해;38.2.6경진).

대윤과 소윤의 대립이 시작된 것도 중종의 개혁 의지를 방해하는 중요한 원인이었다. 두 정파의 갈등은 계속 커져 치세 마지막 해인 중종 39년(1544)에는 서로 방문조차 않을 정도였다.[114]

이런 대신의 책임 방기와 대·소윤의 갈등 고조는 관원의 기강을 해이하게 만들었다(중종36.11.15정유·28경술). 고위 관원은 하위 관원을 검속檢束하지 않고 하위 관원은 고위 관원을 공경하지 않게 되어 서로 빈말만 일삼고 실천은 하지 않아 삼가는 순일純一한 마음이 없어진 것이다(중종37.10.28갑진;39.10.23무자).

대사헌 황헌黃憲이 말했다. ……"지금 보면 선비의 기개가 떨치지 못
하고 매우 심각하게 위축되어 제 몸만 위하고 나라를 위할 줄은 모
릅니다. 위로는 재상부터 아래로는 말직까지 모두 '내가 하지 않아도
다른 사람이 있을 것'이라면서 직무는 버려놓고 세월만 보내는 폐습
이 고착되어 임금의 잘못과 조정朝廷의 득실을 과감하게 말하는 사람
이 하나도 없으니 어찌 선비의 습속이 이런 때가 있었겠습니까?(중종
34.1.20기축)"

궁극적으로 이런 문제는 국정 전반의 이완으로 이어졌다. 공도公
道보다 사정私情이 앞선 결과 국정의 기강이 해이해지고 업무 처리가
혼란해져(중종36.11.19신축;35.11.28을묘) 중앙과 지방의 행정체계가 상
당한 난맥상을 드러냈다. 중앙행정은 엄격하지 못해 말이 쉽게 나오
고 들어가 법령이 제대로 시행되지 않았고(중종38.1.27임신) 공무를 빙
자해 사리私利를 꾀하는 폐단이 나타났다(중종37.4.23계유). 지방행정
도 비슷한 문제가 지적되었다(중종37.12.9갑신).
　아울러 인사 운영에도 중요한 변화가 나타난 것이 주목된다. 불공
정한 인사나(중종37.4.23계유) 청탁·뇌물 등의 폐단(중종39.5.1무술),[115]
그리고 인재 천거의 부실(중종39.6.29병신) 등은 다른 시기에도 지적된
일반적 현상이지만, 이 시기에는 재직기간의 단축과 재임용의 증가
라는 새로운 특징이 나타났다. 즉 어떤 관직에 근무하는 기간이 매우
짧아져 인사 교체가 매우 빈번했지만, 교체된 그 사람이 얼마 뒤 그

관서 및 조사 내용		성종	연산군	중종
의정부 당상	인원	99명(93/4.0)	71명(67/5.9)	306명(222/7.9)
	재직기간	26.4개월	15.2개월	15.4개월
	평균나이	55.3세	59.9세	57.7세
	재임용	6명(6.1%)	4명(5.6%)	84명(27.5%)
육조 판서	인원	145명(129/5.8)	60명(56/5.0)	420명(287/10.8)
	재직기간	14.5개월	16.1개월	6.8개월
	평균나이	50.8세	53.8세	54.7세
	재임용	16명(11.0%)	4명(6.7%)	133명(31.7%)
삼사 장관	인원	150명(127/6.0)	103명(93/8.6)	465명(291/11.9)
	재직기간	6.3개월	4.2개월	3.3개월
	평균나이	46.5세	51.8세	46.6세
	재임용	23명(15.3%)	10명(9.7%)	174명(37.4%)

＊'인원' 항목의 괄호 안 수치는 실인원/1년당 평균인원수

자리에 다시 임명되는 현상이 굳어진 것이다.[116]

　그런 추이는 중앙조정의 주요 관직인 의정부 당상(의정~참찬)과 육조 판서, 그리고 삼사 장관(대사헌, 대사간, 부제학)에 뚜렷이 나타났다. 먼저 재직기간에서 중종 때 의정부 당상과 육조 판서, 삼사 장관은 모두 성종 때의 절반밖에 되지 않았다. 이런 현상은 삼사 장관에서 두드러져 이미 성종 때 6.3개월밖에 안 되던 재직기간이 중종 때는 3.3개월로 줄었다. 그러니까 중종 때 삼사 장관은 석 달 남짓 근무한 뒤 교체된 것이다. 다음으로 재임용 또한 중종 때 크게 증가해 30퍼센트 안팎의 관원이 일단 파직된 뒤 같은 관직에 다시 임명되었다.

　그 원인은 두 가지로 생각된다. 먼저 앞서 지적된 대로 중종 때 인사행정에 일관성이 부족했던 결과로 볼 수 있다. 중종과 신하 모두 이 문제를 심각하게 우려했고, 그것을 해결하려고 많은 노력을 기울였다는 사실은 인사행정의 이런 변화가 바람직하지 않았다는 것을

알려준다. 이런 현상은 중종 무렵이 되면 그동안 적체된 가용 관원이 관직 숫자보다 훨씬 많아졌기 때문에 인사적체를 해소하려고 어쩔 수없이 실시한 방책으로 해석할 수도 있다.

좀더 중요한 측면은 이런 변화가 가져온 결과였다. 객관적 수치에서도 알 수 있듯, 이런 현상은 삼사와 관련해 특히 현저했으며 그만큼 심각한 의미를 갖고 있다. 삼사는 상대적으로 부담이 큰 탄핵과 간쟁을 수행했기 때문에 그만큼 파직의 위험에 많이 노출되었다. 그러므로 그들이 본연의 임무를 정상적이고 원활히 수행하게 하려면 그런 위험 부담을 되도록 줄여주는 제도적 장치가 필요했다. 그것이 바로 빈번한 인사이동과 재임용의 증가라는 현상으로 나타났다고 생각한다. 다시 말해 어떤 관서의 인사이동이 만성에 가까울 정도로 빈번했지만 상당수의 사람이 다시 그 관직에 임용되는 구조적 변화는 특히 삼사의 기능과 위상을 보장해주는 제도적 변화로 파악할 수 있다는 것이다.

그러나 이런 연동적連動的 변화가 반드시 긍정적 의미만 가진 것은 아니었다는 측면 또한 지적하고 싶다. 무엇보다 삼사의 영향력이 제고될수록 정치세력 사이의 갈등도 고조되는 경향은 유의해야 할 측면이다.[117]

중종은 이런 문제의 시정을 적극 촉구했다. 그는 핵심 문제인 대신의 책임 회피를 여러 차례 질책하면서 본연의 임무에 충실할 것을 독려했다. 조정에 기강이 없는 까닭은 훌륭한 대신이 없기 때문이며, 나라의 흥망은 대신에게 달려 있으니 대간에게 책임을 미루지 말고 국정에 적극 참여하라는 것이었다(중종34.8.28임진;36.4.28갑신;36.11.15

정유;37.5.1신사;37.11.2무신). 국왕은 잦은 인사이동의 문제점을 지적하는 신하의 의견에도 공감을 표시했지만, 국정운영의 핵심 요소인 인사문제라는 그 사안의 복잡성을 극복한 해결책을 제시하지는 못했다고 판단된다.[118]

전체적으로 중종은 "이때야말로 더욱 정성을 다해 정치를 도모할 때"라면서 국정 장악과 쇄신의 강한 의지와 자신감을 피력했지만 그 목표를 충분히 달성하지는 못한 채 자신의 치세를 마감했다고 생각된다.[119] 정치적으로는 대윤과 소윤의 갈등이 시작되었고 대신의 임무 방기에서 비롯한 국정 이완은 만족스럽게 정비되지 않았다. 인사행정의 문제점, 유생의 습속 쇠퇴와 수준 저하 같은 문제에 처방한 해결책도 미진했다.

이런 한계에도 기묘사화 피화인을 다시 등용해 변화의 분위기를 조성한 것은 그뒤의 정치발전에 작지 않은 촉매가 되었다.[120] 삼사의 기능 변질 또한, 근본적으로는 부정적 현상이지만, 삼사가 그동안 여러 난관을 거치고 위상을 확립했다는 반증이기도 했다. 다시 말해 이 시기는 삼사가 조선의 정치제도에 완전히 스며드는 마지막 단계였다.

6
중종의 왕권—조정력의 부재와 미완의 중흥

중종의 시대는 연산군의 폭정으로 무너진 국정을 수습해 중흥을 이루려는 목표로 다양한 모색과 실험을 거듭하면서 성과와 한계를 동시에 남긴 기간이었다고 말할 만하다. 그런 노력을 날카롭게 비평한 발언은 중종이 붕어한 날에 실린 네 개의 사평이라고 생각된다(중종 39.11.15경술). 조금 길지만 그 내용은 상당히 흥미롭다.

① 사관은 말한다. 주상은 인자하고 현명하며 세상에서 뛰어난 자질로 폐조廢朝의 혼암昏暗한 시기에도 효도와 우애를 독실히 실천하고 신하의 도리를 다하셨다. 폐주의 어지러운 정치가 더욱 혹독해져 백성들이 도탄에 빠지니, 하늘이 돌아보사 천명이 주상께 돌아왔다. 신민臣民의 추대를 사양할 수 없어 마침내 보위에 오르니 천지신명과 사람이 모두 기뻐하고 종묘와 사직이 기댈 곳이 있게 되었다. 그런 중흥의 공적은 너무 높아서 무어라 표현할 수 없다. 즉위하신 이래 학문은 정일精一한

묘리妙理를 궁구하셨고 뜻은 요순의 통치에 두어 언제나 백성들을 불쌍히 여기고 간언을 흔쾌히 용납하셨다. 재위 39년 동안 항상 하늘을 두려워하고 백성을 사랑하는 정치를 이루려고 근심하고 노력하셨으니 참으로 세상에 드문 현명한 군주셨다.

그러나 애석하게도 인자하고 온화함은 넉넉했지만 과단성이 부족해 사람을 등용하고 물리치는 과정에서 인재를 정확히 판별하지 못하는 실수를 면치 못했다. 그래서 군자와 소인이 번갈아 나들고 권신과 간신이 왕명을 훔쳐 정치적 혼란이 자주 일어나 통치가 나아지지 않았으며 재해도 끊이지 않았다. 그 결과 우리나라 신민은 끝내 삼대의 정치를 보지 못했으니, 임금은 있으나 신하가 없다는 탄식을 어찌 그칠 수 있겠는가? 이처럼 옛것을 좋아하고 착함을 즐기는 정성을 가진 군주가 함께 일할 만한 신하를 얻어 일을 맡기고 소인이 그 사이에 끼어들지 못하게 했다면, 군신이 덕을 함께 하고 처음부터 끝까지 서로 믿어 아름다운 정치를 이뤘으리니 그 융성한 치적과 성대한 공훈이 어찌 이런 정도에서 그쳤겠는가?

② 사관은 말한다. 중종대왕은 공손하고 검소하며 인자해 재위 40년 동안 안으로는 주색과 밖으로는 놀이와 사냥에 빠진 적이 없었다. 즉위한 이래 힘써 치도를 강구해 온 나라가 태평을 기대했는데, 적합한 신하의 보좌를 받지 못해 앞에서는 기묘년(중종 14년 기묘사화)에, 뒤에서는 정유년(중종 32년 김안로 숙청)에 실수를 저질렀다. 그 결과 조정이 시끄러워지고 붕당이 일어나 어진 사람을 좋아하고 선행을 즐기는 마음이 잠깐 열렸다가 끝내 닫히고 말았다. 이것은 다른 까닭이 아니라 조광조 등이 옛것을 사모한다는 이름만 있었지 그 실상은 없어 번

잡하게 고치는 것만 일삼고 점진적으로 개선해나가는 방도는 생각지 않았기 때문이다. 그들은 사람을 배척하는 데만 주력하고 자기 생각을 단번에 실행하려고 시도했으니, 그들이 꿈꾼 삼대의 정치가 과연 이런 것인가? 그뒤로는 아름다운 말과 착한 행실을 아뢰더라도 앞과 뒤에서 징계된 경험 때문에 열린 마음으로 받아들이지 못했으니, 이것이 이른바 "지혜로운 사람도 그 끝을 잘 맺기 어렵다"는 것이다. 그 잘못을 따져보면 모두 기묘년의 사람들이 단서를 열어놓은 것이다.

그럼에도 인후한 성덕聖德으로 삼가고 부지런해 중국을 정성껏 섬기고 오랑캐를 도리로 통솔했으며, 백성의 질고를 잘 알고 어루만져 나라가 소생하고 원망이 사라졌으니 참으로 중흥의 성군이라고 할 만하다. 묘호를 중종이라고 한 것도 이 때문일 것이다.

③ 사관은 말한다. 주상은 인자하고 부드러움은 넉넉했지만 과단성이 부족해 일을 하려는 뜻은 있었으나 일을 한 실상은 없었다. 좋아하고 싫어함이 분명치 않고 어진 사람과 간사한 무리를 뒤섞어 등용했기 때문에 재위 40년 동안에 다스려진 때는 적었고 혼란한 시기가 많아 끝내 작은 평안의 효과도 나타나지 않았으니 안타깝다.

④ 사관은 말한다. 주상은 인자하고 공검恭儉함은 천성에서 나왔으나 우유부단해 아랫사람들에게 좌우되었다. 견성군甄城君을 죽여 형제간의 우애가 어그러졌고, 신씨愼氏를 내치고 경빈敬嬪 박씨를 죽여 부부의 정이 없어졌으며, 복성군福城君과 당성위唐城尉를 죽여 부자父子의 은혜가 무너졌고, 대신을 많이 죽이고 처벌이 잇따라 군신의 은혜가 야박해졌으니 애석하다(견성군 이돈李惇은 성종의 일곱째 아들로 숙의淑儀 홍씨의 소생이다. 중종 2년[1507] 이과李顆가 모반을 일으키면서 그를 추

대했다는 이유로 강원도 간성杆城에 유배되었다가 사사되었지만, 이듬해 무고로 밝혀져 신원되었다. 복성군은 경빈 박씨의 아들이며, 당성위 홍려洪礪는 복성군의 누이인 혜정옹주惠靜翁主와 결혼한 중종의 부마다).

이 사평들의 가장 중요한 특징은 그 내용이 서로 상당히 다르다는 것이다. 앞의 두 사평은 긍정적 평가가 더 많지만 뒤의 두 사평은 부정적 비판이 우세하다. 긍정적 평가의 주요 내용은 중종이 반정으로 추대된 뒤 39년에 걸친 긴 치세 동안 남다른 성실성으로 요순의 정치를 추구한 결과 '중흥의 성군'을 상징하는 '중종'이라는 묘호를 얻을 수 있었다는 것이다. 놀이와 사냥·여색을 멀리하면서 정성을 다해 선정에 힘썼다는 평가는 중종의 성실성을 보여주는 대표적 증거가 될 것이다. 이런 성실함은 치밀하고 꼼꼼한 성격과 행동으로 나타났다. 중종은 책을 읽을 때 한 글자의 오차도 없었고(중종9.3.8신미) 작은 착오도 그냥 넘어가지 않고 장부의 세밀한 오류까지 들춰냈으며, 은량銀兩의 무게까지 달아봐 오차가 있으면 담당 관리를 견책할 정도로 치밀하고 꼼꼼했다(중종8.6.4신축).[121]

좀더 주목되는 측면은 비판적 평가다. 네 사평에서 공통적으로 지적한 핵심 사항은 "우유부단함, 즉 과단성의 부족에서 기인한 인사정책의 실패"다.[122] 사평은 이런 문제 때문에 중종이 중흥과 개혁을 위해 다양한 모색을 시도했지만 끝내 만족할 만한 성과를 거두지 못했다는 결론에 이르렀다.[123]

사평에서 지적한 "과단성의 부족에서 기인한 인사정책의 실패"는 중종의 정치를 이해하는 중요한 열쇠라고 여겨진다.[124] 이런 판단을 설명하려면 두 번째 사평에서도 중종 때의 중요한 사건으로 지목한 기묘사림과 김안로 일파의 등용과 숙청을 살펴볼 필요가 있다.

먼저 기묘사림은 치세 6년 무렵부터 월권적 모습을 드러낸 삼사를 대체하려고 중종이 새로 등용한 집단이었다. 중종은 삼사의 비판적 언론기능을 충실히 수행하되 조정朝廷의 위계와 대신의 입지를 충분히 배려하는 신진세력으로 기묘사림을 발탁해 지치로 표현된 정치 개혁을 이루려고 했다.[125] 다음으로 재위 22년 김안로의 복귀 명분 또한 신하 내부의 균형을 조성해 정국을 안정시키려는 중종의 의도였다. 그러니까 두 세력의 등용은 모두 인사를 쇄신해 정국을 변화시키려는 구상에서 추진된 시책이었다.

그러나 결과는 그 반대에 가까웠다. 긍정과 부정의 평가는 일단 제쳐두면, 그 두 세력은 당시 정치세력의 권력 균형을 크게 무너뜨렸기 때문이다. 기묘사림과 김안로 일파는 그 주요 인물이 삼사와 대신에 포진했다는 차이가 있지만 더욱 중요한 공통점을 지녔다. 바로 대단히 빠르게 권력 핵심으로 진입해 일정 기간 견제세력이 없을 정도로 강한 배타적 권력을 행사하다가 돌발적으로 숙청된 것이다.[126]

국왕이 신임하는 세력이나 인물을 중심으로 국정을 운영하는 것은 매우 자연스러운 일이다. 그리고 국면 전환이나 개혁을 추진할 목적에서 기존 세력을 배제하고 새 세력을 등용하는 것 또한 그러하다. 그러나 중종이 보여준 정국운영의 큰 특징은 그런 과정이 너무 급격하게 진행되었다는 것이다. 능상의 문제를 불러온 기묘사림의 이상주의적 개혁정치나 권신으로 지목된 김안로의 전횡은 그런 문제점을 집약적으로 보여준다.

이런 현상이 나타난 까닭은 중종이 왕권의 핵심 권능이자 필수 조건인 정치적 조정력을 충분히 발휘하지 못한 데 있다고 생각한다. 중종은 기묘사림과 김안로를 발탁한 뒤 그들이 일으킨 문제들을 적절한 시점에서 해결하는 조정력을 보여주지 못했다. 그러면서 그는 문제를 어쩔 수 없는 지경까지 악화시켰고, 결국 그들을 사화와 밀지라는 돌발적이고 비상한 방법으로 숙청할 수밖에 없었다.[127] 이것은 문제의 해결이라기보다는 청산에 가까운 방법이었고, 후유증 또한 가장 큰 선택이었다. "과단성의 부족에서 기인한 인사정책의 실패"라는 사평은 이런 측면을 날카롭게 지적했다고 생각된다.

전체적으로 중종이 효율적이며 강력한 왕권을 행사했다고 평가하기는 어렵다. 치세 초반에는 반정이라는 특수한 상황 때문에 어쩔 수 없이 '군약신강君弱臣强'의 위치에 놓였지만, 그뒤에도 중종의 왕권은 충분히 신장되지 않았다. 그런 모습은 김안로 집권기에 더욱 두드러졌다. 당시 중종은 그에게 인사권을 거의 위임했기 때문에[128] 다른 신하들도 사안을 처리하는 데 국왕의 의견을 그다지 신경 쓰지 않았다.[129] 이런 현상이 불러온 가장 큰 문제는 당연히 왕권 약화였다(중종 30.1.10신미). 조금 잘못이 있어도 왕권을 적극 행사해야 한다고 신하들이 중종에게 촉구하는 모습은 그 심각성을 상징적으로 보여준다.

대사헌 성운 등이 상소했다. …… "국가 사무를 총괄하는 권한과 신민을 진작시키는 방법은 주상께만 있는 것이니, 공경 대신이 힘써 궁리하고 논의해봐도 큰 보탬이 없습니다. 전하의 행동 하나하나는 참으로 많은 사람의 관심을 불러일으킵니다. 정령政令을 펼 때와 일의 기회가 왔을 때는 놓치지 말고 즉시 영단을 내려 사방에 분명히 보이셔야지, 겸양하는 태도로 묵묵히 따르거나 논의가 정해지기를 앉아서 기다리면 안 됩니다. 결단할 때 조금 잘못이 있어도 명군明君이 되는 데는 지장이 없습니다. …… 바라건대 전하께서는 지금의 병통을 밝게 알아 통찰력 있는 결단을 내리소서(중종17.8.22을미)."

하지만 왕권의 위상은 김안로가 숙청된 뒤에도 그리 나아지지 않았다. 치세 종반인 중종 38년 사헌부가 "권세 있는 집안이 있는지만 알고 임금이 있는지는 모르게 될 것"이라고 말하자 중종이 "참으로 옳다[正當]"고 동의하는 기사는 그런 정황을 잘 보여준다(중종38.9.9경술).[130] 이처럼 국정의 핵심인 인사정책에서 충분한 판단력과 조정력을 발휘하지 못해 왕권을 제대로 행사하지 못한 것은 중종의 심각한 문제점으로 생각된다.

그러나 의미 있는 성과도 있었다. 그것은 기묘사림의 등용과 개혁정치다. 비록 사화로 숙청되어 목표를 온전히 달성하지 못했고, 앞서 지적했듯 그들의 개혁정치 또한 복잡한 현실적 이해관계와 거기서 파생된 여러 모순을 드러냈지만, 기묘사림의 활동은 그뒤 정치와 사상에 큰 영향을 주었다. 그들이 활동한 시기는 삼사의 영향력이 극대화한 국면이었고, 추진한 정책은 성리학적 이상에 입각한 것이었다. 삼사의 위상 확립과 이념이 정치에 깊이 투영되는 제도적·현실적 변화는 그뒤 선조 때부터 본격적으로 나타났다. 다시 말해서 성종 중반 삼사가 등장하면서 전개된 정치제도적 실험과 갈등과 발전은 중종의 치세가 끝날 무렵 현실에 완전히 뿌리 내린 것이다.

삼사의 위상 확립과 정치적 정립구도의 형성

지금까지 살펴본 성종·연산군·중종의 치세 75년은 조선이라는 새 왕조가 탄생한 뒤 첫 세기를 넘기면서 여러 변화가 일어난 시간이었다. 그 변화에는 발전도 있었고 혼란도 있었다.

첫 머리에서 말했듯 모든 변화는 일단 불편하고, 그래서 익숙해지려면 일정한 시간과 시험을 거쳐야 한다. 조선이 겪은 첫 시험은, 대부분의 왕조들처럼, 왕위계승을 둘러싼 분쟁이었다. 그 시험은 세조의 정변을 끝으로 왕조 개창 60여 년 만에 일단 종결되었다.

넓게 보면 왕위계승도 하나의 제도지만, 조선이 통과해야 할 두 번째 시험은 제도의 안정화와 관련된 것이었다. 조선의 주요제도는 성종 16년(1485)에 완성된 『경국대전』에 집약되었다. 조선의 제도는 고려의 체제를 바탕으로 한 것이 적지 않았지만, 여러 부분에서 중요한 혁신과 변형이 일어났다. 중앙정치제도에서 나타난 가장 중요한 현상은 삼사의 대두였다. 간쟁과 탄핵, 곧 비판적 언론을 수행하는 삼사가 본격적으로 활동하면서 조선의 중앙정치는 유교적 이상에 좀 더 가까이 다가가게 되었다(물론 중종 중반 김안로 집권기에 실마리가 나타났고 그뒤 당쟁에서 본격화했듯, 삼사는 사실에 근거하지 않은 과격한 발언으로 갈등을 증폭시키거나 어느 정파나 개인과 영합해 정쟁을 이끄는 부정적 모습을 보인 것도 사실이다).

이 책의 핵심 주제는 삼사의 등장이라는 중요한 제도적 변화가 현실에 내면화되는 과정에서 나타난 사건과 의미를 파악하는 것이다. 그러는데 사용한 방법은 조선 중앙정치의 세 주역인 국왕·대신·삼사의 상호관계에 주목하는 것이었다.

그들은 서로 기본 임무와 성향이 상당히 달랐다. 먼저 왕정의 최고 권력자인 국왕은, 실제로든 상징에 그치든, 거의 모든 사안에서 최종적 결정권과 최대의 영향력을 행사했다. 다시 말해서 왕권은 대부분의 사안을 이해하는 데 가장 먼저 고려해야 할 변수다.

다음으로 대신은 나이와 품계에서 원숙한 위치에 오른 관원이었다. 이런 기본 조건은 국정을 종합적으로 논의하고 실제로 집행하는 고유 임무와 맞물리면서 대체로 현실적이고 보수적인 생각과 행동을 형성했다. 그러나 삼사는 달랐다. 그들의 임무는 간쟁과 탄핵이었다. 그리고 그들은 대신보다 상대적으로 젊었고 품계도 낮았다. 이처럼 대신과 삼사의 임무와 성향은 상반되었지만, 중요하고 당연한 사실은 그 인적 구성이 긴밀한 연속성과 순환성을 가졌다는 것이다. 이런 기본 조건은 이 시기의 사건들을 이해하고 해명하는 데 적지 않은 의미를 지닌다고 생각한다.

국왕·대신·삼사가 정립鼎立한 구도는 성종 때부터 본격적으로 나타났다. 예종이 재위 14개월 만에 갑자기 붕어하지 않았다면 성종은 왕위를 예상하기 어려웠다. 그런 돌발적 상황과 장인 한명회의 존재, 그리고 어릴 때부터 두각을 나타낸 재능은 성종에게 13세의 나이로 조선의 최고 권력자가 되는 놀라운 행운을 선사했다. 그러나 이런 이례적 상황은 또 다른 독특한 현상으로 이어졌다. 국왕이 성년이 된 재위 7년까지 조선 최초의 수렴청정과 원상제가 시행된 것이다. 성종의 진정한 치세는 뒤늦게 시작될 수밖에 없었다.

이런 변형된 왕정은 성종이 친정을 시작하면서 조금씩 정상화되었다. 그런 변화의 원동력은 왕권의 강화와 안정이었다. 변형된 왕정을 경험하는 동안 성종이 훈구대신의 지나친 권력 팽창에 문제의식을 갖게 된 것은 자연스런 일이었다. 그런 생각은 양성지·정인지·김국광 등이 대간과 대질을 요구하면서 촉발되어 한명회의 월권적 행동을 겪으면서 확신으로 변했다. 재위 12년 성종은 자신이 보위에 오르는 데 결정적 도움이 된 장인을 강력히 제재했다. 이것은 강화된 왕권을 보여주는 중요한 징표였다.

좀더 의미 있는 변화는 대간의 성장이었다. 성종은 치세 중반부터 대간을 적극 후원했고, 그것에 힘입어 대간은 활발한 언론활동을 전개하면서 위상을 크게 높였다. 대간을 육성해 대신에게 기울어진 권력 균형을 맞추려는 국왕의 시도는 유효했다. 그 결과 성종 중반 조선의 중앙정치는 국왕이 상위에 군림하면서 대신과 삼사가 견제와 균형을 이루는 안정된 모습을 갖추게 되었다. '정치적 정립구도鼎立構圖'라고 부를 만한 체제가 형성된 것은 조선전기 정치사의 중요한 변화이자 발전으로 생각된다.

그러나 그 체제에는 균열도 조금씩 나타났다. 원인은 대간의 월권이었다. 대간은 국왕과 대신을 점차 강경하고 집요하게 비판하면서 또 다른 월권세력으로 떠올랐다.

견제와 균형의 구도를 목표로 삼은 성종에게 이런 현상은 당연히 개선해야 할 문제였다. 성종은 홍문관의 언관화로 언론기관 내부의 견제와 균형을 조성하고, 위축된 대신의 입지를 다시 강화하는 두 가지 처방을 적용했다. 이런 조처는 상당한 효과를 가져왔다. 특히 삼사체제의 형성은 그뒤 조선 역사 내내 작동한 정치제도였다.

그러나 붕어 직전 "지금은 대신과 대간이라는 호랑이 두 마리가 싸우는 모습과 같다"는 탄식에서 알 수 있듯, 성종이 추구한 견제와 균형의 정치는 만족스럽게 구현되지 않았다. 그 까닭은 대간이 충분히 제어되지 않았기 때문이었다. 성종의 정치는 치세 중반 왕권의 안정을 바탕으로 견제와 균형의 체제를 수립했지만 후반으로 가면서 균열 또한 시작된 이중적 성격을 가졌다고 정리할 수 있다.

이런 모습이 나타나게 된 까닭은 무엇인가? 그것은 성종이 많은 어려움과 일정한 한계에도 비폭력적 유교정치를 수행하려고 노력한 데 있다고 판단된다. 그는 자신의 치세에 완성된 『경국대전』의 조항을 현실 정치에서도 구현하려고 노력했다. 조선 역사상 처음 삼사가 본격적으로 활동할 수 있었던 것은, 성종의 정치적 의도와 함께, 그것이 국법에 보장된 임무였기 때문이다. 그리고 성종이 치세 후반 큰 불만과 고민을 나타냈지만 폭력적 방법을 동원해 대간을 제압하지 않은 까닭 또한 동일한 데 있다고 생각된다.

『경국대전』에 규정된 각 관서의 기능을 최대한 보장해 견제와 균형에 입각한 유교정치를 구현하려던 성종이 남긴 중요한 성과는 삼사제도의 성립이었다. 앞서도 말했듯 제도와 현실은 상호 영향의 관계다. 국왕의 정치적 의도와 인내에 힘입어 출범한 삼사제도는 이제 현실정치 속으로 좀더 깊이 뿌리내려야 했다. 끝내 성공했지만, 그 제도의 속성상 그 과정이 순탄하기는 어려웠다. 거대한 난관은 바로 앞에 놓여 있었다.

연산군이 보기에 삼사는 성과보다 문제가 훨씬 많은 제도였다. 성종도 고민했듯, 가장 큰 문제점은 삼사가 지엽적 사안들을 물고 늘어져 국왕과 대신의 정당한 권한을 제약하는 것이었다. 왕권의 자유로운 행사에 남다른 의지를 가진 연산군에게 이것은 반드시 해결해야할 문제였다. 연산군과 일부 대신은 그런 삼사의 행동을 "윗사람을 능멸한다"는 의미의 '능상'이라는 표현으로 규정했다. 연산군 때의 주요한 정치행위는 이 능상을 어떻게 파악하고 해결할 것인가 하는 문제를 둘러싸고 전개되었다.

재위 초반부터 국왕과 삼사는 여러 사안에서 충돌했다. 거기에는 수륙재 실시, 외척 등용, 내관 옹호, 폐비 윤씨 추숭 등 국왕과 직접 관련된 사안이 많았다. 이런 논란에서 대신은 중립적이거나 연산군에 가까운 입장을 나타냈고, 대간은 그들을 즉시 강력히 탄핵했다. 이런 대립은, 전직 영의정 "노사신의 살을 먹고 싶다"는 정언 조순의 섬뜩한 발언이 대표하듯, 점차 감정적 충돌로 번져갔다.

이런 과정을 거치면서 연산군과 대신들은 당시의 가장 큰 문제가 삼사의 능상이라는 데 합의했다. 그리고 그 문제의 심각성 때문에 특별한 해결책이 필요하다는 데도 공감했다. 이런 판단의 결과는 연산군 4년 7월 조선 최초의 사화로 나타났다.

무오사화는 일차적으로 「조의제문」과 사초 문제를 일으킨 김종직과 그 일파를 숙청한 사건이었다. 그러나 그 본질적 목표와 의미는 좀더 깊은 곳에 있었다고 판단된다. 그 사건은 언론기관에 대한 불만이 고조되는 과정에서 일어났고 지속기간·처벌규모·수준 등도 상당히 제한적이었다. 특히 주목되는 사실은 피화인에 김종직 일파와 거의 무관한 언관이 절반 정도였다는 것이다. 이 두 집단이 공유한 죄목은 능상이었다. 이런 측면을 종합할 때 무오사화는 표면적으로 김종직 일파를 처벌해 궁극적으로 삼사의 언론활동을 제재하려는 복합적 목표와 의미를 가진 사건으로 생각된다.

국왕과 대신은 무오사화로 일차적 목표를 이뤘다. 삼사는 온순해졌고 국왕과 대신의 행동은 훨씬 자유로워졌다. 충격과 영향은 컸지만, 내용상 무오사화는 가혹하거나 거대한 폭정으로 보기는 어렵다. 곧 이때까지 연산군의 정치는 평균적 수준을 크게 벗어나지 않았다.

그러나 연산군의 실패는 그뒤부터 시작되었다. 그는 대신과 손잡고 삼사를 길들여 한결 자유롭게 왕권을 행사할 수 있는 환경을 조성했지만, 그렇게 강화한 권력을 오용誤用했다. 그는 본질적 사안과 지엽적 문제를 구별하지 못했고, 오히려 뒤쪽에 훨씬 집착했다. 재위 중반 이후 그가 집중한 사안은 사냥·연회·음행·사치 등이었다. 이런 자의적恣意的 일탈은 뚜렷한 비판의 대상이었다. 그러므로 위축된 삼사가 재기할 수 있는 기회는 역설적이게도 연산군이 제공한 것이다. 더욱 중요한 측면은 대신의 동향이었다. 연산군의 패행이 지속되자 대신도 많은 간언을 올리게 되었고, 결과적으로 삼사와 비슷한 입장에 서게 되었다.

대신과 삼사의 협력으로 국왕이 고립된 구도는 연산군에게 더 큰 불만과 문제의식을 던져주었다. 연산군은 이제 능상이 신하 전체에 만연했고 앞서 같은 간접적 처방으로는 이 고질적 폐해를 치료할 수 없다고 진단했다. 이런 판단은 폐모 사건의 보복과 맞물리면서 갑자사화의 끔찍한 결과를 가져왔다. 두 번째 사화는 첫 사화를 포함해 그때까지 조선에서 일어난 숙청과 크게 달랐다. 규모나 방식·대상 등에서 그것은 이성을 거의 놓아버린 사건이었다. 이런 폭정 앞에서 신하들은 완전히 제압되었다.

연산군의 통치가 참담한 실패로 귀결된 일차적 원인은, 역사상의 폭군이 대부분 그랬듯, 본질적 문제와 지엽적 사안을 구분하지 못했거나 혼동한 데 있었다. 연산군의 유일한 목표는 능상을 척결해 강력한 왕권을 구축하는 것이었다. 전제성이 상대적으로 약한 조선 왕권의 특징은 성종 때 삼사의 성장으로 더욱 굳어져 있었다. 이런 현상을 비판적으로 생각해 고치려는 것은 잘못이 아닐 것이다. 그러나 근본적 개혁적일수록 주어진 조건을 면밀히 분석해야 하지만, 연산군은 그런 통찰이 부족했다. 그는 전제왕권의 구축과 행사라는 목표에만 집착했다. 다시 말해서 그는 선대先代의 정치적 성과와 특징을 거의 고려하지 않은 채 그것을 변개變改시키는 데만 집중한 것이다. 그리고 앞서 말했듯 그렇게 얻은 소득을 말초적 욕망을 해소하는 데 탕진했다.

조선왕조가 처음 경험한 전면적 파탄은 중요한 교훈을 남겼다. 그것은 의미 있는 정치적 변화는 국왕·대신·삼사의 관계를 유지해야 이뤄질 수 있다는 것이었다. 결과적으로 삼사의 위상과 정치적 정립구도는 연산군 때의 모진 시련을 통과하면서 더욱 견고해졌다. 이런 구조는 그뒤 중종 때의 여러 사건이 흘러들어가고 흘러나오는 주형鑄型으로 기능했다.

반정이라는 도덕적 명칭이 보여주듯 중종의 시대는 새로운 출발이었다. 그러나 그 출발은 처음부터 순조롭지 않았다. 국왕은 갑자기 추대되었고, 삼사는 아직 연산군 때의 충격에서 벗어나지 못했다. 반정을 주도한 공신들이 권력을 장악한 것은 자연스런 결과였다. 그러나 그들에게는 심각한 약점이 있었다. 편중된 권력을 이용해 공신을 양산했으며, 거기에는 연산군에게 협력한 사람도 적지 않게 포함되었다는 것이다.

이것은 삼사에게 정당하고 중요한 탄핵의 주제였다. 삼사는 그 문제를 끈질기게 거론했고, 그 과정에서 삼대장을 포함한 주요 대신과 날카롭게 맞서면서 다시 정치의 전면으로 나오게 되었다. 반면 대신은 삼사의 탄핵과 삼대장의 사망 등이 겹치면서 점차 위축되었다.

최고 권력자였지만 이런 정치적 동향에서 대체로 소외되어온 중종은 재위 10년을 맞으면서 정국을 주도하겠다는 의지를 강하게 표출했다. 방금 서술했듯 당시 정국은 대신이 점차 위축되고 삼사가 다시 부상하고 있었다. 그러나 그 과정에서 삼사가 국가의 큰일은 거론하지 않고 작은 문제만 물고 늘어진다는 비판도 커졌다. 이것은 능상의 재연再燃이라고 부를 수 있는, 그리 낯설지 않은 현상이었다. 그러므로 중종이 추진할 개혁의 선결과제는 점차 문제를 노출하던 삼사를 적절한 세력으로 다시 구성하는 것이었다. 기묘사림의 등용이라는 중대한 선택은 이런 배경에서 이뤄졌다.

중종 10년 6월 조광조의 발탁을 시작으로 14년 11월 사화가 일어나기까지 4년이 조금 넘는 기간 동안 중앙정치를 이끈 기묘사림과 그들의 개혁은 여러 측면에서 매우 독특했고 큰 영향을 남겼다. 그들은 국왕의 전폭적 신뢰를 바탕으로 중앙정치의 핵심으로 급속히 진입한 뒤 오래 누적된 주요 현안들을 근본적으로 해결하는 눈부신 성과를 올렸다.

기묘사림의 객관적 조건은 독특했다. 그들은 젊었고, 그 때문에 자연히 관직 경험이나 대신과의 친밀도가 부족할 수밖에 없었다. 더욱 중요한 측면은 견결한 도덕성과 가파른 이념성을 주장했다는 것이다.

이런 기본 조건은 당파성과 급진성이라는 기묘사림의 특징과 문제점, 그리고 실패 원인을 포괄적으로 규정했다. 그들이 오래 끌어온 핵심 과제들을 짧은 시간 안에 근본적으로 해결한 원동력은, 논제의 타당성도 있었지만, 국왕의 전폭적 지원이었다. 달리 보면 이것은 그들의 개혁정치가 정치적 균형을 크게 무너뜨리면서 전개되었다는 의미였다. 또한 정치적 소수파인 그들은 자파 세력을 확장하면서 정략적 술수를 사용하기도 했다. 이것은 도덕적 차별성을 내세우던 그들의 면모에 적지 않은 흠집을 남겼다. 이런 과정을 거치면서 그동안 가장 든든한 지원자였던 국왕은 대신의 요구와 스스로의 판단에 따라 숙청을 재가했다. 기묘사림은 전격적 등장과 활동만큼 순식간에 실각했다.

그러나 세 번째 사화는 역사와 현실에 깊은 흔적을 남겼다. 그것은 삼사의 영향력이 가장 팽창한 국면에서 일어난 사건이었다. 다시 말해서 성종 중반부터 등장한 삼사는 30여 년 만에 견고한 위상을 확보한 것이다. 또한 그들이 추진한 과업은 그뒤 대부분 그대로 추진되면서 조선 사회의 전체적 얼개를 결정하는 데 큰 영향을 주었다.

사화의 충격을 겪은 뒤 7~8년은 큰 갈등이나 대립이 나타나지 않은 정국이 유지되었다. 삼사는 상당히 조심스러워졌고, 대신도 지나친 압박을 삼갔다. 변화는 중종 26년 김안로가 집권하면서 나타났다. 그는 '권신'이라는 이름에 합당하게 국왕·대신·삼사를 비롯한 정치 세력 전체를 포섭했다. 이런 권력 집중이 빚어낸 중요한 현상은 삼사의 어용화였다. 김안로가 집권하는 동안 삼사는 개인에게 권력이 집중된 기형적 체제를 비판하기는커녕 그의 정치적 이익을 대변하거나 그것을 관철하는 사적 기구로 충실히 기능했다. 이런 변질은 지금까지 삼사의 문제로 지목된 능상이나 월권과 전혀 다른 현상이었다. 비판과 영합은 언론기관의 속성이기도 하지만, 이것은 이제 삼사에도 재정비가 필요하다는 하나의 경보警報였다.

30년에 가까운 긴 시간을 보내는 동안 중종은 뚜렷한 정치적 영향력을 보여주지 못했다. 그는 치세의 끝머리에야 그런 한계를 극복하려는 강한 의지를 나타냈지만, 촉박한 시간과 복잡한 상황은 만족스러운 성과를 허락하지 않았다. 성종과 연산군의 치세를 더한 것보다 더 긴 시간이었기에 중종이 남긴 결과는 분명히 아쉬움과 문제점이 교차하는 것이다.

중종의 가장 큰 약점은 조정력 부족에서 기인한 인사정책 실패라고 지적할 수 있다. 기묘사림과 김안로에서 보듯 중종은 신임하는 인물이나 세력을 발탁해 권력을 위임하는 방식으로 통치했다. 수많은 역사적 선례에 비추어 이것은 그리 특이하거나 잘못된 방식은 아니다. 그러나 중종의 문제점은 그 과정에서 왕권의 주요한 작용인 정치적 조정력을 행사하지 못했다는 것이다. 그 결과 그는 어떤 문제를 적절한 시점에서 제어하거나 수습하지 못한 채 계속 확대시키다가 결국 밀지와 숙청이라는 돌발적 수단으로 사태를 종결했다. 이런 청산은 후유증이 큰 부정적 선택이 분명했다.

그러나 거기에는 중요하게 음미해야 할 측면도 있다. 그 방식은 왕권의 지나친 개입을 자제하면서 신하의 역할을 적극적으로 보장하고 용인하는 것이었다. 왕권의 적절한 조정력이 뒷받침되었다면, 그것은 신하의 활발한 국정참여를 수용하는 수준 높은 유교정치를 구현할 수 있었다. 그러므로 일정한 한계는 있었지만, 중종의 통치는 성종 이후 전개된 정치제도적 변화와 발전의 연장선 위에 있었던 것이다.

사화와 반정이 교차하면서 다양한 정치적 갈등과 해결, 발전과 한계를 경험했던 75년의 정치적 역정은 이렇게 마감되었다. 그 역정의 최종적 결과는 삼사의 위상이 확립돼 국왕·대신·삼사의 정치적 정립구도가 형성된 것이라고 말할 수 있다. 이것은 조선의 왕정이 가진 중요한 특징이었다. 곧 전체적으로 조선의 정치는 국왕이 안정적으로 군림하면서 대신과 삼사가 견제와 균형을 이뤄 어느 한 정치세력의 독주보다는 서로의 합의와 균형이 중시되는 형태를 갖게 된 것이었다. 물론 그 현실적 모습에는 적지 않은 한계와 과제가 남아 있었다. 그러나 이 시기의 다양한 모색과 실험은 '군신공치君臣共治'라고 표현될 수 있는 수준 높은 유교정치로 다가가는 과정이었다. 그 역정의 종착점은 그뒤 또 다른 변화와 발전이 시작되는 출발선이 되었다.

책을 시작하며

1) 주요 연구는 김당택, 「충렬왕의 복위 과정을 통해 본 천계 출신 관료와 '사족' 출신 관료의 정치적 갈등-'사대부'의 개념에 대한 검토」, 『동아연구』 17, 1989;김광철, 『고려후기 세족층 연구』, 동아대 출판부, 1991;던컨, 김범 옮김, 『조선왕조의 기원』, 너머북스, 2013 등.

2) 국왕·대신·삼사의 구도는 대부분의 연구자가 받아들이고 있다. 특히 이존희(「양반관료 국가의 특성」, 국사편찬위원회 편, 『한국사』 23, 1994, 24쪽)와 한충희(「중앙정치구조」, 같은 책, 58~59쪽), 권연웅(「조선 중종대의 경연」, 『길현익교수 정년기념 사학논총』, 1996, 492~493쪽), 정홍준(『조선중기 정치권력구조연구』, 고려대 민족문화연구소, 1996, 7쪽), 김돈(『조선전기 군신 권력관계 연구』, 서울대 출판부, 1997, 172~173쪽) 등은 국왕·대신·삼사의 견제와 균형이 당시 정국운영의 원리였다고 지적했다.

3) 조선시대 정치세력은 권력의 정점인 국왕, 그리고 그와 특수한 관계에 있는 훈신(勳臣)·척신, 자신의 능력으로 관직을 얻은 일반 관원으로 나눌 수 있다는 견해가 제시되기도 했다(박광용, 「조선후기 정치세력 연구동향」, 근대사연구회 편, 『한국중세사회 해체기의 제문제』(상), 한울, 1987, 93~94쪽;「조선시대 정치사 연구의 성과와 과제」, 『조선시대 연구사』, 한국정신문화연구원, 1999, 61쪽). 국왕이 최고 권력자라는 사실은 분명하다. 그러나 훈신이나 척신은 정치적 영향력을 발휘하려면 대부분 관직체계 안에 들어가야 했다는 측면에서 독자적 정치세력으로 분류하기는 어렵다고 생각한다. 그것보다는 관직의 품계와 직능 차이가 관건이라고 판단했기 때문에 이 책에서는 일반 관원을 대신과 삼사로 이

분했다.

4) 대신은 좁은 의미에서 전·현직 의정議政이나 정1품을 말하지만(정홍준, 『조선중기 정치
권력구조연구』, 5 및 47쪽), 판서도 대신으로 지칭한 사례가 여럿 발견되기 때문에 판서
까지 포함시켰다. 조선전기 실록에 나타난 사례를 몇 개 들면 다음과 같다. 刑曹請工
曹判書朴子靑罪. …… 上曰, …… 子靑自太祖時, 服勤已久, 位至大臣, 不忍以細故
盡法, 宜置之(태종12.5.14정유);司憲府啓, 前判書申浩, 不畏邦憲, 敢以自己私事, 干瀆
天聽, 有乖大臣之義, 請上裁. 留之(세종14.4.25계축);前冬吏曹判書權孟孫之沐浴也,
憲府啓, 孟孫以執政大臣, 托不緊之病, 請暇沐浴, 作弊多端. 請推其罪(문종1.9.28계
해);工曹判書金守溫上書曰, …… 三公六卿, 國之大臣(세조11.1.7을묘);吏曹判書洪應
上書辭職曰, …… 臣與司僕寺提調, 俱爲大臣(성종8.1.3임인);參贊官申錦曰, …… 況
大臣(공조판서 柳輈年), 君之腹心, 委任不疑, 誠心待之(중종11.11.12기축);政院又啓曰,
…… 且所謂大臣, 豈特政丞也. 六卿以上, 亦可謂之大臣矣(중종13.5.19정사) 등.

5) 이런 측면은 여러 연구자가 지적했다. 대표적으로 Wagner, Edward W., *The Literati
Purges -Political Conflict in Early Yi Dynasty*, Cambridge: East Asian Research Center,
Harvard University, 1974, 2쪽;송준호, 「과거제도를 통해서 본 중국과 한국」, 『조선사
회사연구』, 일조각, 1987, 458쪽;이태진, 「조선왕조의 유교정치와 왕권」, 『東亞史上
의 왕권』, 한울아카데미, 1993, 110쪽;팔레(Palais, James B.), 「조선왕조의 관료적 군주
제」, 조선시대사학회 편, 『동양 삼국의 왕권과 관료제』, 국학자료원, 1998, 98쪽;이
성무, 「조선시대의 왕권」, 『조선의 사회와 사상』, 일조각, 1999;오종록, 「조선시대의
왕」, 『역사비평』 54, 2001, 295~296쪽;오수창, 「국왕과 신료의 역학관계」, 한국역사
연구회 17세기 정치사 연구반, 『조선중기 정치와 정책』, 아카넷, 2003, 43~49쪽 등.

6) 왕권에 대한 관심은 1980년대 후반부터 높아져 관련 성과가 계속 나오고 있다. 이런
시각은 매우 타당하다고 생각하며, 이 책에서도 적극적으로 반영하려고 노력했다.
성종·연산군·중종대와 관련된 주요연구는 최승희, 「성종조의 국정운영체제와 왕
권」, 『조선초기 정치사연구』, 지식산업사, 2002(『조선사연구』 10, 2001);이종호·김광철,
「조선왕조 중종대의 왕권과 정치세력의 동향」, 『마산대학 논문집』 4, 1982;김돈, 『조
선전기 군신권력관계연구』 등을 들 수 있다.

7) 한 보기를 들면 戶判許琮曰, …… 臺諫, 殿下之耳目也. 大臣, 殿下之股肱也(성종
13.7.20정해).

8) 이처럼 현실적 입장에 서기 쉬운 대신과 원칙론적 자세를 견지할 가능성이 큰 삼사의 본원적 기능 차이는 여러 사료에 잘 나타나 있다. 대표적으로 傳于尹弼商等曰, …… 當未爲諫臣時, 雖曰某事不當諫諍, 至爲臺諫, 則不擇是非, 率皆言之. 近來臺諫類皆如是, 將何以矯其弊耶(연산5.10.15신축);(大司憲)許沆等入啓曰, … 大抵宰相臺諫, 各有其職, 擧法糾彈, 不少小屈撓, 振肅朝綱, 臺諫之職也, 因時周旋, 隨時調劑, 宰相之任也(중종30.7.15갑술);答曰, 臺諫以論事直截爲職, 大臣以臨機揣摩爲務(선조29.6.27계해);備局回啓曰, …… 大抵廟堂臺閣, 所職各殊. 守正論明義理, 臺閣之任, 權輕重酌利害, 保全宗社, 廟堂之責(인조17.6.15신축) 등. 정홍준, 『조선중기 정치권력구조연구』, 105~108쪽도 참조.

9) 김범, 「조선 성종~중종대 의정부·육조·삼사 주요관직의 인사이동 상황과 그 의미」, 『동방학지』126, 2004, 100~113쪽.

10) 이런 측면을 방증하는 흥미로운 사례가 있다. 연산군 1년 5월 사헌부는 영의정 노사신이 병조 낭청郎廳을 불법적으로 비호했다고 강력히 탄핵했다. 최고 대신에 대한 탄핵을 못마땅하게 여긴 연산군은 석 달 뒤 주요 대신인 좌찬성 한치형을 겸대사헌에 임명하는 이례적 인사를 단행했다. 신임하는 대신에게 사헌부를 장악케 하려는 의도였다. 그러나 겸대사헌에 임명된 한치형은 노사신을 탄핵하는 데 동참해 연산군의 기대를 저버렸다. 언관이 된 한치형은 예상과 달리 그 관직 본연의 임무에 충실한 것이다. 이 사례는 어떤 개인의 정치적 태도보다 해당 관직의 본원적 임무가 우선한다는 측면을 보여주는 흥미로운 증거로 생각된다(연산1.5.19신축;1.8.9기미·22임신). 이런 사항은 정만조, 「조선시대의 사림정치-17세기의 정치형태」, 이종욱 외, 『한국사상의 정치형태』, 일조각, 1993, 224쪽;오수창, 「국왕과 신료의 역학관계」, 50쪽 등에서도 지적되었다.

11) 정두희, 「대간의 인사이동상황과 그 특징」, 『조선시대의 대간연구』, 일조각, 1994; 김범, 「조선 성종~중종대 의정부·육조·삼사 주요관직의 인사이동 상황과 그 의미」, 96~100쪽. 특히 정두희는 성종 때 대간의 발언 횟수와 인사이동 상황, 사회적 배경 등을 면밀히 분석한 결과 성종 때 대간의 절반 정도가 공신 출신이라는 사실을 밝히면서 그들 대다수는 기존의 주요 가문 후손이었다는 결론을 제출했다. 이런 견해는 새로운 정치·사회세력인 '사림파'가 성종 때 삼사를 중심으로 중앙정치에 진출했다고 파악하는 통설과는 배치되는 것으로 통설을 실증적으로 다시 검토할 필요를 알려

주는 중요한 성과라고 생각한다.

12) 정두희, 같은 논문, 92~93쪽;김범, 같은 논문, 89~93쪽. 의정부 당상과 육조 판서도
비슷한 추세로 임기가 단축되고 있다. 이런 현상이 나타난 데는 중종 무렵이 되면 관
직 숫자보다 그동안 적체된 가용 관원의 숫자가 훨씬 많아졌기 때문에 인사 적체를
해소하려는 수단으로 사용한 까닭도 있다고 여겨진다.

13) 간단히 개관하면, 그 흐름은 1973년 성종대 사림파의 유향소 복립 운동을 분석한
연구로 촉발되었다. 그 연구는 그뒤 '사림파'의 형성과 발전을 사회경제적 변화와 결
부시켜 논증한 일련의 성과로 발전해 현재의 통설을 만드는 데 커다란 영향을 주었
다. 가장 대표적 연구자인 이태진의 업적은 『한국사회사 연구』(지식산업사, 1986), 『한
국유교사회사론』(지식산업사, 1989), 『의술과 인구 그리고 농업기술』(태학사, 2002)로 집
약되었다. 붕당정치에 관련된 견해는 이태진 외, 『조선시대 정치사의 재조명』(범조사,
1985)도 참조할 수 있다.

또한 '사림파'의 발원 지역인 영남 지방을 중심으로 사회경제적 기반과 학문적 연원
을 탐색한 연구(이수건, 『영남사림파의 형성』, 영남대 출판부, 1979;『영남학파의 형성과 전개』, 일
조각, 1995)와 그 지역 기반을 기호畿湖 지방까지 확대하면서 해당 시기의 정치사를
분석한 논고(이병휴, 『조선전기 기호사림파연구』, 일조각, 1984;『조선전기 사림파의 현실인식과
대응』, 일조각, 1999)가 발표되어 연구의 지평은 한층 넓어졌다.

이런 연구는 조선전기 역사상을 정립하는 데 큰 영향을 주었다. 그러나 충분하게 실
증되지 않았거나 부분적으로만 증명된 개념에 입각해 여러 사실을 설명함으로써 실
제와는 괴리된 역사상을 조립했다는 비판 또한 제기되고 있다. 주요 쟁점으로는 연
속성이 상당히 컸던 조선시대 지배층의 가문적 배경을 충분히 고려하지 않았고, '중
소지주'라는 사회경제적 측면을 지나치게 결정적 요소로 간주했으며, 대신과 삼사
라는 각 관서의 고유 임무와 관직체계의 연속성을 간과했다는 문제 등이다. 또한 일
부 연구는 '사림파'의 긍정성을 부각시키려고 노력하면서 '훈구파'와의 관계를 도덕
적 선악구도로 대비해 그때까지 '훈구파'가 이룩한 여러 역사적 성과를 낮게 평가했
다는 문제도 있다고 지적되었다. 이런 비판적 견해는 와그너, 「이조李朝 사림문제에
관한 재검토」, 『전북사학』 4, 1980;정두희, 「회고와 전망:조선전기」, 『역사학보』 104,
1984;「조선전기 지배세력의 형성과 변천-그 연구사적인 성과와 과제」, 주보돈 외,
『한국사회발전사론』, 일조각, 1992;송준호, 『조선사회사연구』;김범, 「조선전기 '훈

구·사림세력' 연구의 재검토」, 『한국사학보』 15, 2003;「조선 성종~중종대 의정부·육조·삼사 주요관직의 인사이동 상황과 그 의미」;송웅섭, 「조선전기 공론정치의 형성」, 69쪽 주 195;계승범, 『중종의 시대』, 역사비평사, 2014, 155~175쪽 등 참조.

1장 성종 – 왕권의 안정과 균열의 시작

1) 세조대 정치사에 관련된 주요 연구는 정두희, 「세조대 정치의 반反유교적 성격과 대간제도」, 『조선시대의 대간연구』;김태영, 「조선초기 세조 왕권의 전제성에 대한 일고찰」, 『한국사연구』 87, 1995;「조선초기 세조왕世祖王의 학술정책」, 『조선성리학의 역사상』, 경희대 출판국, 2006(『동양학』 25, 1995);최승희, 「세조대 왕위의 취약성과 왕권강화책」, 『조선초기 정치사연구』(『조선시대사학보』 1, 1997);「세조대 국정운영체제」, 같은 책(『조선시대사학보』, 5, 1998) 등.

2) 성종대 정치사에 관련된 주요 논저는 신석호, 「조선 성종시대의 신구대립」, 『신석호 전집』 1, 신서원, 1996(「朝鮮成宗時代の新舊對立」, 『近代朝鮮史研究』 1, 朝鮮總督府, 1944);Wagner, Edward W., *The Literati Purges*;권연웅, 「조선 성종조의 경연」, 『한국문화의 제문제』, 시사영어사, 1982;남지대, 「조선 성종대의 대간언론」, 『한국사론』 12, 서울대, 1985;최이돈, 『조선중기 사림정치구조연구』, 일조각, 1994;「성종대 사림의 훈구정치 비판과 새정치 모색」, 『한국문화』 17, 1996;구덕회, 「성종대 동반 경관직 인사관리의 성격」, 『역사와 현실』 27, 1998;김우기, 「조선 성종대 정희왕후의 수렴청정」, 『조선사연구』 10, 2001;한춘순, 「세조~성종대 과거에 관한 일고찰」, 허흥식 외, 『조선시대의 과거와 벼슬』, 집문당, 2003;「조선 성종의 육조직계제 운용과 승정원-친정기를 중심으로」, 『한국사연구』 122, 2003;「조선 성종의 왕권과 훈척지배체제-친정기를 중심으로」, 『경희사학』 24, 2006;김범, 「조선 성종대의 왕권과 정국운영」, 『사총』 61, 2005;이한우, 『성종, 조선의 태평을 누리다』, 해냄, 2006;송웅섭, 「조선전기 공론정치의 형성」, 서울대 국사학과 박사논문, 2011 등.

여기서 신석호·와그너·최이돈의 연구는 중요한 연구사적 의미를 갖고 있다고 여겨진다. 먼저 신석호는 성종과 중종 초반의 정치적 갈등을 신구新舊세력의 대립으로 파악하고 관련된 주요 쟁점을 주제별로 서술해 이 시기 정치사 연구의 전체적 구도를 제시했다. 그의 연구는 대부분의 역사적 상황에서 적용할 수 있는 '신구세력'이라는 다소 모호하고 일반적인 개념을 사용한 결과 앞 시기의 신구세력과 뒷 시기의 신구세력이 어떻게 다르고 연결되는가를 명확히 설명하지 못했다는 문제는 있지만, 그뒤의 연구들에서 점차 짙어지는 도덕적 포폄을 지양하고 당시 정치세력 사이의 대립을 객관적으로 파악했다는 점에서 중요한 의미를 갖고 있다고 생각한다.

다음으로 와그너의 저서는 서술의 대체적 흐름에서는 신석호의 영향을 적지 않게 받았지만, 이 시기의 가장 큰 정치적 사건인 세 사화(무오·갑자·기묘)를 통관한 최초의 성과라는 중요한 연구사적 의미를 갖고 있다. 그뒤 그가 송준호와 함께 조선시대의 방목榜目과 족보를 연구하는 방대한 작업을 진행하게 된 기본 동기는 이 저서에서 도출한 결론에 있다고 생각된다. 그뒤 발표한 몇 논문에서 좀더 명확히 밝혔지만, 그는 사화의 연구를 마친 뒤 조선전기 지배층을 '훈구'와 '사림'으로 설명하는 한국사학계의 통설에 상당한 문제가 있다고 판단했다. 그는 '훈구'와 '사림'이 통설처럼 정치적 지향은 물론 경제적 규모, 사회적 배경, 사상적 성향 등 거의 모든 측면에서 이질적이며 단절적인 존재가 아니라 연속성과 공통점을 더 많이 가진 집단이라고 파악한 것이다(「정치사적 입장에서 본 이조사화李朝士禍의 성격」, 『역사학보』 85, 1980;「이조李朝 사림문제에 관한 재검토」. 이 논문들은 와그너가 발표했던 주요 정치사·사회사 연구를 모아 최근 이훈상·손숙경이 번역 출간한 『조선왕조 사회의 성취와 귀속』, 일조각, 2007에 다시 수록되었다). 그가 송준호와 함께 방목과 족보를 연구한 핵심 동기의 하나는 이런 판단을 실증적으로 확인해보려는 것이었다고 생각된다. 한국사학계는 이 중요한 성과에 대해 좀더 많은 관심을 가질 필요가 있다(이 자료는 현재 『조선문과방목』 www.koreaa2z.com/munkwa에서 이용할 수 있다). 와그너의 연구에 대한 평가는 정두희, 「서평:와그너, The Literati Purges」, 『역사학보』 99·100, 1983;「사화의 기원과 성격에 대한 새로운 연구」, 『미국에서의 한국사 연구』, 국학자료원, 1999;「조선초기 정치사의 새로운 해석-Edward W. Wagner, The Literati Purges:Political Conflict in Early Yi Korea」, 『유교·전통·변용』, 국학자료원, 2005;유영익, 「이기백 저, E. 와그너 역, 『한국사신론』」, 『해외한국학평론』 1, 혜안, 2000;이훈상, 「에드워드 와그너의 조선시대 연구와 이를 둘러싼 논점들」, 『조선왕조 사회의 성취와 귀속』(『역사비평』 59, 2002) 등 참조.

최이돈은 성종 때 이후 '사림파'가 중앙조정에서 입지를 점차 넓혀나가는 과정을 주요 제도의 변화에 초점을 맞춰 살펴보았다. 그는 홍문관 기능이 확대되고 천거제가 실시되며 육조 하위직의 인사권을 가진 낭관(정랑正郎과 좌랑佐郎)의 권한이 강화되는 제도 변화를 중심으로 '사림파'의 진출 과정을 설명해 이 방면의 연구에 중요한 기여를 했다고 생각된다.

최근 송웅섭도 성종 때부터 삼사가 본격적으로 활동해 공론정치가 시작되었다고 지적하면서 이런 정치제도적 변화는 성리학의 심화와 연결된다고 파악했다.

3) 남지대는 성종대를 정희왕후의 수렴청정인 성종 1년~6년, 친정이 시작된 재위 7년부터 정희왕후가 사망하기 전 해인 13년까지, 14년부터 홍문관의 탄핵으로 대간이 모두 교체되기 전 해인 20년까지, 그리고 그뒤부터 25년까지의 넷으로 구분했다(「조선 성종대의 대간언론」, 112쪽 주 26). 그가 설정한 시기 구분의 특징은 성종 초반 정희왕후의 역할과 후반 홍문관의 위상을 크게 고려했다는 것이며, 이 글을 쓰는데 많은 참고가 되었다. 필자는 수렴청정이 끝나고 원상이 혁파되는 성종 7년과 홍문관의 언관화가 뚜렷해지는 시점인 성종 18년을 중요한 기점으로 잡아 성종대를 세 시기로 나눴다. 본문에서는 그 시기를 1기·2기·3기로 표현하기도 했다.

4) 박영규, 『조선의 왕실과 외척』, 김영사, 2003, 20쪽.

5) 이때 제안대군은 네 살이었다(박영규, 같은 책, 222쪽). 성종의 군호君號는 원래 '자을산군者乙山君'이었는데 형인 월산군의 발음을 고려하면 '잘산군'으로 읽어야 한다는 견해가 타당하다고 판단된다(이한우, 『성종, 조선의 태평을 누리다』, 49쪽).

6) 성종의 즉위가 정희왕후·소혜왕후를 중심으로 한 왕실과 한명회를 비롯한 대신의 이해관계가 합치된 결과라는 것은 대체로 인정되고 있다(김우기, 「조선 성종대 정희왕후의 수렴청정」, 172~173쪽; 한춘순, 「세조~성종대 과거에 관한 일고찰」, 113쪽). 와그너는 성종이 세조처럼 스스로의 노력이나 가신家臣들의 도움으로 왕위에 오르지 않았기 때문에 신하에게 매우 공평한 태도를 가질 수 있었다고 지적했다(The Literati Purges, 24쪽). 이런 그의 설명은 성종 중반부터 대간의 위상이 급속히 높아진 변화를 설명하기 위해 국왕이 어떤 세력에게서도 자유로웠다는 외부적 환경을 제시한 것으로 보인다. 그러나 그뒤 대간의 진출은 재위 초반 원상을 중심으로 한 대신에게 상당히 구속되던 상황을 타개하려는 성종의 시도로 판단되며, 그의 즉위배경과 관련해서는 김우기와 한춘순의 견해가 좀더 타당하다고 생각된다.

7) 이한우는 성종을 "조선 최고의 행운아"라고 표현했다(『성종, 조선의 태평을 누리다』, 5쪽 및 뒷표지).

8) 이런 측면은 연구자들이 대체로 동의하고 있다(김우기, 「조선 성종대 정희왕후의 수렴청

정」, 177~179쪽;최승희, 「성종조의 국정운영체제와 왕권」, 377쪽;송응섭, 「조선전기 공론정치의 형

성」, 27~29쪽). 한춘순은 원상의 영향력은 매우 제한적이었으며 정희왕후가 정치를 주

도했다는 반론을 제기했는데(「세조~성종대 과거에 관한 일고찰」, 114쪽;「조선 성종의 육조직

계제 운용과 승정원-친정기를 중심으로」, 98~99쪽), 당시의 정황으로 볼 때 한 측면만 부각

시킨 견해라고 생각된다.

9) 김우기, 「조선 성종대 정희왕후의 수렴청정」, 192쪽.

10) 수렴청정이 원활하게 시행될 수 있었던 데는 물론 정희왕후의 정치력이 중요했지

만 주요 대신에 그녀의 인척이 많았다는 사실도 크게 작용했다고 지적되었다(김우기,

같은 논문, 198~205쪽).

11) 원상과 관련해서는 末松保和, 「朝鮮議政府考」, 『靑丘史草』 1, 東京:笠井出版印刷

社, 1965(『朝鮮學報』 9, 1956), 277~280쪽;김갑주, 「원상제의 성립과 기능」, 『동국사학』

12, 1973;이재호, 「승정원 機能考-특히 원상의 置廢에 대하여」, 『조선정치제도 연

구』, 일조각, 1995(『논문집(인문사회과학편)』 29, 부산대, 1980);이동희, 「조선초기 원

상의 설치와 그 성격」, 『전북사학』 16, 1993;김범, 「조선전기 원상 가문의 변천과 그

의미-훈구과 파악의 한 사례연구」, 『사총』 49, 1999 등 참조.

12) 〈표 1〉은 이동희, 「조선초기 원상의 설치와 그 성격」, 4쪽;정두희, 『조선초기 정치지

배세력 연구』, 일조각, 1983, 129쪽 〈표 3-1〉의 관련 내용을 종합해 작성했다. 원상

가문의 친족 관계는 김범, 「조선전기 원상 가문의 변천과 그 의미」, 31~80쪽 참조.

13) 좌리공신에 관련된 이상의 내용은 전종섭, 「조선 성종조 좌리공신에 관한 일고찰」,

『대구사학』 18, 1980, 64~74쪽;정두희, 「세조~성종대 공신집단의 정치적 성격」, 『조

선초기 정치지배세력 연구』, 241~257쪽 참조. 좌리공신은 책봉 직후부터 대간의 반

대가 제기된 사실이나, 공신에 포함되지 못한 종신宗臣·재추宰樞 등 39명이 자신의

녹훈을 요청하는 월권적 행동을 저지른 사례 등에서 남수濫授의 문제점을 유추할 수

있다.

14) 이 표는 정두희, 같은 논문;김범, 「조선 성종~중종대 의정부·육조·삼사 주요관직

의 인사이동 상황과 그 의미」의 관련 내용을 재구성했다.

15) 겸판서제도의 의미는 이재호, 「승정원 기능고機能考」, 83쪽;구덕회, 「성종대 동반

경관직 인사관리의 성격」, 165~166쪽;김우기, 「조선 성종대 정희왕후의 수렴청정」,

194쪽 등에서 지적했다. 겸판서제도는 그뒤에도 이극배(겸호조:성종12.10.6정미)·이파

李坡(겸예조:성종16.윤4.2임오)·노사신(겸호조:성종16.7.27을해) 등이 임명되면서 유지되었지만, 초반보다 사례가 적은 것으로 보아 영향력이 점차 줄어든 것으로 판단된다.

16) 그것은 성종 즉위 초에는 영사가 8명이나 되었다는 사실에서 알 수 있다(권연웅, 「조선 성종조의 경연」, 62~63쪽). 그러나 친정 이후인 성종 9년 무렵에는 사망 등 때문에 5명으로 줄었는데, 이것은 대신의 위축과 삼사의 약진에도 일정한 영향을 주었다.

17) 주목할 사항은 이때 대간의 분경 금지도 함께 해제되어 대간의 입지 또한 자유로워졌다는 것이다. 한 달 뒤 이·조 겸판서의 분경이 다시 금지되어 대신에 대한 일정한 제약은 유지되었다(성종3.1.28을축). 참고로 이 문제는 원래 성종 즉위 직후 이·병조 당상관, 이·병방 승지, 대간, 도총부 당상관, 위장衛將과 판결사判決事를 제외한 원상과 대신의 분경 금지를 해제하려고 했지만 그때는 원상과 대신의 전횡을 우려한 대간의 반대로 무산되었다가(성종1.1.16을미·20기해) 이때 시행된 것이다.

18) 이 사건을 앞뒤로 김지경은 전라도 관찰사로 나가고(성종3.6.29갑오) 김계창은 경연관에서 물러나는 등(성종3.7.27임술) 불리한 인사처분을 받았다.

19) 정희왕후는 대신을 자주 접견해야 한다고 성종에게 강조했다(성종1.2.16을축). 흥미로운 사실은 대간도 비슷한 태도를 보였다는 것이다. 사간 박숭질은 원상 정인지가 병에서 회복되었으니 경연에 참석시켜 노성한 대신의 말을 경청해야 한다고 아 다(성종4.8.8정묘).

20) 정희왕후는 언관이 왕권을 가볍게 여기는 것을 불만스럽게 여겨 그들보다 대신을 우대했다(김우기, 「조선 성종대 정희왕후의 수렴청정」, 197쪽).

21) 그러나 사헌부를 파직시킨 하루 뒤 성종은 조석문·윤자운 등에게 "어제 조처는 대간이 대신의 허물을 말하지 못하게 하려는 의도가 아니라 사헌부에서 작은 일에 의견을 고집했기 때문이었다"고 부연했다. 국왕이 대간에게 "그 일 때문에 위축되지 말고 들은 일이 있으면 숨김없이 말하라"고 격려해 앞으로 활동을 고무한 것은 주목된다(성종3.12.9신미).

22) 덕종 부묘는 지두환, 『조선전기 의례연구』, 서울대 출판부, 1994, 119~125쪽;한형주, 『조선초기 국가제례연구』, 일조각, 2002, 113~122쪽 참조.

23) 성종이 재위 6년부터 한명회와 그 측근을 견제하기 시작했다는 것은 이미 지적되었다. 이동희, 「조선초기 원상의 설치와 그 성격」, 31~40쪽;한춘순, 「조선 성종의 육조직계제 운용과 승정원」, 103쪽;김우기, 「조선 성종대 정희왕후의 수렴청정」,

198~200쪽 등.

24) '훈구'는 '원훈구신元勳舊臣'의 준말로 도덕적 폄하보다는 긍정적 상찬과 자부심이 더 많이 포함되어 있다고 지적되었다. 이런 측면은 '훈구'와 관련된 통설을 다시 검토하는데 고려할 필요가 있다고 생각된다(김범, 「조선왕조실록에 나타난 '훈구'의 용례와 그 분석」, 『동방학지』 134, 2006, 181 및 189쪽).

25) 이때 성종은 양성지의 대질 요청을 받아들이지 않는 대신 그를 공조판서로 옮겨 대신 우대와 대간 탄핵권 보호라는 두 문제를 한꺼번에 해결했다(성종8.10.12병오·14무신·20계축). 이 사안은 송웅섭도 언급했다(「조선전기 공론정치의 형성」, 56~59쪽).

26) 이때도 정인지는 대간과 면질을 요구했지만 성종은 허락지 않고 알성양로謁聖養老만 거행하는 절충안을 선택했다. 삼로는 삼정승에서 퇴임한 국가원로를 말한다(『일주서逸周書』 「유림전서儒林傳序」). '삼로오경三老五更'이라는 표현도 있는데, 다른 설명에 따르면 삼로는 정직正直·굳셈[剛]·부드러움[柔]의 삼덕三德을 아는 사람이고 오경은 용모[貌]·말[言]·시각[視]·청각[聽]·생각[思]의 오사五事를 아는 사람이라고 한다(『악기樂記』 공영달孔穎達 소疏. 이상의 설명은 『한어대사전漢語大詞典』 1, 중국 상해:한어대사전 출판사, 1988, 192쪽 참조).

27) 성종은 이때 김국광을 부정적으로 보면서 그뒤 그의 시호를 개정해달라는 주청을 허락하지 않았다고 성종 11년 11월 김국광이 사망하자 "뜻을 펴되 성취하지 못했고, 공손해 말을 적게 했다"는 뜻의 '정정丁靖'이라는 시호를 내렸다. 아들 김극뉴金克忸는 여러 번에 걸쳐 시호를 고쳐달라고 상소했지만(성종12.7.28신축;13.3.11기묘;13.7.18을유;13.9.26신유;15.10.14무진;16.6.4계미) 성종은 끝내 허락하지 않았다(성종16.6.5갑신). 이것은 원상에게도 공정하고 엄격한 원칙을 적용한 사례이자 그의 철저하고 집요한 성격을 보여주는 단면으로도 생각된다. 김국광에 관련된 문제는 송웅섭도 서술했다(「조선전기 공론정치의 형성」, 53~56쪽).

28) 최승희는 성종 12년 이후부터 원상 출신의 전·현직 대신으로 구성된 영돈녕領敦寧이 국정운영을 주도했고, 성종은 거의 모든 사안을 이들에게 협의케 한 뒤 처리해 왕권의 취약성을 드러냈다고 평가했다(「성종조의 국정운영체제와 왕권」, 439 및 444쪽). 그러나 그는 바로 뒤에서 "(성종 10년) 당시 대신들은 대간의 탄핵을 두려워하여 국왕의 고문에도 잘 응하지 않았다. …… 대신들이 대간의 논의(탄핵)가 두려워 왕의 고문에 함묵불언含黙不言하는 상태였다(같은 논문, 448~449쪽)"고 서술해 "대신들이 국정운영의

주도세력으로 부상했다"고 평가한 앞의 견해와 상충되는 논리를 제시했다.

성종 12년 앞뒤의 상황은 대간이 크게 성장해 대신이 상당히 위축되었거나 그렇게 되어가는 상태로 보는 것이 좀더 타당하다고 생각한다. 바로 뒤에서 볼 한명회 하옥 사건에서 잘 드러나듯, 성종의 왕권도 이때는 대신을 충분히 제어할 수 있는 수준으로 확립되었다고 판단된다.

29) 이심원(1454~1504)은 효령대군孝寧大君 이보李補의 증손으로 아버지는 평성군枰城君 이위李禕고 어머니는 인천仁川 채씨蔡氏(부사 채보신蔡申保의 딸)이다. 조선후기 박세채朴世采가 편찬한『동유사우록東儒師友錄』에는 김굉필金宏弼의 문인으로 분류되어 「행적行蹟」과 「연중기사筵中記事」(조광조 작성),「유사遺事」가 실려 있는데 대부분 긍정적 내용이다(『동유사우록』, 권 5, 한국교회사연구소, 1977, 123~126쪽). 허목許穆이 쓴 「묘표墓表」(『국조인물고』(중), 서울대 출판부, 1978, 1288쪽)도 비슷하다.

그러나 당시의 평가는 조금 다르다. "그는 독서를 좋아하고 성리학에 상당한 조예가 있었다"는 긍정적 평가와 "말을 위험하게 해 미친 사람으로 취급되기도 했으며(성종 8.12.2을미) 중죄를 입어 과거를 볼 수 없게 되자 응시할 수 있도록 청탁해 사람들의 비난을 받았다(성종22.11.16무자)"는 비판적 폄하가 엇갈렸다. 관련된 연구는 이현지, 「주계군 이심원의 삶과 시세계」,『한국한시연구』11, 2003 참조.

30) 소릉복위 논의는 이현진, 「조선전기 소릉복위론의 추이와 그 의미」,『조선시대사학보』23, 2002 참조.

31) 성종 때의 구언은 이석규, 「조선초기의 응지상소자–성종대 언론활동의 변화와 관련하여」,『조선시대사학보』20, 2002 참조.

32) 이 사건은 정두희도 언급하면서 세조 때 이래 훈신의 정치적 입지가 크게 약화되고 있다는 중요한 측면을 지적했다(『조선초기 정치지배세력 연구』, 256~257쪽). 그러나 그는 신하 내부의 움직임에만 초점을 맞춰 대신과 대간이 이 사건을 거치면서 점차 극단적 감정 대립으로 치닫고 있었다는 평가만 내렸을 뿐, 대신에 대한 성종의 태도가 점차 경직되고 있다는 측면은 언급하지 않았다.

아울러 이 사건은 대신의 오만함을 경계하는 교훈으로 그뒤에도 자주 거론되었다(연산3.7.30기사;중종2.4.18신묘;중종7.12.22임술;중종11.11.15임진;『동각잡기東閣雜記』상;『연려실기술』권5,「세조조 고사본말」등). 특히 숙종 6년(1680) 영의정 허적許積이 궁궐의 기름먹인 장막을 왕명 없이 사용해 경신대출척庚申大黜陟의 빌미가 된 유명한 사건에서도 "한

명회도 못하던 일"이라고 지적된 것은 주목할 만하다(『연려실기술』 권34, 「숙종조 고사본
말」).

33) 이처럼 대신과 삼사의 견제와 균형을 조성한 상태에서 왕권을 행사하려는 성종의
구상은 그가 그만큼 국정을 유연하고 비폭력적인 방식으로 운영했다는 주요한 증거
라고 생각한다. 하지만 이런 방법은 자칫하면 문제를 말끔하게 해결하지 못한다는
부작용을 불러올 수 있었다. 이런 문제는 연산군 때 사화의 한 원인으로 작용했다고
생각한다.

34) 이 사건은 일찍이 신석호(「조선 성종시대의 신구대립」, 348~353쪽)와 세토 마쿠마瀬野馬
熊(「燕山朝の二大禍獄」, 『瀬野馬熊遺稿』, 1936, 384~385쪽), 와그녀(*The Literati Purges*, 25~33
쪽), 정두희(「조선 성종 9년 "무술지옥戊戌之獄"의 정치적 성격」, 『서강인문논총』 29, 2010), 송웅
섭(「조선전기 공론정치의 형성」, 89~101쪽) 등이 자세한 전말과 의미를 분석했다. 특히 와
그녀는 이 사건을 계기로 대간이 본격적으로 등장했다는 중요한 견해를 밝혔다.

35) 주 33 참조. 최승희는 이 사건을 다루면서 친정 초기에 보인 성종의 불공정한 인사
는 국왕의 권위를 높이는데 도움이 될 수 없었다고 평가했다(「성종조의 국정운영체제와
왕권」, 471~472쪽). 그러나, 본문에서 설명했듯, 이 문제를 불공정한 인사로만 보는 것
은 옳지 않다고 생각한다.

36) 남지대, 「조선 성종대의 대간언론」, 137~138쪽도 참조.

37) 이 표는 김범, 「조선 성종대의 왕권에 대한 일고찰」, 고려대 석사논문, 1997, 47~58
쪽을 다시 정리한 것이다. 조사한 관서는 사헌부·사간원·대간 합사·홍문관이며 발
언 내용은 탄핵·간쟁·인사·제도·행정·척불斥佛 등을 망라했다. 그 논문에서는 삼
사의 발언에 관련된 국왕의 대응을 윤허·불윤·부분 수용·보류·무답 등으로 나누
었지만, 여기서는 성종 때 삼사 언론활동의 시기별 추이를 알아보려는 목적이 크기
때문에 발언 내용과 처리 결과는 세분하지 않았다.

이 책에서는 필자가 조사한 결과를 사용했지만, 성종 때 대간의 언론활동은 남지대
와 정두희가 조사한 바 있다. 남지대의 연구를 이 책에서 나눈 시기구분에 맞춰보면,
1기 1,436회(연평균 205.1회), 2기 2,567회(285.2회), 3기 3,167회(351.9회)로 나타난다
(「조선 성종대의 대간언론」, 130~131쪽 〈표 2〉). 필자의 통계와 약간 차이 나지만 2기부터
발언 횟수가 큰 폭으로 증가해 3기에 더욱 활발해지는 추세를 동일하게 확인할 수 있
다. 그는 태조~예종 때는 대간의 언론활동이 월평균 4회 정도였지만 성종 때는 20회

로 5배 정도 증가한 사실에 주목하면서, 이렇게 언론 빈도가 높아진 까닭은 기본적으로 같은 사항을 반복했기 때문이지만 언론이 활성화된 변화를 반영하는 것이라고 평가했다(134쪽). 정두희도 대간의 탄핵활동과 탄핵된 인물을 조사해 성종 7~14년과 20~25년에 대간의 탄핵이 활발했다고 지적했다(『조선시대의 대간연구』, 54쪽 〈표 2-1-1〉 및 60쪽 〈표 2-1-5〉).

38) 와그너는 정치권력의 중심이 대간으로 이동한 데는 성종의 용인 없이는 불가능했을 것이라고 지적했다(The Literati Purges, 24쪽).

39) 정두희, 『조선시대의 대간언론』, 54쪽 〈표 2-1-1〉 및 60쪽 〈표 2-1-5〉.

40) 신석호, 「조선 성종시대의 신구대립」, 336~341쪽. 삼로오경에 대한 설명은 주 26 참조.

41) 이 사건은 장병인도 주목한 바 있다(『조선전기 혼인제와 성차별』, 일지사, 1997, 74~75쪽).

42) 남지대의 지적은 매우 중요하다고 생각한다. "성종 14년에서 20년 사이의 기간은 성종 연간 중 앞 뒤 시기보다 언론의 빈도도 낮고 대간언론과 '공론'과의 상관도나 훈구대신을 탄핵한 빈도도 떨어지는 현상을 보인다. 이는 이 기간이 바로 왕·훈구대신·신진비판세력이 잠정적인 합의에 도달하여 큰 물의 없이 정치가 운용되던 소강상태였기 때문이라 하겠다(「조선 성종대의 대간 언론」, 169~170쪽)."

그러나 사실과 어긋나는 부분도 있다고 판단된다. 앞서 보았듯 성종 14~20년 대간언론은 거의 줄지 않았고 19년부터는 크게 늘어났으며, 훈구대신 탄핵도 그러했다(〈표 3〉 및 주 37 참조). 따라서 2기가 "왕·훈구대신·신진비판세력이 잠정적인 합의에 도달하여 큰 물의 없이 정치가 운용되던 소강상태"였다는 평가에는 동의하지만 "훈구대신을 탄핵한 빈도"가 떨어지지는 않았다고 판단된다. '체제의 안정과 갈등의 심화'라는 성종대의 이중적 성격은 이런 측면에서도 나타난다.

43) 뒤에서 보듯 삼사를 불만스럽게 여기는 성종의 태도는 삼사를 후원한 시기에도 나타난다. 그러니까 성종은 삼사를 후원하면서도 그들의 지나친 탄핵이나 간언은 못마땅하게 여기는, 어찌 보면 이중적 태도를 보인 것이다. 필자는 성종 정치의 중요한 특징은 그 중층적 성격에 있다고 생각한다. 자신과 배치되는 의견이나 인물을 폭력적으로 배제하지 않고 대항세력을 키워 간접적으로 견제하려 했던 성종의 정국운영 자체가 그런 복잡성과 모순을 잉태한 근본 원인이라고 여겨진다(주 33 참조). 이런 중층적 구조를 이해해야만 성종대 정치사의 실상에 좀더 가깝게 다가갈 수 있을 것이다.

44) 정두희도 이 사건에 주목하면서, 대간이 송영 임명에 집요하게 반대하자 성종은 이 문제가 단지 송영의 자격에 관련된 것이 아니라 자신의 권위에 저촉되는 문제로 판단했다고 정확하게 지적했다(「제2부 제5장 성종대 대간활동의 특징과 그 역사적 의의」, 『조선시대의 대간연구』, 148~151쪽). 송수환은 대신이 송영의 파직에 반대하는 대간에 동조했다는 사실을 바탕으로 대신도 대간 언론의 불가침성을 인정했으며 결과적으로 국왕의 인사권 행사를 저해했다고 평가했다(「갑자사화의 새 해석」, 『사학연구』 57, 1999, 111쪽).

45) 당시 이심원은 앞서 본대로 성종 9년 4월 훈구대신을 강하게 비판해 물의를 빚은 뒤 같은 해 9월에는 조부에게 순종하지 않았다는 죄목으로 황해도 장단부長湍府에 부처된 상태였다.

46) 홍문관의 언관화는 최승희, 「홍문관의 성립경위」, 『조선초기 언론사연구』(『한국사연구』 5, 1970);「홍문관의 언관화」, 같은 책(『조선시대사학보』 18, 2001);최이돈, 『조선중기 사림정치구조연구』, 28~63쪽 등 참조. 홍문관의 언관화와 관련해 최이돈은 성종 19년 12월을 기점으로 잡았지만(같은 책, 45쪽) 최승희는 성종 17년 3월에 그 확증이 나타난다고 지적했다(「홍문관의 언관화」, 61쪽). 두 의견 모두 중요한 측면을 지적했다고 생각한다. 여기서는 두 학설을 절충해 성종 18년을 획선으로 설정했다.

47) 권연웅, 「조선 성종조의 경연」, 63~64 및 82~88쪽.

48) 최승희, 「홍문록고弘文錄考」;최이돈, 『조선중기 사림정치구조연구』, 39~44쪽.

49) 아울러 최승희, 「홍문관의 언관화」, 40쪽 참조.

50) 이 문제는 최승희, 「홍문관의 언관화」, 262~264쪽에서도 언급했다.

51) 그밖에도 우의정 이극배, 좌찬성 이철견, 좌참찬 김겸광, 우참찬 이숭원李崇元, 호조판서 이덕량李德良, 참판 김승경金升卿, 참의 임수창林壽昌, 예조판서 유지, 참의 권중린權仲麟, 병조판서 신승선, 참판 박성손朴星孫, 참의 김극뉴, 참지 송영, 형조판서 이극균, 참의 민영견閔永肩, 공조판서 권찬, 경기도 관찰사 어세겸魚世謙 등 조정의 핵심 관원이 대부분 망라되었다. 이 문제도 최승희, 「홍문관의 언관화」, 264쪽에서 언급한 바 있다.

52) 아울러 최이돈, 『조선중기 사림정치구조연구』, 46쪽 참조.

53) 아울러 남지대, 같은 논문, 140~141쪽;최이돈, 「성종조 홍문관 기능의 확대와 사림의 진출」, 『조선중기 사림정치구조연구』, 28~48쪽 참조.

54) 최이돈은 홍문관의 언관화가 대간 중심의 언론체계에 언론기관 하나를 더한다는

양적 변화에 그치지 않고, 대간 중심 언론활동의 한계를 보완할 수 있는 질적인 변화까지 가져왔다고 지적했다(같은 책, 45쪽).

55) 최이돈, 같은 책, 46~48쪽.

56) 권연웅의 다음 지적은 중요하다. "(삼사의 위상이 높아지는) 경향은 성종의 재위 25년 동안 점차 심해져서 말년에는 그 폐단이 나타나기 시작했다. 대간이 걸핏하면 대신을 소인으로 지탄하니 대신들은 이것이 두려워 왕이 자문할 때에 모호한 대답을 하기에 이르렀다."(「조선 성종조의 경연」, 86쪽).

한춘순은 이런 상황을 다르게 해석했다. 그는 "국왕 주도의 전형적인 육조직계제가 오래 동안 시행되다보니 성종 후반기에 이르러서는 의정부 대신들이 무릇 국가의 큰 일을 두루 알지 못하는 경우가 발생하고 있었다(「조선 성종의 육조직계제 운용과 승정원」, 111쪽)"면서 대신이 위축된 원인을 육조직계제에서 찾았다. 또한 앞서 정희왕후와 관련해서도 그랬듯이(주 8) 성종이 친정 이후 치세 끝까지 거의 전제적일 정도로 강력한 왕권을 행사했다고 평가했다. 그러나 이것은 당시 삼사의 성장을 간과한 견해로 여겨지며, 권연웅의 지적대로 대신이 위축된 까닭은 삼사의 언론 때문이었다고 보는 편이 좀더 타당하다고 생각한다.

57) 이 표는 김범, 「조선 성종대의 왕권에 대한 일고찰」, 33~34쪽을 재정리한 것이다(세부사항은 주 37과 같다). 이 조사에는 의정부 당상과 육조 판서 외에도 영돈녕부사와 육조 참판의 발언을 포함시켰다.

58) 이 문제에 관련된 내용은 최이돈, 『조선중기 사림정치구조연구』, 53~63쪽을 많이 참고했다.

59) 최이돈, 같은 책, 59쪽.

60) 절충장군은 정3품 당상관의 품계며 부호군은 오위五衛에 소속된 종4품의 무반직이다.

61) 지두환은 성종 후반~연산군 초반 대간의 탄핵에서는 자신과 상대편을 '군자'와 '소인'으로 이분하는 사례가 많이 나온다고 지적했다(「조선전기 군자·소인 논의-『대학연의』 왕안석론을 중심으로」, 『태동고전연구』 9, 1993, 16~19쪽). 이처럼 자신과 비판 대상을 선악의 구도로 이분하는 대간 언론은 부정적 측면이 더 크다고 생각된다.

62) 성종 후반 대신과 대간의 대립은 신석호, 「조선 성종시대의 신구대립」, 373~387쪽; 와그너, The Literati Purges, 33~42쪽에 자세하다. 이목이 이렇게 극한적 표현을 사용한 까닭은 그것이 종교(또는 사상) 문제라는 것도 작용했다고 생각된다.

63) 허종의 이 발언은 와그너(*The Literati Purges*, 32~33쪽)와 이재호(「조선조 대간의 기능의 변천」, 13쪽), 송수환(「갑자사화의 새 해석」, 110쪽) 등이 주목했다.

64) 우의정까지 지낸 형 허종(1434~1494)은 뛰어난 학식과 업무능력을 상찬받았으며(성종25.2.14계유) 그뒤 좌의정까지 오르는 동생 허침(1444~1505)도 훌륭한 평가를 받았다(연산11.5.16경자). 특히 허침은 연산군 때 우의정으로 있으면서 연산군의 그릇된 판결로 사형을 선고받은 사람들을 많이 구했다. 그러나 연산군의 폭정을 직접 간언하지 못하는 답답함과 부담감으로 사망했다고 한다(『연려실기술』 권 6, 「연산조 고사본말」).

65) 최이돈은 성종 20년 이후 대간의 언론기능이 제도적으로 거의 확립되었으며 질적으로도 향상되었다고 평가했다(『조선중기 사림정치구조연구』, 53쪽). 이 시기 대간의 언론기능이 제도적으로 거의 확립되었다는 견해에는 동의하지만, 그 내용도 질적으로 향상되었다는 평가는 다시 검토할 필요가 있다고 생각한다. 본문에서 살펴본 대로 성종 후반 대간 언론에는 비판 대상의 문제점을 객관적으로 지적하기보다는 근거가 부족하면서도 감정적인 비난을 감행하는 경우가 많아졌기 때문이다. 그러므로 이 시기 대간의 언론은 일정한 문제점을 드러내면서 오히려 질적으로 저하되고 있었다고 생각한다.

66) 최이돈은 성종이 재상을 견제하기 위해 홍문관을 지원했으므로 삼사 언론에 우호적이었다고 평가했다(같은 책, 60쪽). 그러나 홍문관을 지원한 것은 맞지만, 앞서 보았듯 그것은 재상이 아닌 대간을 견제하려는 조치였으며 대간에게는 심각한 불만을 갖고 있었다고 생각된다.

67) 풍문탄핵은 남지대, 「조선 성종대의 대간언론」, 154~160쪽; 정두희, 「풍문탄핵에 관한 정치적 논쟁」, 『조선시대의 대간연구』, 94~123쪽 참조. 하지만 두 사람의 의견은 다르다. 남지대는 성종 후반으로 갈수록 언근을 묻지 말아야 한다는 대간의 요구가 받아들여지고 있으며, 공신이나 대신, 또는 요직에 있는 인물 등 예외적인 경우에만 언근을 물었다고 보았다(159쪽). 반면 정두희는 성종 후반으로 갈수록 대간의 풍문탄핵이 성행했지만, 국왕은 거기에 큰 불만을 나타냈다고 지적했다(111~112쪽). 필자는 정두희의 의견에 동의한다.

68) 북정과 관련된 대신과 대간의 갈등은 신석호, 「조선 성종시대의 신구대립」, 373~380쪽; 와그너, *The Literati Purges*, 33~34쪽 참조.

69) 참고로 이때 대사헌으로 성종과 많은 마찰을 빚은 성준은 그뒤 연산군 때 우의정

(4년 7월)과 좌의정(6년 4월)을 거쳐 영의정(9년 1월)까지 오른 주요 대신이었다(그의 관력은 김범, 「조선 성종~중종대 의정부·육조·삼사 주요관직의 인사이동 상황과 그 의미」, 118쪽 참조). 그리고 그는 2장에서 자세히 서술했듯 연산군 5~6년 대간과 첨예한 갈등을 빚은 대표적 훈구대신이었다. 어떤 인물의 '훈구·사림'적 성격을 고정적으로 파악하는 현재의 통설로는 이런 부분을 충분히 해명하기 어렵다. 그러므로 이런 측면 또한, 앞서 허종과 허침의 사례에서 지적했듯, 해당 관서의 고유한 직능과 상하 관직체계의 연결성을 충분히 고려해야만 논리적으로 설명할 수 있다고 생각한다.

70) 성종 후반 임사홍 재서용 문제는 신석호, 「조선 성종시대의 신구대립」, 356~360쪽; 와그너, *The Literati Purges*, 30~31쪽에서 자세히 설명했다.

71) 그것은 대간의 발언횟수가 3기에 가장 많아진다는 사실에서도 유추할 수 있다(〈표 3〉 참조). 특히 치세 말년인 성종 23~25년 각 394회와 549회, 411회라는 가장 높은 수치를 기록한 것을 볼 때 대간의 위상은 오히려 강화되었다고 생각된다.

72) 조선후기 이익이나 정약용 등이 대간의 풍문탄핵을 폐지해야 한다고 주장한 것은 비슷한 맥락에서 이해할 수 있다. 관련 사항은 정두희, 「제3부 제1장 조선후기 실학자들의 대간론」, 『조선시대의 대간연구』, 참조.

73) 권연웅, 「조선 성종조의 경연」, 68~69쪽.

74) 성종 때 경연에서 강의한 책은 권연웅, 「조선 성종조의 경연」, 75쪽 참조.

75) 구덕회, 「성종대 동반 경관직 인사관리의 성격」, 158쪽.

76) 권연웅, 「조선 성종조의 경연」, 78~87쪽.

77) 성종 때 경연의 자유로운 토론을 보여주는 한 사례로는 연산1.2.28임오 참조. 아울러 남지대의 지적은 매우 중요하다고 생각한다. "성종대의 정치운용은 경연에서 대간과 대신이 왕을 사이에 두고 정치문제를 토론하였고, 여기서 결정되지 않은 문제 등을 대간이 다시 차箚나 소疏로 올리면 왕은 이를 대신의 수의收議에 부쳐 결정하는 것이 일반적인 운용양상이었다(「조선 성종대의 대간언론」, 110~111쪽)."

78) 비슷한 내용의 기사는 많지만 대표적으로 성종17.10.8기묘;19.10.26병진 참조.

79) 최승희는 성종의 왕권이 전반적으로 약했다고 보았다. 그 논거로는 성종 10년의 서정西征과 22년의 여진 정벌 등이 국력만 소모했을 뿐 왕권 강화에 도움을 주지 않았으며(「성종조의 국정운영체제와 왕권」, 463~471쪽) 불공정한 인사도 중요한 원인이라고 지적하면서 그 사례로 성종 8년 7월 현석규 문제, 12년 5월 김세적金世勣의 동부승지

임명, 12년 12월 김승경金升卿과 오순吳純의 특명 서용, 14년 7월 송영宋瑛의 장령 임명, 16년 5월 윤해尹垓의 충청도 관찰사 제수, 20년 8월 한건韓健의 도승지 임명, 21년 8월 임사홍의 관압사管押使 임명 등을 들었다(같은 논문, 471~479쪽).

그러나 필자의 생각은 조금 다르다. 북정에 대해 와그너는 성공한 일로 평가했으며 (The Literati Purges, 34쪽) 필자도 거기에 동의한다. 인사 문제에 대한 최승희의 해석 또한, 앞서 지적했듯, 다르게 생각해볼 여지가 있다고 생각한다.

80) 그러나 성종은 자신의 두 번째 정비인 윤씨를 폐비시키고 사사했다(한명회의 딸이자 첫 정비인 공혜恭惠왕후는 성종 5년에 사망했다). 부인과의 관계는 가장 민감한 개인적 문제였기 때문에 신하들과의 공식적 관계와는 다른 결과가 나타났다고 여겨진다.

2장 연산군-절대왕권의 추구와 정치적 파탄

1) 연산군대 정치사에 관련된 주요 연구는 다음과 같다. 瀨野馬熊, 「燕山朝の二大禍獄」;신석호, 「조선 성종시대의 신구대립」;홍순창, 「사화와 당쟁과의 관계」, 『대구사학』 7·8, 1973;Wagner, Edward W., The Literati Purges;허재일, 「조선왕조에 있어서 사화발생의 정치사회적 배경에 관한 고찰」, 『학술지』 25, 건국대, 1981;이태진, 「조선시대의 정치적 갈등과 그 해결-사화와 당쟁을 중심으로」, 『조선시대 정치사의 재조명』, 범조사, 1985;권연웅, 「연산조의 경연과 사화」, 『구곡 황종동교수 정년기념 사학론총』, 1994;최이돈, 『조선중기 사림정치구조연구』;「조선중기의 비리 문제와 사화」, 『한국사 시민강좌』 22, 1998;신천식, 「조선조 연산군의 교육탄압정책과 교육사조」, 『명지사론』 7, 1995;장학근, 「연산군의 재이론에 대한 인식변화-군권君權·언권言權 논쟁을 중심으로」, 『경남사학』 7, 1995;김돈, 「연산군대의 군신권력관계」, 『조선전기 군신권력관계 연구』;송수환, 「갑자사화의 새 해석」;장희흥, 「연산군대 환관정책과 내시부의 위상강화」, 『경주사학』 21, 2002;신동준, 「연산군을 위한 변명-폭군의 멍에를 벗긴다』, 지식산업사, 2003;김범, 「조선 연산군대의 왕권과 정국운영」, 『대동문화연구』 53, 2006;『연산군-그 인간과 시대의 내면』, 글항아리, 2010 등.

2) 이런 시기구분은 주 1의 논저에서 대부분 채택하고 있다.

3) 와그너는 연산군의 독재와 정치적 실패를 인정하면서도 그가 삼사의 능상으로 대표되는 당시의 정치적 폐단을 통찰력 있게 분석하고 있었다고 평가했다(The Literati Purges, 69쪽). 최근 신동준은, 저서의 제목이 보여주듯, 기존의 부정적 견해와 달리 연

산군을 적극적으로 옹호했다(『연산군을 위한 변명』). 경청할 부분도 있지만, 전체적으로 일면적이며 지나친 해석으로 생각되었다.

4) 연산군은 대간은 언론기관으로 인정했지만, 홍문관은 큰 일에만 언론권을 행사할 수 있다고 생각했다(연산1.1.24무신). 또한 홍문관이 대간의 의견에 대부분 찬성하는 것도 큰 불만이었다(연산3.9.23신유). 연산군의 이런 생각은 그뒤에도 계속 이어졌다(연산 5.12.14무술;8.1.22을미;8.9.12신사)

5) 이 문제는 이미 주 1의 연구들이 주목했다. 특히 신석호, 「조선 성종시대의 신구대립」, 388~392쪽;와그너, *The Literati Purges*, 36~37쪽;김돈, 「연산군대의 군신권력관계」, 44쪽;권연웅, 「연산조의 경연과 사화」, 379쪽;장학근, 「연산군의 재이론에 대한 인식변화」, 7쪽;송수환, 「갑자사화의 새 해석」, 116~118쪽;김희준, 「조선전기 수륙재의 설행」, 『호서사학』 30, 2001, 62~63쪽;장희흥, 「연산군대 환관정책과 내시부의 위상강화」, 173쪽 등 참조.

6) 이 문제는 선행 연구에서 자세하게 논증했다(신석호, 같은 논문, 392~394쪽;와그너, 같은 책, 31~33쪽;김돈, 같은 논문, 46~47쪽;장희흥, 같은 논문, 173쪽 등). 당시 이들이 갖고 있던 관직은 대부분 성종 말년에 제수된 것으로 그때도 많은 비판이 제기되었다. 즉 연산군 초반의 사안들은 성종 말년에 이미 배태된 것이며, 이런 측면은 그뒤 성종에 대한 연산군의 개인적 반감과 맞물리면서 문제를 확대시켰다고 생각된다.

7) 그밖에 연산2.2.6갑인;2.3.2경진 · 8병술 · 16갑오 · 18병신 등도 참조. 하지만 이때 허락된 족친 종량은 최씨가 이런 국왕의 태도를 믿고 정사에 개입하려고 시도하고 국용國用을 함부로 사용하면서 취소되었다(연산2.4.25임인). 사소할 수도 있는 봉보부인에 대한 포상을 연산군이 이처럼 중시한 까닭은 어머니가 없다는 사실도 작용했다고 추측된다. 이 문제는 권연웅, 「연산조의 경연과 사화」, 381쪽에서도 서술했다. 봉보부인에 대한 연산군의 관심은 계속되어 1년쯤 뒤 최씨가 병들자 아들과 사위에게 녹봉과 직위를 하사하고, 그녀가 사망하자 사흘 동안 조회를 정지하기까지 했다(연산 3.2.20임진 · 30임인).

8) 이 문제 또한 신석호, 「조선 성종시대의 신구대립」, 402쪽;와그너, *The Literati Purges*, 37쪽;권연웅, 「연산조의 경연과 사화」, 381~382쪽 등에서 주목했다.

9) 특히 임사홍 · 조득림趙得琳 · 정숭조鄭崇祖 등이 문제되었다. 김돈, 「연산군대의 군신권력관계」, 48쪽;권연웅, 「연산조의 경연과 사화」, 382쪽도 참조.

10) 사직상소가 1백 번 넘게 올라왔다는 연산군의 말에서 그 정도를 잘 알 수 있다(연산 3.6.1신미).

11) 치세 초반 연산군은 대간이 자신을 어린 임금으로 업신여기고 있다는 생각을 여러 차례 내보였다. 주목되는 점은 상당한 시간이 흐른 뒤까지도 그런 생각을 갖고 있다는 것이다(연산1.8.2임자·9기미;2.12.11갑신;8.8.5갑진).

12) 이 문제는 많은 연구들이 주목했다. 신석호, 「조선 성종시대의 신구대립」, 388~402 쪽;이재호, 「조선조 대간의 기능의 변천」, 15~16쪽;「홍문관 기능의 변천」, 42~46 쪽;최이돈, 『조선중기 사림정치구조연구』, 61~62쪽;김돈, 「연산군대의 군신권력관계」, 50~54쪽;권연웅, 「연산조의 경연과 사화」, 381쪽;송수환, 「갑자사화의 새 해석」, 118~119쪽 등.

13) 김돈, 「연산군대의 군신권력관계」, 54~57쪽;권연웅, 「연산조의 경연과 사화」, 381 쪽.

14) 이때 사직한 대신은 그밖에도 우의정 한치형·좌찬성 이극돈·우찬성 성준·예조판서 박안성·병조판서 노공필·형조판서 박건·공조판서 신준·호조판서 이세좌 등이었다.

15) 이 사건 또한 신석호, 「조선 성종시대의 신구대립」, 403쪽;와그너, *The Literati Purges*, 38쪽;송수환, 「갑자사화의 새 해석」, 120쪽 등에서 주목한 바 있다.
아울러 같은 해 7월에도 집의 강경서姜景敍 등은 대신이 책임만 회피하려고 하니 절에서 죽이나 먹고 있는 승려와 같다면서 강력히 비판했고, 좌의정 어세겸·우의정 한치형·좌찬성 이극돈·우찬성 성준·좌참찬 유지·우참찬 윤효손·영중추부사 정문형 등 주요 대신은 모두 사직상소를 올렸다(연산3.7.4계묘·6을사).

16) 이 사건은 신석호, 「조선 성종시대의 신구대립」, 388~389 및 404~406쪽;와그너, *The Literati Purges*, 41쪽 등에서도 언급했는데, 특히 신석호의 견해는 주목된다. "이노사신의 상소는 대간의 폐를 여실히 논박한 것이다. 이때 대간·홍문관에 있어서의 신진사류는 스스로 청류淸流 혹은 군자라 일컫고 그 의논을 청론 또는 공론이라 하여 일의 대소경중을 돌보지 않고 다만 언사함을 가지고 귀하다고 하였다. 그래서 군주·재상과 길항拮抗하고 반드시 스스로 이기려 하고 누일연순累日連旬 분분부지紛紛不止하고, 사람의 죄를 논하는데 이르러서는 계청해서 뜻을 얻지 못하면 반드시 평석平昔의 구건咎愆을 군척捃摭하고 취모구자吹毛求疵하여 끝끝내 이를 함해陷害하였다"(같

276

은 논문, 397쪽).

17) 김돈도 (연산군 3년 2월) 좌의정 어세겸 스스로 당시의 삼정승은 경연의 고문에 응하고 수의收議를 받들며 견문을 계품啓稟하는 정도의 위치에 있다면서 국가의 정령은 육경이 분직해 다스리고 삼공은 비원備員일 따름이라는 심정을 토로했다고 지적했다(「연산군대의 군신권력관계」, 58쪽).

18) 무오사화에 관련된 자세한 내용은 김범, 『연산군-그 인간과 시대의 내면』, 144~173쪽 참조.

19) 김일손이 사초에 쓴 불미스러운 일은 이극돈이 불경을 잘 외운 덕에 전라도 관찰사가 되었다는 것과 정희왕후의 상례 중에 장흥長興의 관기官妓를 가까이했다는 것이었다.

20) 김일손은 이극돈이 자신을 원망한다는 사실을 친형 김준손金駿孫의 사위인 진사 이공권李公權이 홍문관 교리 손주에게서 듣고 전해주었다고 진술했다(연산4.7.12병오).

21) 며칠 뒤 국문을 받으면서 허반은 세조가 덕종의 상을 끝마친 뒤 권씨에게 육식을 권했는데 먹지 않으니 세조가 노하자 권씨가 달아났다고 전달했지만 말이 오가는 사이에 김일손이 착오를 일으켜 그렇게 썼다고 해명했다(연산4.7.20갑인).『연려실기술』에서는 허반은 덕종의 소훈 윤씨라고 말했지만 김일손이 귀인 권씨로 착각했다고 적었다(권 6,「연산조 고사본말」 무오사화.『야언별집』 인용).

22)『연려실기술』에서는 대신들이 그런 원한 때문에 무오사화에 적극적으로 참여했다고 기록했다(권 6,「연산조 고사본말」 무오당적 이목.『명신록』 인용).

23) 그뒤 중종 2년 윤1월 무오사화로 희생된 스승 김굉필의 원수를 갚으려는 목적에서 거사하려다가 모반의 혐의로 처형된 조광보趙光輔는 유자광이 무오사화의 원흉이라고 지목했다(중종2.윤1.27신미. 정두희,『조광조』, 아카넷, 2000, 55쪽). 중종 반정의 삼대장 가운데 한 사람으로 당시 이조판서였던 성희안도 관련자 중에서 사망한 사람으로는 이극돈을, 살아 있는 사람으로는 유자광을 사화의 핵심 인물로 지목했다(중종2.2.2병자. 정두희, 같은 책, 57쪽).

24) 유자광은 국왕의 전교를 직접 작성하려고 하다가 승지와 대신들에게 제지당했다(연산4.7.15기유). 도승지 강구손도 "지금 국문하는 데는 위관委官과 의금부가 있지만 그 일을 힘써 주장하지 않았으며, 무령군만이 힘써 주장하고 있다"고 말했다(연산4.7.18임자). 그러나 이극돈의 졸기에서는 이극돈이 수악首惡이라고 평가되었다(연산

9.2.27갑자).

25) 김범, 『연산군-그 인간과 시대의 내면』, 162~164쪽 재인용.

26) 대표적 연구로는 瀨野馬熊, 「燕山朝の二大禍獄」, 378~379쪽;신석호, 「조선 성종 시대의 신구대립」, 409쪽;이병휴, 『조선전기 기호사림파연구』, 48쪽;이병도, 『한국 유학사』, 아세아문화사, 1987, 159쪽;이태진, 「조선시대의 정치적 갈등과 그 해결」, 36쪽;「사화와 붕당정치」, 한국사특강 편찬위원회 편, 『한국사특강』, 서울대 출판부, 1990, 160쪽 등을 들 수 있다.

27) 대표적 연구자는 와그너다(The Literati Purges, 46~50쪽;「정치사적 입장에서 본 이조사화의 성격」;이훈상·손숙경 옮김, 「정치사적 입장에서 본 조선시대 사화의 성격」). 최근 진상원은 무오 사화의 본질과 관련해서 와그너의 견해가 가장 설득력 있다고 평가하면서 김종직 등 의 신원은 단순히 사림파와 같은 특정 계층의 승리나 대두의 차원이 아닌 일종의 정 치 담론의 측면에서 접근하는 방식이 더 적절하다고 지적했다(「조선전기 정치사건의 처 벌과 신원伸寃-김종직의 사례를 중심으로」, 『역사학보』 180, 2003, 80쪽).

28) 이런 노사신의 태도는 여러 측면에서 이례적이었다고 평가할 수 있다. 무엇보다도 그는 그동안 연산군에게 적극 호응해 삼사를 직설적으로 비판한 결과 그들에게 격렬 한 공격을 받은 대신이기 때문이다. 그러므로 사화에서 그가 보인 태도는 사화의 확대 에 유일하게 반대한 희소성이나 이전의 견해와 상반된다는 특이함뿐 아니라 인간적 으로 그런 균형적 태도를 보여주기는 힘들다는 개연성의 측면에서도 이례적이었다. 이런 측면은 무오사화 직후 사망한 그의 졸기에서도 잘 드러난다. "그는 성종 때 정승 이 되었지만 건의한 바가 없었다. 금상(연산군)이 즉위한 처음에 수상이 되었는데, 임 금이 대간에게 분노해 그들을 가두고 국문하려고 하자 노사신은 '이루 말할 수 없이 기쁘고 경하드린다'고 말했다. 태학생이 불교를 배척하자 주상은 역시 노여워하며 유배 보내려고 했는데, 노사신은 이번에도 찬성하니 사림이 이를 갈았다. 그러나 그 는 남을 기해하는 성품은 아니었다. 사옥史獄이 일어나자 윤필상·유자광·성준 등 이 평소 청의淸議하는 선비들을 미워해 일거에 섬멸하려고 붕당으로 지목했는데, 노 사신만이 힘써 그들을 구원했다. 많은 사류들이 그에 힘입어 목숨을 보존했다(연산 4.9.6신축)."

29) 가장 대표적 반대론자인 와그너의 견해는 지금도 유효하다고 생각한다. "기묘인己 卯人과 그리고 성종, 연산군대에 나타난 그들('사림파')의 선구자들을 동시대의 다른

집단들과 구별할 수 있는 어떤 특징이 있다면 **그것은 그들이 성리학의 신봉자였다는 사실과 특히 성리학적 정치원칙과 윤리규범에 대한 그들의 사명감이 아주 극단적이라고 할 만큼 철저하였다는 사실에 있었다고 생각합니다**(강조는 인용자). … 본인이 주장하려고 하는 요지는, '사림'이란 용어는 이조 초기에 대단히 중요했던 한 사상운동의 성격을 기술하는 데에 있어서는 유용한 용어가 될지 모르나, 이 말로써 이조 지배층의 구성적인 측면을 설명하려고 한다면 그것은 거의 무의미한 일이라는 점입니다"(「이조李朝 사림문제에 관한 재검토」, 170~171쪽).

그밖에도 정두희(「회고와 전망 : 조선전기」, 『역사학보』 104, 1984;「조선전기 지배세력의 형성과 변천-그 연구사적인 성과와 과제」, 주보돈 외, 『한국사회발전사론』, 일조각, 1992;『왕조의 얼굴』, 서강대 출판부, 2010, 29~37쪽)와 김범(「조선전기 '훈구·사림세력' 연구의 재검토」, 『한국사학보』 15, 2003) 등이 '훈구·사림론'에 비판적 견해를 제시했다.

최근 계승범은 "신흥사대부 학설이나 사림파 학설이 이미 10여 년 전부터 학계에서 구체적이고도 지속적인 비판을 받고 있음에도 그런 구래의 학설이 여전히 통설로, 심지어 정설로 통용되는 학계의 분위기에 대해 조선 전기 전공자라면 이제 학술적 진보를 위한 토론에 적극적으로 임할 필요가 있다고 본다"고 지적했다(「조선전기사 연구의 현황과 과제」, 『역사학보』 219, 2013, 117쪽). 아울러 『중종의 시대』, 155~175쪽도 참조.

30) 대표적으로 송준호는 족보에 대한 방대하고 치밀한 연구를 바탕으로 한국 지배세력의 연속성을 강력히 주장했다(『조선사회사연구』, 일조각, 1987).

31) 주요한 사림 연구자인 이병휴의 '전향 사림파'라는 용어는 이런 역사적 사실과 이론 사이의 괴리를 해소하려는 고심의 산물로 생각된다. 그는 '사림파'로 분류한 인물 중에서 '훈구가문' 출신을 이 표현으로 지칭했다(『조선전기 기호사림파연구』, 89·104·114·165·214쪽 등;『조선전기 사림파의 현실인식과 대응』, 63·64·116·152쪽 등).

양성지와 관련된 한영우의 설명도 신중하게 살펴볼 필요가 있다. 그는 "양성지가 죽은 뒤로 사림이 등장한 연산조와 중종조에는 그에 대한 평가가 그리 좋지 않았(『조선 수성기 제갈량 양성지』, 지식산업사, 2008, 194쪽)"다고 지적하면서 그런 사례로 연산군 4년(1498) 3월 지평 신복의, 중종 13년(1518) 8월 동지사 이유청, 중종 30년(1515) 1월 대사간 허항許沆의 발언을 들었다. 그러나 "왜란을 거치고 조선 후기에 들어서면서 양성지에 대한 평가는 점차 긍정적인 방향으로 바뀌(같은 쪽)"었다면서 인조 15년 5월 우의정 최명길과 숙종 26년(1700) 5월 사간원의 발언을 그런 증거로 제시했다. 그는 "16세기에는 주로 그(양성지)를 임금에게 아첨한 인물로 보았지만, 17세기에 들어서면 그가 국가를 위해서 무엇을 공헌했느냐를 중심으로 바라보면서 차츰 긍정적인 평가로 바뀌고 있음을 알 수 있다(같은 쪽)"고 결론지었다.

그러나 이런 한영우의 설명은 '사림'의 개념을 명확히 적용하지 않아 논리적 충돌을 일으켰다. 첫 인용문에 따르면 그는 신복의·이유청·허항을 '사림'으로 보고 있다. 그러나 신복의는 중종 3년(1508) 역모로 처형되었고, 이유청(1459~1531)은 기묘사화로 조광조 등을 숙청하는 데 가담해 우의정에 임명되었으며(그가 고려 후기의 명신 이색의 5대손이라는 사실도 주목할 만하다), 허항(?~1537)은 김안로·채무택과 함께 이른바 '정유삼흉'으로 불리는 인물이다. 다시 말해서 그들은 현재의 통설에서 말하는 '사림'과는 큰 거리가 있는 것이다. 오히려 통설의 '사림(과 그 시대)'에 부합하는 대상은 17세기 이후의 최명길과 사간원이며 그들은, 『외예보』의 내용과 비슷하게, 양성지를 긍정적으로 평가했다. 요컨대 한영우는 『외예보』라는 독특한 자료를 처음 주목하는 중요한 학문적 공헌을 했지만, 이론에 사실을 끼워 맞추거나 논리의 일관성을 견지하지 못했다는 한계 또한 드러냈다고 생각한다.

32) 김범, 「『연려실기술』 인물조 주요인물의 혈연관계와 관련-조선 태조~인조대 지배세력의 연속성과 그 의미」, 『대동문화연구』 41, 2002, 226쪽.

33) 송시열, 『송자대전』 149권, 「신씨가승 발申氏家乘跋」.

34) 김범, 「조선왕조실록에 나타난 '훈구'의 용례와 그 분석」, 『동방학지』 134, 2006.

35) 이런 측면과 관련된 가장 중요한 자료는 와그너와 송준호가 작성한 『조선문과방목』(일명 『조선조 지배 엘리트에 관한 연구』)일 것이다. 뛰어난 두 학자가 평생에 걸쳐 완성한 이 방대하고 정교한 성과에 대해 한국학계는 좀더 많은 관심을 기울일 필요가 있다.

36) 김종직과 관련된 사항은 이수건, 『영남사림파의 형성』, 313쪽 ; 김영봉, 「점필재 김종직의 관료문인적 성격」, 『연민학지』 3, 1995 ; 「조선전기 문인의 도학파·사장파 구분에 대한 비판적 고찰」, 『동방학지』 110, 2000 ; 『김종직 시문학 연구』, 이회, 2000, 126~136쪽 ; 김범, 「조선전기 '훈구·사림세력' 연구의 재검토」, 89~90쪽;송웅섭, 「조선전기 공론정치의 형성」, 187~192쪽 등 참조.

37) 본관이 광주廣州인 이극균은 이극배·이극감·이극증·이극돈 등을 형제로 둔 가장 대표적인 '훈구파'의 한 사람이며(이태진, 「15세기 후반기의 '거족鉅族'과 명족의식-『동국여

지승람』인물조의 분석을 통하여」,『한국사론』 3, 서울대, 1976, 268~271쪽), 김굉필도 문묘에 배향된 대표적인 '사림파'다. 조선시대 주요가문의 혈연적 연속성과 관련된 논의는 와그너,「이조李朝 사림문제에 관한 재검토」, 169~173쪽;송웅섭,「중종대 기묘사림의 구성과 출신배경」, 163~171 및 175~177쪽 등 참조.

38) 현재의 통설에 따르면 이 두 사람 또한 '훈구파'와 '사림파'로 나눌 수 있다. 먼저 강희맹(본관 진주晉州)은 성종 때 우의정과 좌찬성, 이·병·형조판서를 역임한 고위 관료로서 매우 중요한 인물들과 혈연관계에 있던 대표적 훈구대신이다(그의 중요한 혈연관계는 다음과 같다. 강회백姜淮伯의 손자, 강석덕姜碩德의 아들, 강구손의 아버지, 강극성姜克誠의 4대조, 강희안姜希顔의 동생, 강맹경姜孟卿의 사촌, 김감의 숙부, 안순安純의 손서, 심온의 외손, 김질·신숙주의 사돈. 김범,『『연려실기술』인물조 주요인물의 혈연관계와 관력官歷』, 250쪽). 정성근은 성종 17~18년 홍문관원으로서 유향소 복립과 낭관 자천제를 적극 건의한 점을 근거로 '사림파'로 분류되고 있다(최이돈,『조선중기 사림정치구조연구』, 35 및 132쪽).

39) 연산군이 폐위된 날의 기록이므로 신중하게 읽어야 하지만『연산군일기』에서는 그런 사실을 명확히 서술했다. "무오년의 주륙 이후 국왕의 뜻은 점차 방자해져 엄중한 형벌로 신하들을 억제하는 데 주력하니 선비들의 기개가 날로 꺾여 바른 말로 극론하는 사람이 전혀 없게 되었다. 국왕은 더욱 꺼리는 바가 없게 되어 황음의 욕망을 발산했다(연산12.9.2기묘)."

40) 연산군의 패행과 사치에 관련된 가장 종합적 기록은 그가 반정으로 폐위된 날의 긴 기사일 것이다(연산12.9.1무인). 무오사화부터 갑자사화 사이에 연산군의 주된 업무는 연회와 사냥이라고 평가될 정도였다(와그너, *The Literati Purges*, 55쪽). 이런 맥락에서 갑자사화의 원인을 경제문제를 중심으로 한 연산군의 실정으로 파악한 견해는 주목할 만하다(瀨野馬熊,「燕山朝の二大禍獄」, 388~389쪽;윤정,「조선 중종대 훈구파의 산림천택운영과 재정확충책」,『역사와 현실』 29, 1998, 150~151쪽).

41) 겸사복시兼司僕寺와 선전관청宣傳官廳을 궐 밖으로 옮겼다. 이런 조치는 갑자사화 이후 본격화되었다.

42) 연산군 때의 민가 철거는 김원모,「함춘원고含春苑考」,『향토서울』 22, 1964, 60~66쪽 참조.

43) 연산4.9.11병오(아차산);4.10.5정묘(정토산);4.10.20임오(서산);4.9.25경신;5.1025신해(장릉·경릉);6.10.15병신(대자산) 등. 창릉은 조선 제8대 국왕 예종과 계비 안순安順왕

후 한씨韓氏의 능이고, 경릉은 추존된 덕종과 그의 비 소혜왕후 한씨의 능이다. 연산군에게 덕종은 조부이고 예종은 종조다. 모두 경기도 고양시 덕양구 서오릉 소재.

44) 그 패의 재질과 규격은 자세히 규정되었다. 패는 오매烏梅나무를 사용해 둥근 모양으로 만들어 한쪽 면의 첫 줄에는 '내응사內鷹師', 가운데 줄에는 '응방식치산행鷹坊食治山行', 그리고 끝 줄에는 천자문의 한 글자씩을 새겼으며, 다른 면에는 전자篆子로 앞쪽의 세 줄에 새긴 글자들을 화인火印으로 만들어 찍게 했다. 또 견고한 나무로 구군패驅軍牌·대졸패隊卒牌도 만들어 사용케 했다(연산10.4.12계묘).

45) 연산군은 양이 어떻게 생겼는지 모르기 때문에 보려던 것이라고 변명했다.

46) 이때는 관련자를 문책하라고 지시했다. 몇 달 전 연산군은 돼지 1백 마리를 내구內廐에서 기르게 했다(연산3.2.1계유).

47) 청옥은 옥공玉工 송산松山을 함경도 단천군으로 보내 1천 여 개를 캤으며(연산8.7.16병술) 마노석은 경상도 경주에서 진상케 했다(연산9.5.13무인). 황금은 쓸 곳이 매우 많으니 일본에서 구매하도록 지시했으며(연산9.11.6기사) 은 30냥을 들이라고 하자 상의원에서는 다 쓰고 남은 것이 없다고 보고했다(연산9.6.16신해). 진주는 큰 것으로 3천 개를 요구했다(연산10.2.23을묘).

48) 이이, 『율곡전서』 제 5권, 「만언봉사萬言封事」;조헌, 「동환봉사東還封事」 의상십육조소擬上十六條疏 음식지절飮食之節;박동량, 『기재잡기寄齋雜記』 권1, 역조구문歷朝舊聞 1;송시열, 『송자대전宋子大全』 제5권, 기축봉사己丑封事 8월;정약용, 『경세유표』 제11권, 지관수제地官修制 부공제賦貢制 7 등 참조.

49) 이때는 전국이 물난리로 큰 피해를 입었지만 연산군은 전혀 신경 쓰지 않았다(연산8.9.13임오).

50) 중종·명종 때 상황이지만, 당시 1년의 전세 수세액은 26만~27만 석이었다고 한다 (이재룡, 「제5장 조선초기의 국가재정」, 『조선전기 경제구조연구』, 숭실대 출판부, 1999). 이런 연산군 때의 과도한 사치는 그뒤에도 전혀 줄지 않았고 갑자사화 이후 더욱 심해져 사섬시 면포 80만 필을 20일만에 다 써버리기도 했다(김성우, 「16세기 국가재정수요의 증대와 재정운영의 위기」, 『조선중기 국가와 사족』, 역사비평사, 2001, 55 및 57쪽).

51) 연산군 때 사치금지 논의는 김동욱, 「이조전기 사치금압고奢侈禁壓考」, 『향토서울』 21, 1964, 26~28쪽 참조.

52) 연산군 7년 4월 공안상정청을 설치해 공물을 재조정했으나 오히려 부담만 증가시

켰다(이이, 「만언봉사」, 『율곡전서』).

53) 주 39 참조.

54) 무오사화 이후 삼사의 위상은 견해가 엇갈리고 있다. 먼저 권연웅은 무오사화 이후 삼사의 간쟁이 유명무실해져 정치적 기능을 거의 상실했다고 평가했다(「연산조의 경연과 사화」, 384쪽). 김돈 또한 무오사화 이후 언관언론이 위축되면서 조정의 정사가 연산군과 육조 중심으로 운영되었다고 보았다(「연산군대의 군신권력관계」, 67쪽).

하지만 와그너와 송수환의 시각은 조금 다르다. 와그너는 삼사가 무오사화를 거치면서 신중해진 결과 집요한 탄핵이나 과격한 언사는 이전보다 확실히 줄었다고 인정했지만, 그렇다고 해서 삼사가 위축된 것은 아니었으며, 국왕과 대신, 그리고 주요 사안들에 대한 언론활동을 계속 강력히 전개했다고 평가했다(The Literati Purges, 51쪽). 송수환도 비슷한 견해를 제시했다(「갑자사화의 새 해석」, 123쪽). 필자는 이들의 견해에 동의한다.

55) 관련된 내용은 와그너, 같은 책, 51~53쪽에 상세하다.

56) 아래 관련 내용은 권연웅, 「연산조의 경연과 사화」, 384쪽; 장학근, 「연산군의 재이론에 대한 인식변화」, 21~23쪽 등 참조.

57) 대간과 성준의 대립은 이듬해 4월 다시 불거졌다. 성준은 박임종朴林宗과 이점이 여러 평계를 대면서 외직을 기피하는데도 대간이 사사로운 정리 때문에 보호한다면서 처벌을 요청했다. 연산군은 조정의 정사를 혼란시키려는 술수라고 규정하면서 즉시 대간을 의금부에 하옥시켰다. 이 사건은 작년 손녀의 종을 하옥시킨 사건 당시 집의였던 이점에게 원한을 갖고 있던 성준이 대간 언론을 억압하려고 고발한 것이었다(연산6.4.9임진·15무술).

58) 여기서도 대간과 홍문관이 반드시 동일한 입장에 선 것은 아니라는 사실을 확인할 수 있다. 이것 또한 홍문관의 언관화를 통해 대간을 견제하려고 했던 성종의 조처와 연결되는 부분이라고 생각된다.

59) 좌의정 성준과 우의정 이극균 외에도 외척으로 지목된 우찬성 신수근과 승지 신수영도 사직했다. 이때도 연산군은 대간만 교체하고 대신은 그대로 둠으로써 대간에 대한 불만을 표시했다.

60) 관련 내용은 상당히 복잡하다. 요약하면 참판에 제수된 홍백경은 방출된 궁녀와 간음했고 승지 신수영과 한위韓偉는 외척이며, 사의司議 한세보韓世俌 · 이세회李世薈 ·

권만형權曼衡은 이유 없이 특진되었다는 것이다. 그밖에 은율현감殷栗縣監 송방언安邦彥과 횡성橫城현감 최세성崔世省은 그 직무에 적당치 않은 인물이고 평안도 절도사 유순정은 지나친 포상을 받았으며, 13명이 내지內旨로 부당하게 임용되었다고 지적되었다. 대간은 여러 차례 이 문제를 논란한 끝에 핵심 사안인 홍백경의 파직을 관철시켰다.

61) 와그너, *The Literati Purges*, 53~54쪽.

62) 와그너, 같은 책, 53~56쪽.

63) 이하 관련 내용은 와그너, 같은 책, 56~57쪽 참조.

64) 권연웅은 재위 8년부터 연산군의 행동이 이전의 관례에서 크게 벗어나기 시작했다고 지적했다(「연산조의 경연과 사화」, 385쪽).

65) 와그너, *The Literati Purges*, 56쪽. 김돈의 의견은 다소 다르다. 그는 연산군 5년 이후 의정부가 당시의 폐단을 본격적으로 간언한 것은 대간을 견제하는 역할을 의정부에 기대한 연산군의 의도에서 나온 변화라고 파악하면서, 이런 연산군의 비호로 의정부는 백관을 통솔하는 위상을 확보하게 되었다고 평가했다(「연산군대의 군신권력관계」, 68~69쪽).

물론 무오사화 이후에도 연산군이 대신의 발언을 옹호한 사례는 나타난다. 그러나 무오사화 이후 본격적으로 올라온 의정부의 간언은 연산군의 자의적 왕권 행사를 비판한 것이며 연산군이 그런 대신의 행동을 능상으로 간주했다는 점을 생각하면, 연산군의 비호로 의정부가 백관을 통솔하는 위상을 확보하게 되었다는 김돈의 해석은 수긍하기 어렵다. 무엇보다도 그의 말대로 연산군이 무오사화 이후에도 계속 의정부를 옹호했다면 삼사보다 대신을 더욱 가혹하게 처벌한 갑자사화를 논리적으로 설명하기 어렵다. 그러므로 무오사화 이후 정치세력의 권력관계는 연산군의 자의적 왕권 행사에 대해 대신과 삼사가 비판적 견해를 공유하게 되면서 국왕이 고립되는 구도로 전개되었다고 생각된다.

66) 갑자사화의 전개과정과 결과에 대한 자세한 서술은 와그너, *The Literati Purges*, 58~69쪽;송수환, 「갑자사화의 새 해석」, 125~142쪽;김범, 『연산군-그 인간과 시대의 내면』, 221~250쪽 등 참조.

67) 이세좌·홍귀달 사건에 대한 서술은 송수환, 같은 논문, 125~127쪽;한희숙, 「조선 전기 이세좌의 생애와 갑자사화」 등 참조.

68) 그 직후에도 연산군은, 자신의 자질이 용렬하다는 겸양의 맥락이기도 하지만, 나이가 어려 덕망이 없다는 한탄을 어제시로 토로한 바 있다(庸質臨臣十載回, 未敷寬政愧難裁. 朝無勉弼思宗社, 都自沖吾乏德恢. 연산10.3.24을유).

69) 연산군의 말처럼 이세좌의 가문(본관 광주廣州)은 당대 최고의 명문이었다. 그의 조부는 세조 때 우의정까지 오른 이인손李仁孫이고 아버지는 형조판서 이극감李克堪이며, 숙부들은 이 책에서도 자주 거론된 이극배·이극증·이극돈·이극균 등 주요 대신들이었다. 이세좌 자신도 성종 8년(1477) 문과에 급제하고 한성판윤·호조판서·이조판서를 역임했으며, 아들 이수형李守亨·이수의李守義·이수정李守貞도 각각 성종 23년(1492), 연산군 8년(1502), 연산군 7년에 급제한 뒤 각각 의정부 사인舍人(정4품), 홍문관 수찬(정5품), 예문관 검열(정9품)로 재직하고 있었다(와그녀·송준호,『보주 문과방목』참조).

이세좌의 가문과 관련된 사항은 이태진,「15세기 후반기의 '거족鉅族'과 명족의식」, 268~271쪽;박홍갑,「16세기 전반기 정국 추이와 충주사림의 피화-광주이씨 극감계克堪系를 중심으로」,『사학연구』79, 2005, 154쪽;한희숙,「조선전기 이세좌의 생애와 갑자사화」, 45~49쪽 등 참조.

70) 그밖에 처벌된 대간은 집의 김효간金效侃, 장령 유숭조柳崇祖·유희철柳希轍, 지평 강혼·김극핍, 사간 곽종원郭宗元, 헌납 정사걸鄭士傑, 정언 서후徐厚였다.

71) 그동안 연산군은 폐모를 추숭하고 친제를 올리며 외가 친족에게 이런저런 보상을 실시해왔다. 재위 6년에는 사당인 효사묘에 내관 대신 조정 관원이 제사를 드리게 하고(연산6.5.29임오) 2년 뒤에는 직접 제사도 거행했다(연산8.7.29기해). 외가 친족에게도 여러 보상을 실시했다. 외삼촌들에게는 자급과 관직을 높여주어 사복시 첨정(종4품) 윤구는 2자급, 사섬시 주부(종6품) 윤우와 예빈시禮賓寺 직장直長(종7품) 윤후는 1자급씩 승진시켰다(연산6.9.26정축). 노령과 신병으로 임명 즉시 사직했지만 윤구는 동부승지에 제수되기까지 했다(연산9.9.10계유). 외할머니인 장흥부부인長興府夫人 신씨에게는 쌀 40섬과 면포·정포 150필씩을 하사했으며, 앞으로 쌀은 1년에 네 번씩 주도록 규정했다(연산9.9.11갑술·12을해·14정축).

72) 폐비할 때 승지는 홍귀달·김승경金承卿·이경동李瓊仝·김계창金繼昌·채수·변수邊脩였고 주서는 신경申經·홍형洪泂, 사관 최진崔璡·이세영, 언문으로 번역한 사람은 채수·이창신·정성근이었다. 사사될 때 승지는 노공필·이세좌·성준·김세적金

世勳·강자평姜子平·권건, 주서는 이승건·권주, 사관은 신복의辛服義·홍계원洪係元이었고 언문을 읽은 사람은 내관 안중경安仲敬이고 언문을 해독한 사람은 강자평이었다(연산10.윤4.17정축).

73) 『연려실기술』권 6, 「갑자화적」에도 50명의 명단이 실려있다.

74) 예컨대 이극균·이세좌·윤필상·성준·한치형·어세겸의 동성 및 이성 8촌 족친을 처벌한 사례(연산10.5.15갑진)나 성준의 족친 중에서 어린이와 지방에 있어 체포하지 못한 사람을 제외하고 260명의 명단을 보고하자 70세가 넘은 형 성숙成俶만 제외하고는 모두 유배시킨 사례를 들 수 있다(연산10.5.29무오). 그밖에도 홍언충·이극배·이극증·이극감·이극돈·이극균 등의 자자손子子孫孫을 변방으로 축출해 영원히 돌아오지 못하게 했으며(연산10.10.22기묘) 이극균·이세좌·윤필상 등의 족친을 과거 응시에서 배제했다(연산10.11.24경술). 이극균·강형·한훈·이파·윤필상 등의 조부·숙부·조카 등도 부관참시하라고 지시했다(연산11.9.19경자). 의금부의 보고에 따르면 이세좌·윤필상·이파의 동성 팔촌, 이성 사촌으로 유배된 사람만도 203명이었다. 삼정승은 이런 상황을 볼 때 이극균 이하 30여 명의 친족은 얼마나 많을지 알 수 없으며 감옥에 모두 수용하기도 어려우니 친자녀만 신문하는 것이 어떻겠느냐고 건의하기도 했다(연산10.11.30병진).

75) 『경국대전』에 규정된 문반 경관직의 숫자(741과?)는 이성무, 『조선초기 양반연구』, 일조각, 1980, 125쪽 참조.

76) 『연려실기술』에서는 윤필상·한치형·한명회·정창손·어세겸·심회·이파·김승경·이세좌·권주·이극균·성준을 12간이라고 불렀다(권 6, 「연산조 고사본말」, 『미수기언』 및 『풍암집화楓巖輯話』 인용).

77) 다시 한 번 강조하지만, '훈구·사림' 문제를 이해하는 데 가장 기본적으로 고려해야 할 사항은 광범하고 촘촘하게 구성되어 누대에 걸쳐 이어져왔고 그뒤에도 이어진 지배층의 혈연관계라고 생각한다.

78) 장희흥, 「연산군대 환관정책과 내시부의 위상강화」, 199쪽.

79) 신천식, 「조선조 연산군의 교육탄압정책과 교육사조」, 5~13 및 20~26쪽.

80) 와그너, *The Literati Purges*, 51쪽. 연산군 11년 9월의 기사에는 몇 해 전부터 정신병이 나타났는데, 폐비의 죽음이 그 원인이라고 지적했다(연산11.9.15병신).

81) 이런 연산군의 생각은 치세 내내 비슷하게 이어졌다(연산10.5.25갑인;10.10.4신

유:12.4.28정축).

82) 성종을 발인發靷할 때의 모습은 그것을 잘 보여준다(연산1.4.2을묘).

83) 가장 대표적 기사 하나는 연산1.7.25병오. 그밖에도 성종의 언론 우용을 칭송한 기사는 매우 많다(연산1.1.13정유·22병오·24무신;1.2.28임오;1.6.29경진;1.9.4갑신;2.3.18병 신;2.4.23경자 등).

84) 연산군은 자신이 성종보다 훨씬 떨어지는 사람이기 때문에 어쩔 수 없다고 대답 한 것에서 그런 감정을 읽을 수 있다. 이런 사례는 상당히 많다(연산3.10.14임오;4.6.13무 인;7.12.23정묘;8.3.10임오·29신축;8.8.25갑자;10.10.1무오 등).

김돈 또한 "연산군이 성종조에 마련된 대전체제를 비정秕政을 자행하는 과정에서 대 대적으로 변질시켰던 것은 생부生父 성종에 대한 상대적인 열등의식과 여기서 기인 하는 반발감도 일정한 영향을 주었다고 보여진다"고 지적했다(『조선전기 군신권력관계 연구』, 90~92쪽).

85) 연산군 때 금표문제는 정동일, 「연산군 금표비 연구-대자동 금표비를 중심으로」, 『한성사학』 8, 1996 참조.

86) 반정의 자세한 과정은 연산12.9.2기묘;중종1.9.2무인;『연려실기술』 권 6, 「연산조 고 사본말」 병인정국丙寅靖國 추대중종推戴中宗 참조.

87) 『연려실기술』 권 6, 「연산조 고사본말」 병인정국 추대중종.

88) 연산군은 이런 증세의 심각성을 아랑곳하지 않고 경연 참석을 강권하는 신하들에 대한 불편한 심기를 담아 시로 표현하기도 했다. "기침과 열이 심하고 계속 피곤해, 말똥말똥 밤새도록 잠 못 이루네. 간관들은 종사의 중요함은 생각지 않고 상소를 올 릴 때마다 경연에 나오라고 강권하네(下御製詩曰, 咳深煩多困氣緜, 耿耿終夜未能眠, 諫 官不念宗社重, 每上疏章勸經筵. 연산2.11.23병인)."

89) 신동준은 연산군이 독살되었을 가능성이 크다고 추정했다(『연산군을 위한 변명』, 447~449쪽). 명시하지는 않았지만, 이덕일도 저서의 제목과 서술의 분위기에서 그런 인상을 주었다(『조선왕 독살사건』 1, 다산초당, 2009).

3장 중종 - 중흥과 개혁의 모색

1) 중종대 정치사에 관련된 주요 논저는 신석호, 「기묘사화의 유래에 관한 일고찰」, 『신 석호 전집』 1, 신서원, 1996(「己卯士禍の由來に關する一考察」, 『靑丘學叢』 20, 1935);박영

규, 「조선 중종초에 있어서의 대신과 대간의 대립」, 『경북대논문집』 5, 1962;와그너,
The Literati Purges;이종호·김광철, 「조선왕조 중종대의 왕권과 정치세력의 동향」;
이병휴, 『조선전기 기호사림파연구』;『조선전기 사림파의 현실인식과 대응』;최이돈,
『조선중기 사림정치구조연구』;김돈, 『조선전기 군신권력관계 연구』;윤정, 「조선 중
종 전반기 정국구도와 정책론」, 『역사와 현실』 25, 1997;정두희, 『조광조』;김우기, 『조
선중기 척신정치연구』, 집문당, 2001;「조선 중종 후반기의 척신과 정국동향」, 『대구
사학』 40, 1990;「조선 중종대 김안로 집권기의 제도개편과 그 성격」, 『조선사연구』 1,
1992 등이다.

2) 이미 김돈과 이병휴가 중종대를 5기로 나눈 바 있고, 이 글에서는 그것을 따랐다. 김
돈은 정국주도 인물의 교체에 따라 제1기(즉위년 9월~9년 12월)는 사림 진출 전 정국공
신들의 정국 장악기로, 제2기(10년~14년 11월 15일)는 조광조 등 기묘사림의 진출기로,
제3기(14년 11월 16일~25년)는 남곤·심정 등의 집권기로, 제4기(26년~32년)는 김안로
의 집권기로, 제5기(33년~39년)는 김안국 등 기묘사화 피화인이 다시 등용된 시기로
나누고 그 특징을 요약했다(같은 책, 117~121쪽). 이병휴도 거의 비슷하다(『조선전기 사
림파의 현실인식과 대응』, 34쪽).

3) '군약신강'이라는 표현은 그것을 단적으로 보여준다(중종4.10.3신묘). 치세 초기 중종
의 왕권이 약했다는 사실은 많은 연구에서 지적되었다(박영규, 「조선 중종초에 있어서의
대신과 대간의 대립」, 380쪽;홍순창, 「사화와 당쟁과의 관계」, 199쪽;김돈, 『조선전기 군신권력관계
연구』, 109쪽;윤정, 「조선 중종 전반기 정국구도와 정책론」, 148쪽;김우기, 『조선중기 척신정치연구』,
28쪽;남지대, 「조선중기 붕당정치의 성립기반」, 정만조 외, 『조선의 정치와 사회』, 집문당, 2002, 218
쪽 등). 재위 4년부터 중종이 정치일선에 나서려는 움직임을 보이면서 왕권이 강해졌
다고 본 견해도 있지만(이종호·김광철, 「조선왕조 중종대의 왕권과 정치세력의 동향」, 252~253
쪽) 그때 정황을 볼 때 수긍하기 어렵다.

4) 정국공신은 이병휴, 「조선 중종조 정국공신의 성분과 동향」, 『조선전기 기호사림파
연구』 참조. 중종 초반 의정부와 육조의 구성은 같은 책, 52~66쪽 참조.

5) 이병휴는 "중종 초기의 정치사는 정국공신 삭훈 내지 도태의 역사"라고 적절하게 지
적했다(같은 책, 198쪽).

6) 『중종실록』의 중요한 특징 하나는 사평이 매우 많다는 것이다. 모두 1,305편으로 조
선전기 실록에서 가장 많은 그 사평의 대체적 경향은 지배층 중심의 도덕적 유교사

관이 짙게 투영된 것이라고 평가된다. 세부적 특징은 인물 평가가 매우 많다는 것인데, 신하(979편, 75.0퍼센트)는 물론 국왕(115편, 8.8퍼센트)도 사관의 포폄에서 자유롭지 못했다(김경수, 『조선시대의 사관연구』, 국학자료원, 1998, 375~378 및 381~383쪽). 사평에는 사관의 개인 견해가 상당히 투영될 수밖에 없다. 그러나 실록이 조선왕조의 공식 기록이라는 사실과 그 편찬과정의 엄격함을 고려하면, 사평은 여러 단계의 검토와 논의를 거치면서 객관적이며 공식적인 견해로 받아들여졌다고 생각된다. 이런 판단에 따라 이 책에서는 사평의 가치를 되도록 인정했다.

7) 정국공신 남수는 목정균, 『조선전기 제도언론연구』, 고려대 민족문화연구소, 1985, 52~53쪽도 참조.

8) 윤정, 「조선 중종 전반기 정국구도와 정책론」, 144쪽;정두희, 『조광조』, 63쪽.

9) 이런 원칙 없는 포상은 그 자체로도 문제였지만, 거기서 탈락되거나 충분하지 못한 대우를 받았다고 생각한 사람들이 자신의 불만을 정당하다고 여기도록 만들었다는 데 더 큰 문제가 있었다. 그 불만은 치세 초반 여러 모반음모로 표출되면서 정국 혼란을 가중시켰다. 중종 초반의 모반 사건은 와그너, *The Literati Purges*, 78~80쪽;이병휴, 『조선전기 기호사림파연구』, 77쪽;정두희, 『조광조』, 26~39쪽 등 참조.

10) 원종공신은 원래 정국4등공신에 책봉하려고 했으나 그러지 못한 사람들을 임명한 것이었다(중종3.4.5임신).

11) 그중에는 중종이 잠저潛邸에 있을 때 이웃에 살았다는 이유만으로 책봉된 20여 명도 들어 있었다(중종1.10.2정미;1.11.5경진;2.7.21임술).

12) 48명의 삭훈을 윤허받았다(중종2.7.22계해).

13) 이 기사들에서 대간은 하루에도 5~7회씩 사직하면서 주장을 관철시키려고 했다. 이런 모습은 성종 후반 대간의 위상이 매우 높을 때도 나타나지 않던 것으로, 중종 때 삼사에서 발견되는 중요한 특징이다.

14) 그뒤 기묘사림이 추진한 정국공신 삭훈에서 가장 극명하게 드러나지만, 왕권이 취약한 중종에게 공신은 자신을 보호해줄 수 있는 가장 믿음직한 세력이었다. 그 때문에 중종은 그들을 충분히 보상하는 데 유의하지 않을 수 없었다. 이 문제도 그랬다.

15) 그밖에도 김영진金永珍 등(중종3.5.26계해)과 이종손李終孫·송자강宋自剛·김극괴金克愧·정자지鄭子芝·최구수崔龜壽·정원鄭源 등 6명과 환관 3명의 가자를 개정했다(중종3.6.11정축).

16) 삼사는 물론 의정부·육조·부원군·승정원·예문관·충훈부·중추부·한성부 등이 참여했다.

17) 김광후金光厚·김지복金之福 등 8명(중종3.8.7임신)과 김수경金壽卿·신은윤辛殷尹 등 7명(3.8.21병술)을 개정했다.

18) 중종 1~3년 삼사의 언론활동이 상당히 활발했다는 사실은 목정균, 『조선전기 제도언론연구』, 69 및 73쪽에서도 지적되었다.

19) "하늘을 덮을 만한 공훈"이라는 사간원의 말에서도 짐작할 수 있듯(중종2.8.29갑오) 박원종은 자타가 공인하는 반정의 으뜸공신이었다. 그러나 그는 공로가 과실을 가릴 수 없다거나(중종3.1.30무진) 학식이 모자란다는 부정적 평가가 더 많았다(중종4.6.1신유). 졸기에서도 사치 등을 지적하는 비판적 사평이 주된 논조였다(중종5.4.17임인).

20) 추국 요청은 받아들여지지 않았다.

21) 역시 윤허되지 않았다.

22) 박원종은 즉각 사직했지만 받아들여지지 않았다.

23) 사평은 그런 행위를 비판했다.

24) 박원종은 세 번이나 사직했지만 중종은 대간의 탄핵으로 삼정승을 바꿀 수는 없다면서 받아들이지 않았다.

25) 널리 알듯 '지록위마'는 중국 진秦의 재상 조고가 이세황제를 기만한 고사에서 나온 말이다. 그러므로 이것은 탄핵 대상자뿐 아니라 국왕을 무능한 이세황제에 비유하는 모욕으로 간주되어 심각한 문제를 불러올 소지가 큰 표현이었다. 대간이 이 표현을 사용해 대신은 물론 국왕의 큰 분노를 산 사례는 이미 성종과 연산군 때도 있었다(성종19.12.1경인~5갑오·8정유 등;연산1.7.27무신;1.8.24갑술;1.9.4갑신 등).

26) 성희안과 대간의 대립은 와그너, *The Literati Purges*, 76~77쪽에서도 언급했다. 핵심 공신인 성희안도 반정의 공훈은 인정했지만 재상의 그릇은 아니며 사치나 축첩 등이 지적되는 부정적 평가가 우세했다(중종3.12.1갑자;7.윤5.26기해;8.7.27계사).

27) 사관은 성희안이 대간 억제의 단서를 열어놓은 장본인이며, 연산군 때 총신을 감싸려 한다는 비판적 사평을 남겼다. 성희안은 자신이 평안감사로 있을 때 정주목사定州牧使였던 하한문은 뛰어난 업무능력을 발휘해 지금까지 칭송된다고 옹호했으며(중종2.5.15정사·16무오·18경신·20임술) 김감에 대해서도 이전의 허물을 문제 삼을 수 없다면서 대간에 반대했다(중종2.9.13계축).

28) 이때 탄핵받던 사람은 남율 외에도 윤시영尹時英·손관孫灌·안윤덕·최연손崔連孫 등이었다.

29) 갑자방 무효화와 홍문록 개정은 중종3.4.1무진 참조. 참고로 박원종은 홍문록 개정에 찬성했다(중종3.4.3경오). 족친 가자 개정은 중종3.5.25임술 참조. 당시 성희안은 이조판서에서 물러나 창산昌山부원군 칭호만 갖고 있었다.

30) 사안은 최한홍崔漢洪과 김윤문金胤文이 변방인 회령부사會寧府使와 경성판관鏡城判官에 각각 임명되자 그 제수를 취소해달라고 홍경주에게 청탁한 것이었다(중종4.2.26 무자·28경인~30임진;4.3.2갑오·5정유·14병오 등).

31) 신복의 모반 사건은 정두희, 『조광조』, 33~34쪽 참조.

32) 조승호, 「정암 조광조의 개혁정치 연구」, 『강원사학』6, 1990, 39쪽;김돈, 「조선중기의 반정과 왕권의 위상」, 『전농사학』7, 2001, 354쪽.

33) 초반부터 대신과 대간의 불화가 문제로 지적되고 있었다(중종1.12.11을묘·12병진·14 무오;2.4.5무인;5.1.19병자).

34) 거의 한 달동안 대간은 하루에도 5회 이상씩 사직하면서 논핵했다. 가자환수는 중종3.1.5계묘 참조.

35) 유순은 난세에도 화려한 관력을 누린 인물이었지만, 바로 그것 때문에 시류에 영합해 보신保身했다는 비판적 평가를 많이 받았다(중종1.10.17임술;3.7.22무오;3.12.1갑자;4.윤9.24계미;6.3.9기미;7.10.21신유;9.7.27무자;10.2.14임인;11.3.30신해;11.11.1무인;12.5.30갑진).

36) 유순은 문성文城부원군으로 물러났으며, 후속 인사로 박원종이 영의정에, 유순정이 좌의정 겸 병조판서에, 성희안이 우의정에 임명되어 삼대장이 삼정승에 포진하게 되었다(중종4.윤9.27병술).

37) 윤허되지는 않았다.

38) 이때도 김윤온 등의 사표 임명에 찬성한 삼정승 김수동·유순정·성희안 등의 견해가 받아들여졌다.

39) '능상'이라는 말은 성희안이 한 것으로 나온다. 이미 한 달 전에도 남곤은 대간에게 능상의 폐단이 있다고 성희안이 말했다는 것을 문제 삼은 바 있었다(중종6.9.14신유).

40) 사간 신상이 좌의정 송질을 탄핵했다. 사평도 송질의 사치를 비판했다.

41) 중종5년 10월 정언 권벌, 동왕 6년 10월 대간 합사, 동왕 7년 9월 장령 이언호李彦浩 등이 주요 발언자였다(최이돈, 『조선중기 사림정치구조연구』, 92~93쪽).

42) 사평도 이때 탄핵된 대신을 부정적으로 평가했다(중종9.3.15무인).

43) 대간의 병통을 잘 지적했다는 사평이 주목된다(중종9.4.10계묘 · 24정사).

44) 윤순 · 홍숙 · 강정은 중종9.6.23갑인에 파직되었고 송질은 중종9.7.27무자에 여원驪
原부원군에 임명되었다. 이때 파직에 찬성한 대신들은 윤순 · 정광필 · 김응기 · 노공
필 · 강혼 · 박열 · 김전 · 이계맹 · 신용개 · 장순손 · 유담년 · 안당 등이었다.

45) 대사간 최숙생崔淑生이 작은 문제만 살피므로 대간의 대체를 알지 못한다는 비판
(중종9.11.15계유)과 사간원이 고형산을 부당하게 탄핵했다는 기사(중종9.11.20무인)도
주목된다.

46) 중종 9년 무렵 대신에게는 실권이 없었다고 지적한 이종호와 김광철의 견해는 주
목된다(「조선왕조 중종대의 왕권과 정치세력의 동향」, 259쪽).

47) 박원종은 중종5.4.17임인에, 유순정은 중종7.12.20경신에, 성희안은 중종8.7.27계사
에 사망했다.

48) 『연려실기술』 권 7, 「중종조 고사본말」에도 비슷한 내용이 실려있다.

49) 중종 9년 9월에는 시독관 민수천 · 사인 김안로 · 정랑 소세양蘇世讓 · 좌랑 신광한 등
은 권세가 재상에게 있지 않고 대간에게 있는 것은 쇠란衰亂의 징조니 대신에게 권세
를 위임해야 한다고 주장했으며(중종9.9.16을해 · 22신사 · 25갑신) 10월에는 예문관 봉교
박명손朴命孫도 정출다문政出多門의 폐단은 대신의 권력이 약하기 때문이라고 지적
했다(중종9.10.26을묘).

50) 사평은 서사제 재실시를 긍정적으로 평가했다(중종11.6.1신해). 서사제 재실시와 관
련된 내용은 김돈, 『조선전기 군신권력관계 연구』, 122~125쪽 참조. 그는 이 문제가
중종 9년 9월 처음 제기되어 11년 6월부터 실시되었지만, 그뒤에도 실효는 적었다고
평가했다. 하나 덧붙일 점은, 김돈도 지적했듯(123쪽), 서사제 재실시를 대신이 아닌
삼사가 앞장서 주장했다는 것이다. 서사제 재실시는 대신의 권한을 강화하는 중요한
계기가 될 수 있었지만 대신은 대체로 소극적 자세로 일관했고 오히려 삼사가 재실
시를 강력히 요청한 것이다.

이처럼 자신들에게 유리한 제도인 서사제 재실시를 대신은 주저하고 삼사가 찬성한
까닭과 관련해 최이돈은 주목할 만한 해석을 내놓았다. 첫째, 당시 언론권과 낭관권
을 확보한 사림으로서는 의정부로 권력이 일원화되는 것이 의정부, 육조, 각 부서 제
조 등으로 방만하게 행정계통이 나뉘진 것보다는 책임 소재가 분명하게 나타나므로

오히려 좀더 효율적으로 견제할 수 있다고 판단했다는 것이다. 둘째, 이때 친사림인 물이자 비공신인 신용개가 삼정승이 됨으로써 삼정승이 모두 비공신으로 구성된 당시의 상황을 주목하면서 사림은 이런 상황을 이용해 다른 고위직에 있는 공신층을 체계적으로 통제할 수 있다고 계산했다는 것이다(「조선중기 신용개의 정치활동과 정치인식」, 정만조 외, 『조선의 정치와 사회』, 집문당, 2002, 265쪽). 이런 그의 해석은 현재까지 서사제 재실시라는 사실만 제시하고 있는 연구와 견줘 그 의도와 정황을 포괄적으로 고려했다는 점에서 경청할 필요가 있다고 생각한다.

51) 중종이 재위 8년 4월 인물등용 의지를 밝힌 일이나(이종호 · 김광철, 「조선왕조 중종대의 왕권과 정치세력의 동향」, 258쪽;정두희, 『조광조』, 64쪽) 같은 해 7월 성희안을 끝으로 삼대장이 모두 사망한 것을 계기로 친정체제 강화에 나섰다고 본 견해도 있다(조승호, 「정암 조광조의 개혁정치 연구」, 40쪽).

52) 이병휴 · 김돈 · 김우기 등의 견해를 들 수 있다. 이병휴는 왕권 행사를 제약하던 훈구파를 견제하려고 새 세력의 형성을 필요로 하게 되었기 때문에 중종 10년부터 사림파가 본격적으로 중앙정계에 진출하게 되었다고 파악했다(『조선전기 기호사림파연구』, 52쪽;『조선전기 사림파의 현실인식과 대응』, 24쪽). 김돈 또한 훈구파에 대응할 세력이 필요했기 때문에 조광조 일파를 등용했다고 보았다(『조선중기의 반정과 왕권의 위상』, 354쪽). 김우기도 기묘사림의 등장은 대신의 지나친 세력강화를 견제해 대신과 삼사의 세력 균형을 이룬 상태에서 왕권을 안정적으로 적용하려는 중종의 포석이었다고 평가했다(「조선전기 사림의 전랑직 진출과 그 역할」, 『대구사학』 29, 1986, 8쪽;「전랑과 삼사의 관계에서 본 16세기 권력구조」, 『역사교육논집』 13 · 14, 1990, 628쪽;『조선중기 척신정치연구』, 28쪽 등).

이들과 달리 정두희는 당시 역모사건이 빈발한 상황에 주목해 국왕이나 대신 · 삼사 모두 권력을 장악하지 못한 공백을 메우려는 시도로 조광조를 등용했다고 파악했다(『조광조』, 25쪽). 와그녀는 '조광조의 등장'이라는 항목에서 그가 등용된 앞뒤의 상황을 설명했지만, 중종의 정치적 구상과 연결해 파악하지는 않았다(The Literati Purges, 84쪽).

본문에서 설명하겠지만, 필자는 이런 견해와 달리 기묘사림의 등용배경은 당시 삼사를 대체하려는 중종의 의도에 있었다고 생각한다. 중종 8~9년을 전후로 삼사의 영향력이 커졌음을 인정한 견해도 있지만(박영규, 「조선 중종초에 있어서의 대신과 대간의 대립」, 383~386쪽;김돈, 『조선전기 군신권력관계 연구』, 114쪽 등) 필자는 그것을 좀더 강조해야 한다고 생각한다.

53) 조광조의 주요 경력은 『정암집』 부록, 권5 연보에 상세하게 나와 있다. 이 표는 강주진, 『조정암의 생애와 사상』, 158~174쪽;와 그녀, *The Literati Purges*, 81~82쪽;정두희, 『조광조』 176~189쪽;이상성, 『조광조』, 459~478쪽을 종합해 작성했다.

54) 관련 내용은 이미 신석호, 「기묘사화의 유래에 관한 일고찰」, 458~460쪽;이상백, 『한국사-근세전기편』, 을유문화사, 1962, 545~546쪽;와 그녀, *The Literati Purges*, 83~88쪽;목정균, 「부록:제도언론의 기능실제(Ⅱ)-폐비신씨 부위상소로 인한 언론시비」, 『조선전기 제도언론연구』;정두희, 「폐비 신씨의 복위문제에 대한 논쟁과 조광조」, 『조광조』 등에서 상세히 다뤘다. 김돈은 이 사건을 조광조 일파가 형성되는 계기로 보았다(『조선전기 군신권력관계 연구』, 142쪽).

55) 그뒤 기묘사림이 안당과 긴밀히 협조한 까닭은 그들의 정치적 목표가 이처럼 서로 비슷한 데도 있을 것이다.

56) 이런 조광조의 대신 중심 정치운영론이나 '군신공치론君臣共治論'은 여러 연구자들이 주목했다(금준석, 「조선후기의 당쟁과 왕권론의 추이」, 이성무 외, 『조선후기 당쟁의 종합적 검토』, 한국정신문화연구원, 1992, 400쪽;김돈, 『조선전기 군신권력관계 연구』, 162~164쪽;김용흠, 「조선전기 훈구·사림의 갈등과 그 정치사상적 함의」, 『동방학지』 124, 2004, 312~313쪽 등).

57) 기묘사화 당시 주요 피화인의 나이는 조광조 38세, 김정 34세, 김구 32세, 김식 39세, 윤자임 32세, 기준 28세, 박세희 29세, 박훈 36세였다(중종14.11.16병오).

58) 글을 시작하며 주 13 참조.

59) 2장 주 54, 와 그녀와 송웅섭의 논문 참조.

60) 관련 내용은 이병휴, 「사림파의 개혁정치와 그 성격」, 『조선전기 기호사림파연구』에 자세하다.

61) 이 표는 이병휴의 연구를 재정리한 것이다(같은 책, 184~185쪽 〈부표 Ⅱ-(9)〉 중종조 언관·정조의 언론활동). 그의 분류 중 인사행정과 일반시정은 기묘사림이 주도한 개혁정치라기보다는 통상적인 업무에 가깝다고 판단되어 제외하고 나머지 6개만 참조했다.

62) 기묘사림의 핵심 개혁인 향약 시행과 소격서 혁파도 기묘사림만 주장한 것은 아니라는 지적은 같은 맥락에서 주목된다(김필동, 「향약의 보급과 그 사회적 의미」, 『차별과 연대』, 문학과지성사, 1999, 325쪽;김해영, 「중종조의 소격서 혁파 논의에 대한 일고찰」, 『경상사학』 6, 1990, 14쪽).

63) 이런 측면 때문에 일부 연구는 '훈구파'와 '사림파'를 도덕적 선악 구도로도 이분하

고 있다(김범,「조선전기 '훈구·사림세력' 연구의 재검토」, 80쪽).

64) 이런 시각은 일찍이 신석호가 제시했다. 그는 남곤 일파만 비판할 수는 없으며, 조
광조 등에게도 많은 결함이 있었음을 인정해야 한다는 중요한 전제 아래(「기묘사화의
유래에 관한 일고찰」, 446쪽) 신씨 복위 상소 문제에서 그뒤 기묘사림의 핵심 인물이 되
는 기준·정응·윤자임·박세희·이청도 홍문관의 양시양비론에 동조했다고 파악했
으며(460쪽), 기묘사림을 강력히 비판한 수원부사 이성언의 상소는 그들의 결점을 정
확히 지적했다고 높이 평가했다(464쪽). 천거과 또한 조광조 등이 자파를 등용하려고
설치한 것으로, 남곤 등이 그것을 불공정하다고 한 것은 당연하다고 논평했다(476쪽).
이런 그의 시각은 이 시기의 정치사를 파악하는 데 중요하다고 생각한다.

65) 아울러 이상백,『한국사-근세전기편』, 547~548쪽 참조.

66) 최이돈도 '사림'의 이런 시도는 상당한 정치적 무리수였다고 평가했다(「조선중기 신
용개의 정치활동과 정치인식」, 267쪽).

67) 이 두 문제의 자세한 내용은 신석호,「기묘사화의 유래에 관한 일고찰」, 476~481쪽
참조.

68) 기묘사림의 당파성은 사화 뒤에도 지적되었다(중종15.6.19을해).

69) 기묘사림의 공격에 시달리던 대신들이 그 당파성을 문제삼는 것은 당연했다. 대표
적 사례는 중종12.10.8경술·19신유;13.12.10을해·11병자.

70) 자세한 내용은 신석호,「기묘사화의 유래에 관한 일고찰」, 481~484쪽 참조.

71) 그러나 이계맹은 그뒤 기묘사림을 구하려고 노력했다. 그 때문에 사평은 기묘사림
이 사람을 알아보지 못했다고 비판했다(중종18.2.28기해).

72) 아래 기사들은 모두 기묘사림이 축출된 직후에 나왔으므로 어느 정도 편파성이 개
재되어 있을 가능성도 있다(특히 첫 번째 사료가 그렇게 여겨진다). 하지만 기묘사림에 새
로 편입된 부류에는 실제로 문제 있는 사람이 적지 않았다고 판단된다(중종15.10.1을
유;15.10.9계사;18.5.26을미;20.10.21병오).『연려실기술』에도 비슷한 기사가 있다(권 8,「己
卯黨籍」士林興起而間有好名者雜進, 論議太銳, 作事無漸).

73) 중종 13년 7월 경상도 생원 최홍제崔弘濟가 대간의 지나친 탄핵을 우려하자 장령
이우李佑는 반발했지만 조광조는 최홍제의 말에 일리가 있다고 수긍했다(중종13.7.15
임자·19병진).

74) 이런 측면은 조승호,「정암 조광조의 개혁정치 연구」, 67~68쪽에서도 언급한 바 있다.

75) 주요 인물에 대한 평가 가운데 주목되는 것은 다음과 같다. 기준은 글이 사실보다 지나쳤고(중종12.11.경진8) 김식은 이학에 밝고 효심이 깊었지만 마음에 맞는 사람이 적었으며 당파성이 강했다고 평가되었다(중종12.3.26신축;12.7.28신축;13.5.2경자). 김정은 김식과 함께 옥사를 너무 가혹하게 처리해 원망을 샀다고 비판되었다(중종14.7.16정미). 기묘사림의 핵심 인물이었지만 그뒤에도 오래 활약한 김안국에 관련된 평가는 대체로 긍정적이다. 그는 강직해서 인사 고과가 엄격하고 업무처리에도 열심이었지만 마음이 좁아 불의를 못 참고 까다롭게 살폈으며, 현명한 사람과 착한 말을 좋아해 쉽게 속는 단점도 있다고 했다. 아울러 그는 정광필 등 대신과 마찰을 빚기도 했으며, 천거한 사람이 문제를 일으킨 경우도 있었다(중종10.6.8계해;11.11.7갑신;12.3.15경인;12.9.1갑술;12.11.25정유 등).

76) 중종은 그뒤 김안로를 제거할 때도 다시 '밀지'라는 돌발적 수단을 사용했다. 이처럼 어떤 인물이나 세력을 일정 기간 절대적으로 신임하다가 끝내 사화나 밀지 같은 돌발적이며 비상한 방법으로 숙청한 것은 중종의 정치를 평가하는 데 중요한 기준이라고 생각한다.

77) 기묘사화 이후 남곤·심정·홍경주 등 기화 대신들은 기묘사림의 정치적 기반을 해체한다는 원칙 아래 정국을 운영했다고 지적되었다(김우기,『조선중기 척신정치연구』, 33쪽).

78) 사평은 이때부터 선비의 습속이 시들기 시작했다고 대간을 비판했다(중종15.윤8.29갑인).

참고로 중종 2년 9월 별시 관련 사건은 다음과 같다. 그때 중종은 대간에게 복시覆試 시험관으로 나오라고 지시했는데, 대간은 대사간에 지명된 이맥李陌이 인척이라는 이유로 임명에 반대하고 있기 때문에 지시에 따를 수 없다고 버텼다. 중종은 그러면 대간 전체가 참석할 필요는 없고 지평 유의신柳義臣과 헌납 박상朴祥 등 1명씩만 나오라고 양보했다. 하지만 대간이 그것조차 거부하자 중종은 대노해서 역명逆命의 죄목으로 유의신과 박상을 하옥시켜 추국하라고 하명했다. 승정원과 홍문관·의정부·육조 당상 등의 만류로 추국은 철회되었지만, 문제의 발단이었던 이맥의 임용도 취소되었다. 당시 불복한 대간은 사간 이성동, 장령 경세창慶世昌, 지평 유의신·이사공李思恭·헌납 박상, 정언 권복權福·김굉金硡 등이었다(중종2.9.20경신~22임술·25을축).

79) 그러자 대사간 조방언趙邦彦은 이렇게 되면 대간이 아무 말도 할 수 없을 것이라고

반발했다.

80) 대사헌 성운은 이런 대신의 태도를 대간이 말을 하지 못하게 하려는 처사라고 비판했다.

81) 대간은 거의 매일 이장곤을 탄핵했다. 주요 사례는 중종17.1.26갑술;17.2.25임인;17.3.4신해·8을묘 등.

82) 특히 이조판서 이항을 파직시킨 일은 주목된다. 발단은 보고가 늦었다는 이유로 사헌부가 이조 서리를 매질한 것이었다. 이조 당상관들은 사헌부를 탄핵하고 사직했으며, 사헌부도 똑같이 맞섰다. 그러나 영의정 남곤이 대간의 편에 선 결과, 이항이 파직되고 김극성이 새로 이조판서에 임명됨으로써 대간의 승리로 끝났다.

83) 정광필은 이 말에 불쾌한 기색을 보였다는 주석이 남아 있다(중종23.5.18무자).

84) 김우기도 남곤과 심정이 집권했을 때는 대신의 권한이 어느 정도 유지될 수 있었다고 평가했다(「조선 중종 후반기의 척신과 정국동향」, 40쪽).

85) 이것과 관련해 남곤·심정·김전·이유청 등 사화에 찬성한 주요 대신이 그뒤 의정을 상당히 오랫동안 역임한 것은 주목할 만하다. 이 시기 의정의 인사이동 상황은 아래 표와 같은데, 대체로 40개월 이상 재직해 중종 때 의정의 평균 재직기간보다 상당히 길었다. 좀더 구체적으로 살펴보면 중종 때 영의정의 평균 재직기간은 31.2개월이었는데 이 시기 영의정은 모두 그보다 길었다. 좌의정은 평균 22.3개월을 근무했지만 이 시기 좌의정인 남곤·이유청·심정은 그보다 1년 정도 오래 재직했다. 우의정은 19.5개월이 평균 재직기간이었지만 이유청과 권균은 그 두 배 넘게 근무했다. 이런 삼정승의 안정적 장기근무는 이 시기의 정치적 충돌이 다른 기간보다 심각하지 않았음을 반증하는 증거로 볼 수 있을 것이다. 좀더 자세한 내용은 김범, 「조선 성종~중종대 의정부·육조·삼사 주요관직의 인사이동 상황과 그 의미」 참조.

	중종 15년	18년	22년	25년
영의정	김전(2.14/38)	남곤(4.18/54)	정광필(10.21/38)	
좌의정	남곤(12.17/41)	이유청(4.18/49)	정광필(5.6/5) 심정(10.21/38)	이행(12.6)
우의정	이유청(14.12.17/40)	권균(윤4.14/45)	이항(1.18/0) 심정(1.20/9) 이행(10.21/38)	

＊비고: 괄호안 숫자는 발령 월일/재직개월. 단 중종 25년에 좌의정에 임명된 이행은 개월수를 표시하지 않았으며, 우의정 항목의 첫머리에 있는 이유청은 중종 15년이 시작되기 직전에 제수되었으므로 포함시켰다.

86) 이하 관련된 서술에서 필요한 부분만 각주를 달았으며 나머지는 김범, 「조선 중종 대 역사상의 특징과 그 의미」, 58~62쪽 참조.

87) 기묘사림의 개혁 가운데 세 가지 핵심 조처인 위훈 삭제와 천거과·향약이 사화 직후 폐기된 것에서도 그것을 잘 알 수 있다(김돈, 『조선전기 군신권력관계 연구』, 168쪽).

88) 예컨대 중종 15년 9월 훈련원 부정 김구金鉤와 도총부 경력 김수렴金粹濂 등을 교체해야 한다는 대간의 건의에 대한 사평이나 중종 21년 8월 전한 임권任權의 비판이 대표적인 사례다(중종15.9.15기사;21.8.8기미).

89) 중종 19년 2월 대교 윤풍형尹豊亨은 정언 홍석견洪石堅이 자신의 매형이기 때문에 탄핵을 중지했다(중종19.2.3무술).

90) 중종 20년 10월 사헌부는 경성교수鏡城敎授에 임명된 안처순安處順의 행실이 좋지 않으니 교체해야 한다고 건의했다. 당시 안처순은 조광조 등과 연루되어 낙향해 어머니의 상례를 지극한 정성으로 섬겼다고 상찬되었다. 그러므로 이것은, 앞서 삼사가 기묘사림 공격에 앞장섰음을 떠올리면, 안처순이 조광조와 연결되었다는 이유만으로 부당한 탄핵을 한 것으로 보아야 할 것이다(중종20.10.12정유).

91) 중종 20년 윤12월 구황 대처방안에서 대신은 공신전을 감축해 곡식을 마련하자는 변통론을 제시했지만 대간은 아무 대책도 없이 반대하는 고식적 태도로 일관한 것을 들 수 있다(중종20.윤12.21을해·22병자).

92) 이 사안은 김우기, 「조선 중종 후반기의 척신과 정국동향」, 12쪽에서도 언급했다.

93) 장영희, 「16세기 필기의 일고찰-『기묘록』과 『용천담적기』」, 『민족문학사연구』 26, 2004, 175쪽.

94) 이 시기 왕권의 위상에 대해 김돈은 중종 28년 11월 검토관 구수담具壽聃과 사경 이준경李浚慶이 앞서 안처겸安處謙 옥사에서 애매하게 연루된 상민常民들을 풀어주자고 건의하자 중종이 윤허한 사례에 주목하면서, 당시 중종의 정치는 이런 역모사건에도 의연하게 대처할 만큼 안정되었다고 평가했다(『조선전기 군신권력관계 연구』, 201쪽). 그러나 이 사안의 추이를 살펴보면 약간 의문스러운 부분이 있다. 김돈이 서술했듯, 이 사안이 윤허된 직후 대신들은 구수담과 이준경의 품계가 낮으며 사정私情에 얽매인 부분이 있다는 근거로 탄핵해 결국은 그들을 파직시켰다. 대신들의 논거는 이런 중요한 결정을 내릴 권한은 국왕에게 있어야지 하위 관원이 거론할 문제가 아니라는 것이었다(같은 책, 202쪽). 그렇다면 결국 이 사안은 중종이 자발적으로 논의를

주도한 것이 아니라, 대신들의 지적대로, 하위 관원의 논계를 그저 따른 것이 좀더 실상에 가깝다고 보아야 한다. 이 사건을 근거로 중종의 정치가 안정되었다고 보는 것은 재고의 여지가 있다고 생각한다.

95) 김우기, 「조선 중종 후반기의 척신과 정국동향」, 43쪽도 참조.

96) 대표적으로 영의정 장순손(중종29.9.11갑술)과 병조참판 오결吳潔(30.11.19병자), 우찬성 황사우(30.11.22기묘) 등을 들 수 있다. 그 결과 이 시기 대신의 지위는 상당히 낮았다고 평가되었다(김우기, 「조선 중종 후반기의 척신과 정국동향」, 40쪽).

97) 아래 주요 내용은 김범, 「조선 중종대 역사상의 특징과 그 의미」, 37~57쪽 참조.

98) 물론 이처럼 다양하고 전면적인 사회경제적 변동이 발생한 책임을 6년밖에 안 되는 김안로 집권기에 모두 지우는 것은 부당하다. 하지만 그런 문제가 그 시기에 좀더 심각했다는 점에서 김안로를 중심으로 한 이 시기의 정치세력이 거기에 효과적으로 대응하지 못한 것은 사실이라고 생각한다.

99) 김우기는 김안로 집권기에 이뤄진 제도개편과 의미에 주목한 바 있다. 그는 역승급패役僧給牌, 유생 권학절목勸學節目 시행, 관복冠服제도 개정, 노비 종부역법從父役法 실시, 찬집청撰集廳 설치 및 각종 서적 편찬, 흥인문興仁門·숭례문崇禮門의 현종懸鐘, 벌봉전罰俸錢의 시행, 훈련원 사청射廳에서 사사私射 금지 등을 주요한 제도개편으로 지적하면서 이것은 당시 현실적 필요에 따라 이뤄진 것이므로 반드시 부정적으로만 볼 필요는 없다고 평가했다(「조선 중종대 김안로 집권기의 제도개편과 그 성격」, 2 및 36~40쪽).
어떤 제도개편의 성패를 판단할 때 그 추진 주체의 정치적 성격이나 도덕성보다는 그 실효성과 적절성에 초점을 맞추어야 한다는 그의 지적은 중요하다고 생각한다. 그러나 김우기 스스로 지적했듯 김안로의 제도개편은 "민생의 안정을 위한 위민적인 것이 아닌 정치현실에서 나타난 문제점을 해결하기 위한 것"이어서 "수혜대상이 당시 각종 수탈과 고역에 시달리는 일반 민중이라기보다 김안로를 중심으로 하는 척신 측"이었다(같은 논문, 37쪽). 결국 "이들의 제도개편은 뚜렷한 한 가지 이상을 가지고 기존의 질서를 무너뜨리고 새로운 질서를 수립하려는 적극적인 면을 지니기보다, 주어진 현실의 범위 내에서 잘못된 문제점만을 개선하려는 방법을 사용함으로써 자기들의 기반을 강화시켜가려는 입장을 가진 것"이었다(38쪽). 그러므로 김안로가 주도한 제도개편은 그 동기와 실효성 등을 객관적으로 따져보아도 당시 핵심 폐단은 손대지 못하고 자기 이익을 확보하는 데 좀더 충실한 지엽적 수준에 머물렀다고 생각된다.

100) 중종 27년부터 32년에 걸친 다음 기사도 이 시기 내내 삼사의 영향력이 강력했음을 보여준다(중종27.2.2신사;28.11.4임인·5계묘;30.3.4갑자;32.10.21정묘). 김우기는 김안로 집권기에 언관의 위치가 더욱 강화되었다고 지적했다(같은 논문, 66쪽).

101) 김우기는 김안로 집권기 언관구성을 검토한 결과 당시는 "김안로의 당파가 아니면 대간이나 시종에 임명될 수 없는 상황에 이를 정도"였다고 평가했다. 아울러 척신세력은 상대세력을 제거할 때 전랑이나 언관을 이용해 공격하는 특징을 가졌는데, 이것은 언관 공론을 명분으로 이용한다는 방식에서 '사림정치'와 상당히 비슷하다는 중요한 측면을 지적했다(같은 논문, 67~79쪽).
아울러 김안로가 '사림파' 또는 기묘사림과 상당히 가까웠다는 사실도 주목할 만하다. 우선 그의 아버지 김흔은 김종직의 문인이었고, 동서는 기묘사림의 대표적 인물인 이자였으며, 유운·김안국과도 친교를 나눴다(김우기, 같은 논문, 8~9쪽;이병휴,『조선전기 사림파의 현실인식과 대응』, 69쪽 주 36). '훈구·사림'의 이분적 통설과는 배치되는 이런 사실을 현재는 기묘사화 이후 김안로가 훈구계열로 전환했다는 편의적 방식으로 설명하고 있다. 이것 또한 통설의 문제점을 보여주는 한 사례로 생각된다.

102) 삼사가 김안로의 사주로 탄핵한 사례는 중종 19년에도 있었다. 그때 예조판서였던 김안로는 이조판서 김극핍, 대사간 김양진金楊震과 사이가 좋지 않았는데 부제학 민수천閔壽千에게 몰래 지시해 그들을 탄핵케 한 것이다. 사평은 이때 대간과 홍문관의 대립은 김안로의 사주로 일어난 것이며, 민수천은 김안로의 종과 같았다고 썼다(중종19.6.8신축;19.11.6병인).

103) 인사이동 내용은 좌의정에 장순손, 우의정에 한효원, 좌찬성에 윤은보, 호조판서에 김당金璫, 병조판서에 홍언필洪彦弼 등으로 교체된 것이다. 김우기는 이 사건을 척신세력이 언관을 장악해 반대세력을 제거한 가장 대표적 사례로 평가했으며(「조선 중종 후반기의 척신과 정국동향」, 76쪽 주 146) 김돈은 이 사건을 계기로 '정귀대각政歸臺閣'의 정치상황이 전개되었다고 보았다(『조선전기 군신권력관계 연구』, 193~194쪽).

104) 당시 대간은 대사헌 심언경, 집의 오준吳準, 장령 김희열金希說, 지평 박홍린·채무택과 대사간 권예, 사간 양연梁淵, 헌납 김미金瀰, 정언 허항·박세옹朴世蓊 등이었다.

105) 아래 내용은 최이돈, 『조선중기 사림정치구조연구』, 177~180쪽 참조. 최이돈은 김안로의 압력 때문에 낭관권이 매우 위축되기는 했지만 완전히 장악되지는 않았으며, 그것이 김안로의 실각 원인이었다고 설명했다(같은 책, 180~181쪽).

106) 이런 측면 또한 김우기가 지적한 바 있다(「조선 중종 후반기의 척신과 정국동향」, 66쪽).

107) 심정은 대역부도죄로 사사되면서 김안로를 '원수'라고 부를 정도로 깊은 원한을 가졌다(중종26.11.29기묘;26.12.1경진).

108) 정광필에 대한 김안로의 불만과 거기 편승한 언론기관의 행동은 김우기(「조선 중종 후반기의 척신과 정국동향」, 64~65쪽)와 김돈(『조선전기 군신권력관계 연구』, 196~197쪽)이 자세히 서술했다.

109) 이 주제는 신해순이 여러 논문을 발표했다(「중종~명종조의 관학교육진흥책」, 『사학연구』 58·59, 1999;「16세기 성균관 교육의 침체원인에 대한 고찰」, 『한국사연구』 106, 1999;「조선 중종~명종연간 사습의 퇴폐에 대한 고찰-중앙유생을 중심으로」, 『인문과학』 32, 2002). 김돈은 중종 후반 유생의 활발한 공론참여에 주목하면서 그것을 정치참여층의 확대를 반영하는 중요한 발전으로 평가했다(「'기묘명현' 소통문제와 유생층의 공론참여」, 『조선전기 군신권력관계 연구』, 223~226쪽). 필자도 그 견해를 의미 있게 받아들인다. 그러나 중종 후반부터 유생의 수준저하와 사습쇠퇴 문제 또한 매우 심각하게 나타나는데, 김돈은 앞서 말한 긍정적 측면에만 주목했을 뿐 이런 부정적 양상은 간과했다고 생각된다. 이 시기 유생층의 정치참여 확대가 사습쇠퇴에서 연유된 현상일 가능성도 고려해봐야 한다고 생각한다. 아래 본문 서술은 김범, 「조선 중종대 역사상의 특징과 그 의미」, 63~66쪽 참조.

110) 이처럼 권력에 길들여진 삼사가 김안로 등이 실각되자 "이전의 논의가 그들에게서 나온 것인 줄 몰랐다"면서 태도를 급변한 것도 놀라운 일은 아닐 것이다(중종 32.11.7임오).

111) 대표적으로 태종의 전위 의사표명 사례를 들 수 있는데, 그것을 계기로 태종은 민무구閔無咎 형제를 숙청했다(태종 6년 8월, 9년 8월, 10년 10월 등). 관련 내용은 김성준, 「조선 태종의 외척제거와 왕권강화」, 『한국중세 정치법제사연구』, 일조각, 1985 참조.

112) 이런 노력이 전개되었다는 사실 자체가 상당한 소득이었다. 그러나 개혁책은 기존 신하들의 반대로 제대로 실시되지 못했으며 기묘사림 신원도 가장 핵심 인물인 조광조는 제외된 채 그밖의 인물들만 해당되었다는 한계를 지녔다(이병휴, 『조선전기 사림과의 현실인식과 대응』, 36 및 71~72, 281, 289쪽 등).

113) 김우기, 「조선 중종 후반기의 척신과 정국동향」, 87~88쪽.

114) 중종 후반 대윤과 소윤의 형성과 갈등은 김우기, 『조선중기 척신정치연구』, 38~39
　　쪽;「조선 중종 후반기의 척신과 정국동향」, 53~54 및 56~61쪽 참조.

115) 한 보기로 이조판서 유인숙을 들 수 있다(중종37.7.4임자)

116) 아래 중종 때 인사이동 상황의 변화와 관련된 내용은 김범, 「조선 성종~중종대 의
　　정부·육조·삼사 주요관직의 인사이동 상황과 그 의미」 참조.

117) 그런 맥락에서 조선후기 실학자들이 당쟁의 원인으로 대간제도를 지목하면서 그
　　폐지를 주장한 사실은 깊이 생각할 만하다(정두희, 「조선후기 실학자들의 대간론」, 『조선시
　　대의 대간연구』).

118) 김범, 「조선 성종~중종대 의정부·육조·삼사 주요관직의 인사이동 상황과 그 의
　　미」, 97쪽.

119) 치세 종반의 사평은 상당히 부정적 평가를 담았으며(중종37.11.1정미;39.5.27갑자) 사
　　치가 극심하다는 것도 지적했다(중종39.5.27갑자).

120) '사림정치'는 정만조, 「조선시대의 사림정치」 참조.

121) 그러나 이런 성실성은 그 부정적 측면이 지적되기도 했다(중종9.2.29계해;39.10.10을해).

122) 비슷한 평가는 또 있다(중종37.11.2무신).

123) 『중종실록』 사평의 성격에 대한 평가는 주 6 참조. 중종에 관련된 평가를 그 앞뒤
　　의 임금인 문종부터 명종과 비교하면 몇 가지 특징이 나타난다. 우선 중종 이전인 문
　　종이 붕어했을 때 사평은 효성이나 총명 등 찬사로 가득 차 있다(문종2.5.병오14). 세조
　　가 붕어했을 때는 시책문諡册文과 애책문哀册文(세조14.11.21정축·28갑신)만 있고 사평
　　은 없다. 예종도 그렇다(예종1.12.18정묘). 성종이 붕어했을 때 사평은 "성덕聖德과 지치
　　는 삼대의 성왕聖王이라도 더할 수 없다"는 표현이 잘 보여주듯, 다시 지극한 칭송으
　　로 짜여 있다(성종25.12.24기묘).

　　하지만 중종 이후는 조금 달라진다. 명종은 중종과 비슷하게 길고 부정적인 평가를
　　받았다. 사관은 "주상이 총명하고 예의의 덕이 있었지만 그것을 나라에 베풀지 못했
　　다"고 지적하면서 문정왕후文定王后·윤원형尹元衡·이기 등의 폐정 때문에 성공적
　　치세로 보기는 어렵다고 평가했다(명종22.6.28신해).

　　이런 변화가 나타난 데는 두 가지 이유가 있다고 생각된다. 우선 조선 중기 이후 성리
　　학 이해가 심화되면서 사평의 포폄정신이 좀더 투철해진 것이 중요한 원인으로 작용
　　했다(김경수, 『조선시대의 사관연구』, 374쪽). 이전 같으면 그냥 넘어갔거나 칭송으로 포장

했을 부분도 그러지 않은 것이다. 둘째, 실제로 그런 비판이 수긍될 만큼 해당 국왕의 치세에 문제가 있었다고 볼 수 있다. 조선 전기의 체제는 중종 때를 앞뒤로 재정비가 필요한 단계에 이르렀지만, 중종과 명종은 그 과업을 만족스럽게 수행하지 못한 것은 인정된다고 생각한다.

124) 중종과 그의 치세에 관련된 권연웅의 견해는 주목할 만하다. 그는 중종의 자질이 범용해 뚜렷한 치적을 별로 남기지 못했으며, 정치적 갈등을 해소하지 못하고 오히려 악화시켰다고 평가했다. 특히 경연제도가 제대로 운영되지 않은 것을 지적하면서 중종 때의 정치사를 다음과 같이 개괄했다. "반정 초기에는 공신들의 압도적 영향력이 불가피했으며, 10년 이후에는 왕의 범용한 자질과 불안정한 성격이 사태를 악화시켰다. 가령 기묘사화 직전에는 왕이 삼사의 사림파에게 편중했다가, 이들의 힘이 너무 커지자 끝내 숙청이라는 변칙적 방법을 썼다. 또 중종은 후에 김안로에게 전권을 맡기고 그의 전횡을 방치하다가 끝내 김을 희생시켰다. 중종은 국왕으로서 대체를 잘 알지 못했으며, 경연은 그를 가르치는데 실패한 셈이었다(『조선 중종대의 경연』, 496쪽)." 홍순창도 중종의 치세를 상당히 부정적으로 평가했다(『사화와 당쟁과의 관계』, 199쪽).

반면 오종록은 다른 견해를 제시했다. 그는 국왕이 오래 재위하는 것 자체가 권위를 축적하는 것이라는 전제 아래, 그 기간 동안 주요 신하들과 오래 접촉하면서 여러 정치수단을 익힐 수 있었으므로 국왕의 수명은 대체로 권력의 크기와 정비례했다고 평가했다. 그는 그 보기로 중종과 선조·영조·고종을 들었다(『조선시대의 왕』, 301쪽). 그러나 그의 전제는 자연적 수명의 장단長短을 정치운영 능력과 직결시켰다는 점에서 불합리하다고 생각한다. 물론 치세가 너무 짧을 경우는 왕권 행사 자체가 어렵지만, 그저 오래 재위한다고 해서 그 국왕의 권력이 컸다고 보는 것은 수긍하기 어렵다. 무엇보다도 왕정의 기본원리는 국왕의 능력에 따라 교체되는 것이 아니라 일단 즉위하면 그의 생명이 다할 때까지 그 자리에 있는 것이기 때문이다. 그의 지적대로 오래 재위하면 주요 신하들과 그만큼 오래 접촉하면서 여러 정치수단을 익힐 수는 있었겠지만, 그것이 권력을 강화하는 방향으로만 진행되었다고 보기 어려운 사례도 많다. 중종의 치세는 그 가운데 하나라고 생각한다(고종도 그러하며, 선조도 여러 견해가 있을 수 있다).

125) 이를테면 당시 "특진관을 다시 뽑는 것은 근신을 모두 올바른 군자로 채우려는 것"

이라는 중종의 말에서도 지치에 대한 의지를 읽을 수 있다(중종13.12.11병자).

126) 사림정치와 척신정치가 언관을 이용한 정국운영이라는 공통점을 갖고 있다는 김우기의 지적은 이런 측면과 관련해서도 중요한 의미가 있다고 생각한다(주 99 참조).

127) 밀지를 사용한 중종의 정국운영 특징과 관련해 김돈은 기묘사림과 김안로를 보기로 들면서 중종이 종래의 미흡한 시책을 보완해 정국을 운영한 것이 아니라 일거에 과거의 시책을 폐기처분하는 청산의 정국운영을 했다고 지적했다(『조선전기 군신권력 관계 연구』, 175 및 178쪽;「중종조 '밀지'에 의한 정치운영과 그 성격」, 정만조 외, 『조선의 정치와 사회』, 집문당, 2002, 145~146쪽).

128) 김안로는 심언광沈彦光이 자신의 뜻을 거스르자 이조에 지시해 함경감사로 의망케 했는데, 중종은 그런 사실을 전혀 모르고 그저 올라온 의망에 따라 심언광을 제수했다(중종32.8.9을묘).

129) 중종 26년 12월 심정을 실각시킬 때도 민수천과 심언광은 "김안로를 끌어들여 심정을 물리치면 될 것"이라고 상의하면서 전혀 중종 왕권의 작용은 염두에 두지 않았다(김돈,「중종대 '작서의 변'과 정치적 음모의 성격」,『한국사연구』119, 2002, 112쪽).

130) 그러나 사평이 정확히 지적했듯, 혼란을 일으킨 사람은 김안로였지만 그를 임명한 사람은 중종이었으므로 마지막 책임은 중종에게 있는 것이었다(중종26.12.10기축).

■ 참고문헌

1. 사료

『성종실록成宗實錄』,『연산군일기燕山君日記』,『중종실록中宗實錄』.

『동유사우록東儒師友錄』, 한국교회사연구소(불함문화사 영인), 1977.

『국조인물고國朝人物考』(上·中·下), 서울대 출판부, 1978.

『연려실기술練藜室記述』, 민족문화추진회, 1966.

2. 논저

계승범,『중종의 시대』, 역사비평사, 2014.

_____,「조선전기사 연구의 현황과 과제」,『역사학보』219, 2013.

구덕회,「성종대 동반 경관직 인사관리의 성격」,『역사와 현실』27, 1998.

권연웅,「조선 성종조의 경연」,『한국문화의 제문제』, 시사영어사, 1982.

_____,「연산조의 경연과 사화」,『구곡 황종동교수 정년기념 사학논총』, 1994.

_____,「조선 중종대의 경연」,『길현익교수 정년기념 사학논총』, 1996.

김갑주,「원상제의 성립과 기능」,『동국사학』12, 1973.

김경수,『조선시대의 사관연구』, 국학자료원, 1998.

김광철,『고려후기 세족층 연구』, 동아대 출판부, 1991.

김당택,「충렬왕의 복위 과정을 통해 본 천계 출신 관료와 '사족' 출신 관료의 정치적 갈등-'사대부'의 개념에 대한 검토」,『동아연구』17, 1989.

김돈,『조선전기 군신권력관계 연구』, 서울대 출판부, 1997.

_____,「조선중기의 반정과 왕권의 위상」,『전농사학』7, 2001.

_____,「중종조 '밀지'에 의한 정치운영과 그 성격」, 정만조 외,『조선의 정치와 사회』,

집문당, 2002.

_____, 「중종대 '작서灼鼠의 변變'과 정치적 음모의 성격」, 『한국사연구』 119, 2002.

_____, 「중종대 법제도의 재정비와 『대전후속록』의 편찬」, 『한국사연구』 127, 2004.

김동욱, 「이조전기 사치금압고奢侈禁壓考」, 『향토서울』 21, 1964.

김범, 『연산군-그 인간과 시대의 내면』, 글항아리, 2010.

_____, 「조선 성종대의 왕권에 대한 일고찰」, 고려대 석사논문, 1997.

_____, 「조선전기 원상 가문의 변천과 그 의미-훈구세력 파악의 한 사례연구」, 『사총』 49, 1999.

_____, 「조선전기 '훈구·사림세력' 연구의 재검토」, 『한국사학보』 15, 2003.

_____, 「조선 성종~중종대 의정부·육조·삼사 주요관직의 인사이동 상황과 그 의미」, 『동방학지』 126, 2004.

_____, 「조선 중종대 역사상의 특징과 그 의미」, 『한국사학보』 17, 2004.

김성우, 『조선중기 국가와 사족』, 역사비평사, 2001.

김성준, 「조선 태종의 외척제거와 왕권강화」, 『한국중세 정치법제사연구』, 일조각, 1985.

김영봉, 『김종직 시문학 연구』, 이회, 2000.

_____, 「점필재 김종직의 관료문인적 성격」, 『연민학지』 3, 1995.

_____, 「조선전기 문인의 도학파·사장파 구분에 대한 비판적 고찰」, 『동방학지』 110, 2000.

김용흠, 「조선전기 훈구·사림의 갈등과 그 정치사상적 함의」, 오영교 편, 『조선 건국과 경국대전체제의 형성』, 혜안, 2004(『동방학지』 124, 2004).

김우기, 『조선중기 척신정치연구』, 집문당, 2001.

_____, 「조선전기 사림의 전랑직 진출과 그 역할」, 『대구사학』 29, 1986.

_____, 「조선 중종 후반기의 척신과 정국동향」, 『대구사학』 40, 1990,

_____, 「전랑과 삼사의 관계에서 본 16세기 권력구조」, 『역사교육논집』 13·14, 1990.

_____, 「조선 중종대 김안로 집권기의 제도개편과 그 성격」, 『조선사연구』 1, 1992.

_____, 「조선 성종대 정희왕후의 수렴청정」, 『조선사연구』 10, 2001.

김원모, 「함춘원고含春苑考」, 『향토서울』 22, 1964.

김준석, 「조선후기의 당쟁과 왕권론의 추이」, 이성무 외, 『조선후기 당쟁의 종합적 검토』, 한국정신문화연구원, 1992.

김태영, 「조선초기 세조 왕권의 전제성에 대한 일고찰」, 『한국사연구』 87, 1995.

_____, 「조선초기 세조왕世祖王의 학술정책」, 『동양학』 25, 1995.

김해영, 「중종조의 소격서 혁파 논의에 대한 일고찰」, 『경상사학』 6, 1990.

김희준, 「조선전기 수륙재의 설행」, 『호서사학』 30, 2001.

남지대, 「조선 성종대의 대간언론」, 『한국사론』 12, 1985.

_____, 「조선중기 붕당정치의 성립기반」, 정만조 외, 『조선의 정치와 사회』, 집문당, 2002.

_____, 「재이와 태종의 왕권」, 『인문과학연구』 13, 서원대 인문과학연구소, 2003.

던컨(Duncan., John. B), 김범 옮김, 『조선왕조의 기원』, 너머북스, 2013.

목정균, 『조선전기 제도언론연구』, 고려대 민족문화연구원, 1985.

박광용, 「조선후기 정치세력 연구동향」, 근대사연구회 편, 『한국중세사회 해체기의 제 문제』(상), 한울, 1987.

_____, 「조선시대 정치사 연구의 성과와 과제」, 『조선시대 연구사』, 한국정신문화연구 원, 1999.

박영규, 『조선의 왕실과 외척』, 김영사, 2003.

박영규, 「조선 중종초에 있어서의 대신과 대간의 대립」, 『경북대논문집』 5, 1962.

송수환, 「갑자사화의 새 해석」, 『사학연구』 57, 1999.

송웅섭, 「중종대 기묘사림의 구성과 출신배경」, 『한국사론』 45, 서울대, 2001.

_____, 「기묘사화와 기묘사림의 실각」, 『한국학보』 119, 2005.

_____, 「조선전기 공론정치의 형성」, 서울대 국사학과 박사논문, 2011.

송준호, 『조선사회사연구』, 일조각, 1987.

송찬식, 「조선조 사림정치의 권력구조-전랑과 삼사를 중심으로」, 『조선후기 사회경제 사의 연구』, 일조각, 1997(『경제사학』 2, 1978).

신동준, 『연산군을 위한 변명』, 지식산업사, 2003.

신석호, 「기묘사화의 유래에 관한 일고찰」, 『신석호 전집』 1, 신서원, 1996(「己卯士禍の由 來に關する一考察」, 『靑丘學叢』 20, 1935).

_____, 「조선 성종시대의 신구대립」, 『신석호 전집』 1, 신서원, 1996(「朝鮮成宗時代の新 舊對立」, 『近代朝鮮史硏究』 1, 朝鮮總督府, 1944).

신천식, 「조선조 연산군의 교육탄압정책과 교육사조」, 『명지사론』 7, 1995.

신해순, 「중종~명종조의 관학교육진흥책」, 『사학연구』 58·59, 1999.

_____, 「16세기 성균관 교육의 침체원인에 대한 고찰」, 『한국사연구』 106, 1999.

_____, 「조선 중종~명종 연간 사습의 퇴폐에 대한 고찰-중앙유생을 중심으로」, 『인문과학』 32, 2002.

오수창, 「국왕과 신료의 역학관계」, 한국역사연구회 17세기 정치사 연구반, 『조선중기 정치와 정책』, 아카넷, 2003.

오종록, 「조선시대의 왕」, 『역사비평』 54, 2001.

와그너(Wagner, Edward W.), 이훈상 · 손숙경 옮김, 『조선왕조 사회의 성취와 귀속』, 일조각, 2007.

_____, 「이조 사림문제에 관한 재검토」, 『전북사학』 4, 1980.

_____, 「정치사적 입장에서 본 이조사화의 성격」, 『역사학보』 85, 1980.

유영익, 「이기백 저, E. 와그너 역, 『한국사신론』」, 『해외한국학평론』 1, 혜안, 2000.

윤정, 「조선 중종 전반기 정국구도와 정책론」, 『역사와 현실』 25, 1997.

_____, 「조선 중종대 훈구파의 산림천택 운영과 재정확충책」, 『역사와 현실』 29, 1998.

이건창, 이덕일 · 이준녕 옮김, 『당의통략』, 자유문고, 1998.

이구의, 「점필재 김종직의 「조의제문」고」, 『대동한문학』 8, 1996.

이기백, 『한국사신론』(신수판), 일조각, 1990.

이동희, 「조선초기 원상의 설치와 그 성격」, 『전북사학』 16, 1993.

이병도, 『한국유학사』, 아세아문화사, 1987.

이병휴, 『조선전기 기호사림파연구』, 일조각, 1984.

_____, 『조선전기 사림파의 현실인식과 대응』, 일조각, 1999.

이상백, 『한국사-근세전기편』, 을유문화사, 1962.

이석규, 「조선초기의 응지상소자-성종대 언론활동의 변화와 관련하여」, 『조선시대사학보』 20, 2002.

이성무, 「조선시대의 왕권」, 『조선의 사회와 사상』, 일조각, 1999.

이수건, 『영남사림파의 형성』, 영남대 출판부, 1979.

_____, 『영남학파의 형성과 전개』, 일조각, 1995.

이숭녕, 「연산군의 시상의 고찰」, 『동방학지』 12, 1971.

이존희, 「양반관료 국가의 특성」, 국사편찬위원회 편, 『한국사』 23, 1994.

이종호 · 김광철, 「조선왕조 중종대의 왕권과 정치세력의 동향」, 『마산대학 논문집』 4, 1982.

이재호, 『조선정치제도연구』, 일조각, 1995.

이태진, 『한국사회사연구』, 지식산업사, 1986.

_____, 『한국유교사회사론』, 지식산업사, 1989.

_____, 『의술과 인구 그리고 농업기술』, 태학사, 2002.

_____, 「조선시대의 정치적 갈등과 그 해결-사화와 당쟁을 중심으로」, 『조선시대 정치
   사의 재조명』, 범조사, 1985.

_____, 「조선왕조의 유교정치와 왕권」, 『동아사상東亞史上의 왕권』, 한울아카데미,
   1993.

_____, 「15세기 후반기의 '거족鉅族'과 명족의식-『동국여지승람』 인물조의 분석을 통
   하여」, 『한국사론』 3, 서울대, 1976.

_____, 「사화와 붕당정치」, 한국사특강 편찬위원회 편, 『한국사특강』, 서울대 출판부,
   1990.

이홍렬, 「대간제도의 법제사적 고찰」, 『사총』 5, 1960.

이현지, 「주계군 이심원의 삶과 시세계」, 『한국한시연구』 11, 2003.

이현진, 「조선전기 소릉복위론의 추이와 그 의미」, 『조선시대사학보』 23, 2002.

이희관, 「조선초 태종의 집권과 그 정권의 성격」, 『역사학보』 120, 1988.

장병인, 『조선전기 혼인제와 성차별』, 일지사, 1997.

장영희, 「16세기 필기의 일고찰-『기묘록』과 『용천담적기』」, 『민족문학사연구』 26,
   2004.

장학근, 「연산군의 재이론에 대한 인식변화-군권·언권 논쟁을 중심으로」, 『경남사학』
   7, 1995.

장희흥, 「연산군대 환관정책과 내시부의 위상강화」, 『경주사학』 21, 2002.

전종섭, 「조선 성종조 좌리공신에 관한 일고찰」, 『대구사학』 18, 1980.

정동일, 「연산군 금표비 연구-대자동 금표비를 중심으로」, 『한성사학』 8, 1996.

정두희, 『조선초기 정치지배세력연구』, 일조각, 1983.

_____, 『조선시대의 대간연구』, 일조각, 1994.

_____, 『조광조』, 아카넷, 2000.

_____, 『유교·전통·변용』, 국학자료원, 2005.

_____, 「회고와 전망-조선전기」, 『역사학보』 104, 1984.

_____, 「조선전기 지배세력의 형성과 변천-그 연구사적인 성과와 과제」, 주보돈 외,

『한국사회발전사론』, 일조각, 1992.

_____, 「조선 성종 9년 "무술지옥戊戌之獄"의 정치적 성격」, 『서강인문논총』 29, 2010.

정만조, 「조선시대의 사림정치-17세기의 정치형태」, 『한국사상의 정치형태』, 일조각, 1993.

_____, 「조선중기 유학의 계보와 붕당정치의 전개(I)」, 『조선시대사학보』 17, 2001.

정상균, 「김종직의 「조의제시(문)」 연구」, 『고시가연구』 10, 2002.

정홍준, 『조선중기 정치권력구조연구』, 고려대 민족문화연구소, 1996.

조승호, 「정암 조광조의 개혁정치 연구」, 『강원사학』 6, 1990.

지두환, 『조선전기 의례연구』, 서울대 출판부, 1994.

_____, 「조선전기 군자·소인 논의-『대학연의』 왕안석론을 중심으로」, 『태동고전연구』 9, 1993.

진상원, 「조선전기 정치사건의 처벌과 신원-김종직의 사례를 중심으로」, 『역사학보』 180, 2003.

최승희, 『조선초기 언관·언론연구』, 서울대 한국문화연구소, 1976.

_____, 『조선초기 정치사연구』, 지식산업사, 2002.

_____, 『조선초기 언론사연구』, 지식산업사, 2004.

최이돈, 『조선중기 사림정치구조연구』, 일조각, 1994.

_____, 「성종대 사림의 훈구정치 비판과 새정치 모색」, 『한국문화』 17, 1996.

_____, 「조선중기의 비리 문제와 사화」, 『한국사 시민강좌』 22, 1998.

_____, 「조선중기 신용개의 정치활동과 정치인식」, 정만조 외, 『조선의 정치와 사회』, 집문당, 2002.

팔레(Palais, James B.), 「조선왕조의 관료적 군주제」, 조선시대사학회 편, 『동양 삼국의 왕권과 관료제』, 국학자료원, 1998.

한국사특강 편찬위원회 편, 『한국사특강』, 서울대 출판부, 1990.

한명기, 『광해군』, 역사비평사, 2000.

한영우, 『조선 수성기 제갈량 양성지』, 지식산업사, 2008.

한춘순, 「세조~성종대 과거에 관한 일고찰」, 허홍식 외, 『조선시대의 과거와 벼슬』, 집문당, 2003.

_____, 「조선 성종의 육조직계제 운용과 승정원-친정기를 중심으로」, 『한국사연구』 122, 2003.

한충희, 「중앙정치구조」, 국사편찬위원회 편, 『한국사』 23, 1994.

_____, 「조선 태종 왕권의 정치적 기반 연구」, 『대구사학』 63, 2001.

_____, 「조선 성종대 삼사관원의 성분·관력과 관직적 지위-당상관직과 정품직을 중심으로」, 정만조 외, 『조선의 정치와 사회』, 집문당, 2002.

한형주, 『조선초기 국가제례연구』, 일조각, 2002.

허재일, 「조선왕조에 있어서 사화발생의 정치사회적 배경에 관한 고찰」, 『학술지』 25, 건국대, 1981.

홍순창, 「사화와 당쟁과의 관계」, 『대구사학』 7·8, 1973.

瀨野馬熊, 「燕山朝の二大禍獄」, 『瀨野馬熊遺稿』, 1936.

末松保和, 「朝鮮議政府考」, 『靑丘史草』 1, 東京: 笠井出版印刷社, 1965(『朝鮮學報』 9, 1956).

Wagner, Edward W., *The Literati Purges·Political Conflict in Early Yi Dynasty*, Cambridge·East Asian Research Center, Harvard University, 1974.

■부록: 갑자사화 피화인의 명단

순번	이름	생몰년	형량	피화당시나이	문과	관직(품계)	비고
1	가야지可也之	?~1504	사형	-	-	-	제용감 침선비針線婢
2	가은금加隱今	?~1504	사형	-	-	-	-
3	감순신甘順信	?~?	유배	-	-	-	-
4	감시손甘始孫	?~1504	사형	-	-	가리假吏	-
5	강겸姜謙	?~1504	사형	-	1480(성종11)	교리(정5)	무오피화, 강형의 동생
6	강백진康伯珍	?~1504	사형	-	1477(성종8)	사간(종3)	무오피화, 김종직의 사위
7	강선姜善	?~?	유배	-	-	-	봉보부인 백씨의 남편
8	강숙돌姜叔突	?~1515	유배	-	1492(성종23)	사간(종3)	-
9	강이온姜利溫	?~1504	사형	-	-	진사	강흥의 아버지
10	강징姜澂	1466~1536	종천	38	1494(성종25)	승지(정3)	강흥의 사촌
11	강형姜詗	?~1504	사형	-	1490(성종21)	대사간(정3)	강겸의 형, 김승경의 사위, 허반의 장인
12	강흥姜洪	?~?	유배	-	1502(연산8)	정자(정9)	강이온의 아들, 강징의 사촌
13	거을온巨乙溫	?~?	유배	-	-	-	-
14	경세창慶世昌	?~?	유배	-	1494(성종25)	장령(정4)	-
15	곽종번郭宗蕃	?~1504	사형	-	1490(성종21)	장령(정4)	곽종원의 형
16	곽종원郭宗元	?~1504	사형	-	1485(성종16)	사간(종3)	곽종번의 동생, 아들은 변방 충군
17	구성具誠	?~1504	사형	-	-	우후虞侯(종3)	자식·형제 유배
18	권달수權達手	1469~1504	옥사	35	1492(성종23)	교리(정5)	권류의 조카
19	권류權瑠	?~?	부관참시	-	1483(성종14)	집의(종3)	권달수의 숙부, 사위 이광조李光祖·김희윤金希尹 유배
20	권주權柱	1457~1505	사형	48	1481(성종12)	부제학(정3)	자식들은 섬에 위리안치, 형제자매 귀양
21	권헌權憲	?~1504	옥사	-	1501(연산7)	지평(정5)	권제權踶의 증손, 권람權擥의 손자
22	권홍權弘	1467~1516	유배	37	1497(연산3)	집의(종3)	-
23	귀인貴人 권씨權氏	?~?	폐서인	-	-	-	-
24	김경조金敬祖	?~?	유배	-	1462(세조8)	우후(종3)	-
25	김관金寬	?~?	유배	-	1497(연산3)	정언(정6)	-
26	김굉필金宏弼	1454~1504	사형	50	-	형조좌랑(정6)	-
27	김극핍金克愊	1472~1531	유배	32	1498(연산4)	지평(정5)	김겸광金謙光의 아들
28	김극회金克恢	?~?	유배	-	-	사복시정(정3)	-
29	김근사金謹思	1466~1539	유배	38	1494(성종25)	장령(정4)	김감金勘의 조카
30	김내문金乃文	?~?	유배	-	1501(연산7)	저작(정8)	김철문의 동생
31	김동金同	?~1504	사형	-	-	-	강녕부정江寧副正 이기李祺의 노비
32	김세필金世弼	1473~1533	유배	31	1496(연산2)	집의(종3)	-
33	김숙정金淑貞	?~?	유배	-	1481(성종12)	장령(정4)	-

34	김순손金舜孫	?~1504	사형	–	–	내관	–
35	김소사金召史	?~?	유배				엄씨의 누이
36	김승경金升卿	1430~1493	부관참시	63(*)	1456(세조2)	대사헌(종2)	강형의 장인
37	김양보金良輔	?~?	종천			정자(정9)	
38	김양진金楊震	1467~1535	유배	37	1497(연산3)	부수찬(종6)	–
39	김언평金彦平	?~1514	유배		1496(연산2)	정언(정6)	–
40	김우증金友曾	?~?	충군		–	현감(종6)	
41	김응기金應箕	1455~1519	유배	49	1477(성종8)	예조판서(정2)	–
42	김의장金義將	?~1504	사형			내관(?)	
43	김인령金引齡	1462~1504	사형	42	1497(연산3)	지평(정5)	–
44	김제신金悌臣	1438~1499	부관참시	61(*)	1462(세조8)	예조참판(종2)	아들은 변방 충군
45	김지金祉	?~?	유배		1497(연산3)	장령(정4)	
46	김처선金處善	?~1504	사형			내관	부인도 내사복시에 정역
47	김천령金千齡	1469~1503	부관참시	34(*)	1496(연산2)	직제학(정3)	–
48	김철문金綴文	?~?	유배		1496(연산2)	지평(정5)	김내문의 형
49	김청金淸	?~?	유배			내관	–
50	김취인金就仁	?~1504	사형			내관	–
51	김희윤金希尹	?~?	유배				권류의 사위
52	남곤南袞	1471~1527	유배	33	1494(성종25)	부제학(정3)	–
53	남세주南世周	1445~1504	사형	59	1487(성종18)	전한(종3)	–
54	남효온南孝溫	1454~1492	부관참시	38(*)			아들 사형
55	돌비[石乙非]	?~?	유배				관비
56	두대豆大	?~1504	사형		–	전언典言(종7)	–
57	막장莫藏	?~?	유배				여천위驪川尉 집 여종
58	말금末今	?~?	유배				엄씨의 서누이, 허칙許則同의 아내
59	물단勿丹	?~?	유배				계성군桂城君 집 여종
60	미장수未長守	?~1504	사형				
61	박간朴幹	?~?	유배		–	내관	–
62	박권朴權	?~?	종천	–	1492(성종23)	정언(정6)	
63	박광영朴光榮	1463~1537	유배	41	1498(연산4)	수찬(정5)	–
64	박서朴恕	?~?	유배			내관	
65	박순무朴純茂	?~?	종천			내관	
66	박소영朴紹榮	1465~1518	유배	39	1485(성종16)	직제학(정3)	
67	박안성朴安性	1438~1512	유배	66	1459(세조5)	형조판서(정2)	박원형朴元亨의 아들
68	박유경朴有慶	?~?	유배		–	내관	
69	박은朴誾	1479~1504	사형	25	1496(연산2)	수찬(정5)	신용개의 사위
70	박의영朴義榮	1456~1519	유배	48	1482(성종13)	대사간(정3)	–
71	박인朴䜣	?~1504	사형				
72	박인손朴仁孫	?~?	유배			내관	–
73	박직종朴直宗	?~1504	사형				

74	박한주朴漢柱	1459~1504	사형	45	1485(성종16)	헌납(정5)	아들은 종천
75	백씨白氏	?~?	부관참시	-			성종의 봉보부인
76	변형량卞亨良	?~1504	사형	-	1501(연산7)	정자(정9)	-
77	북간北間	?~?	유배	-	-		여천위礪川尉 집 여종
78	서경생徐敬生	?~?	유배	-	-	내관	
79	서득관徐得寬	?~1504	사형	-	1497(연산3)	부수찬(종6)	
80	서산보徐山甫	?~?	부관참시	-	1486(성종17)	장령(정4)	
81	서수진徐壽眞	?~?	유배	-		내관	
82	서후徐厚	?~?	유배	-	1498(연산4)	정언(정6)	
83	석을장石乙莊	?~1504	사형				
84	설맹손薛孟孫	?~?	종천	-		내관	
85	설충薛忠	?~?	유배	-		내관	
86	성경온成景溫	1463~1506	사형	43	1503(연산9)	병조정랑(정5)	성준의 아들. 성중온의 동생
87	성세정成世貞	1460~1524	유배	44	1489(성종20)	사간(종3)	중전 신씨愼氏의 친족
88	성준成俊	1436~1504	사형	68	1459(세조5)	영의정(정1)	성현의 사촌. 한형윤의 외조
89	성중온成仲溫	?~1506	사형	-	1496(연산2)	지평(정5)	성준의 아들. 성경온의 형
90	성현成俔	1439~1504	사형	65	1462(세조8)	참찬(정2)	성준의 사촌
91	성희철成希哲	?~?	유배	-	1496(연산2)	정언(정6)	-
92	소의昭儀 엄씨嚴氏	?~1504	사형	-	-		성종의 후궁. 은소이銀召伊. 엄씨의 딸 한 경침韓景琛의 처 귀양
93	소의 정씨鄭氏	?~1504	사형	-	-		성종의 후궁. 정금이鄭金伊
94	송여해宋汝諧	1452~1510	유배	52	1494(성종25)	헌납(정5)	-
95	송흠宋欽	?~1504	사형	-		부수찬(종6)	-
96	수근비水斤非	?~?	귀양	-			궁인
97	신봉로申奉盧	?~?	유배	-	1495(연산1)	정언(정6)	-
98	신온信溫	?~1504	사형	-			승려
99	신용개申用漑	1463~1519	유배	41	1488(성종19)	도승지(정3)	박은의 장인. 신숙주의 손자. 신정의 조카
100	신정申澄	?~1504	사형	-	1492(성종23)	정언(정6)	아들은 종천. 신숙주의 조카. 신용개의 삼촌
101	심담沈淡	?~1504	옥사	-		판관(종5)	
102	심순문沈順門	1465~1504	사형	39	1495(연산1)	교리(정5)	심회의 손자. 심온沈溫의 증손
103	심회沈澮	1418~1493	부관참시	75(*)	-	영의정(정1)	심순문의 조부. 심온의 아들
104	안윤덕安潤德	1447~1535	유배	57	1483(성종14)	관찰사(종2)	-
105	양윤梁潤	?~?	유배	-			이세좌의 사위
106	어리니㐡里尼	?~1504	사형	-			성종의 봉보부인
107	어리덕㐡里德	?~?	유배	-			여천위礪川尉 집 여종 10

108	어세겸魚世謙	1430~1500	부관참시	70(*)	1456(세조2)	좌의정(정1)	-
109	엄계嚴誡	?~1504	사형	-	-	-	소의 엄씨의 오빠. 엄산수의 아들
110	엄산수嚴山壽	?~1504	사형	-	-	-	소의 엄씨·엄계·엄회의 아버지
111	엄회嚴誨	?~1504	사형	-	-	-	소의 엄씨의 오빠. 엄산수의 아들
112	원여元畬	?~?	유배	-	-	주부(종6)	-
113	유부柳溥	?~?	유배	-	1501(연산7)	박사(정7)	이심원의 사위. 유순정柳順汀의 조카
114	유빈柳濱	?~1509	유배	-	1483(성종14)	관찰사(종2)	아들은 충군
115	유세진柳世珍	?~?	유배	-	-	-	-
116	유세침柳世琛	?~1511	유배	-	1490(성종21)	대사간(정3)	-
117	유숭조柳崇祖	1452~1512	유배	52	1489(성종20)	장령(정4)	-
118	유인귀柳仁貴	1463~1531	유배	41	1496(연산2)	정언(정6)	-
119	유지형柳之亨	?~?	유배	-	-	-	귀인 권씨의 조카
120	유집柳輯	?~1504	사형	-	-	정랑(정5)	-
121	유헌柳軒	1462~1506	유배	42	1489(성종20)	대사간(정3)	유영경柳永慶의 증조
122	유희저柳希渚	1460~?	유배	-	1496(연산2)	지평(정5)	유순정의 조카
123	유희철柳希轍	1453~1514	유배	51	1495(연산1)	정언(정6)	-
124	윤민尹慜	?~?	부관참시	-	1453(단종1)	대사간(정3)	-
125	윤석尹晳	1435~1503	부관참시	68(*)	1466(세조12)	사간(종3)	-
126	윤석보尹碩輔	?~1505	유배(사망)	-	1472(성종3)	대사간(정3)	-
127	윤숙尹淑	?~1504	사형	-	-	-	윤필상의 아들. 윤위·윤준의 형제
128	윤여해尹汝諧	1480~1546	유배	24	-	-	이세좌의 사위
129	윤원尹源	?~?	유배	-	1495(연산1)	정언(정6)	-
130	윤위尹偉	?~1504	사형	-	-	-	윤필상의 아들. 윤숙·윤준의 형제
131	윤준尹俊	?~1504	사형	-	-	-	윤필상의 아들. 윤숙·윤위의 형제
132	윤채尹琛	?~?	효수	-	-	주부(종6)	-
133	윤필상尹弼商	1427~1504	사형	77	1450(세종32)	영의정(정1)	-
134	이간李揀	?~1504	사형	-	-	-	이종의 아들. 이총의 동생. 이변의 형
135	이각답李嘐畓	?~?	종천	-	-	-	이공신李公信의 아들
136	이공신李公信	?~1505	사형	-	-	-	김처선의 양자. 부인은 내사복시에 정역. 아들도 유배
137	이광조李光祖	?~?	유배	-	-	-	권류權瑠의 사위
138	이극균李克均	1437~1504	사형	67	1456(세조2)	좌의정(정1)	이세좌·이세걸의 숙부. 이덕형李德馨의 5대조
139	이극량李克良	?~?	충군	-	-	내관	-
140	이덕숭李德崇	1432~1504	사형	72	1462(세조8)	관찰사(종2)	-
141	이맥李陌	1455~1528	유배	49	1498(연산4)	장령(정4)	-

142	이변李抃	?~1504	사형	-	-	-	이종의 아들. 이총·이간의 동생
143	이병정李秉正	?~?	충군	-	-	동지중추(종2)	-
144	이봉	?~1504	사형	-	-	-	소의 정씨의 아들. 이항의 동생
145	이사공李思恭	1468~1512	유배	36	1495(연산1)	장령(정4)	-
146	이사균李思鈞	1471~1536	유배	33	1498(연산4)	부수찬(종6)	-
147	이사부李似父	?~?	유배	-	내관	-
148	이사침李思琛	?~1504	사형	-	-	-	-
149	이세걸李世傑	1463~1504	사형	41	1492(성종23)	이조정랑(정5)	이세좌의 동생. 이극균의 조카
150	이세영李世英	?~1510	유배	-	1477(성종8)	대사헌(종2)	-
151	이세인李世仁	1452~1516	유배	52	1486(성종17)	부제학(정3)	-
152	이세좌李世佐	1445~1504	사형	59	1477(성종8)	예조판서(정2)	이극균의 조카. 이세걸의 형. 이수원·이수의·이수정·이수형의 아버지. 양윤·윤여해·정현·조영손의 장인
153	이수원李守元	?~1504	사형	-	-	-	이세좌의 아들. 이수의·이수정·이수형의 형제
154	이수의李守義	1474~1504	사형	30	1502(연산8)	한림(정9)	이세좌의 아들. 이수정의 형. 이수형의 동생
155	이수정李守貞	1477~1504	사형	27	1501(연산7)	수찬(정5)	이세좌의 아들. 이수형·이수의의 동생. 이준경李浚慶의 아버지
156	이수형李守亨	1470~1504	사형	34	1492(성종23)	사인(정4)	이세좌의 아들. 이수의·이수정의 형.
157	이승건李承健	1452~1502	부관참시	50(*)	1480(성종11)	관찰사(종2)	-
158	이심원李深源	1454~1504	사형	50	-	주계부정朱溪副正(종3)	형제들 모두 유배. 이유녕의 아버지. 유부의 장인
159	이오을李吾乙	?~1504	사형	-	-	-	-
160	이원李援	?~1504	사형	-	-	-	이종의 아들. 이총의 형
161	이유녕李幼寧	?~1504	사형	-	1496(연산2)	지평(정5)	이심원의 아들
162	이윤걸李允傑	?~1504	사형	-	-	-	-
163	이의손李懿孫	?~?	유배		1483(성종14)	유생	-
164	이인형李仁亨	1436~1497	부관참시	61(*)	1468(세조14)	대사헌(종2)	-
165	이자견李自堅	1454~1529	유배	50	1486(성종17)	유생	이자화의 형
166	이자화李自華	?~1520	유배	-	1496(연산2)	교리(정5)	이자견의 동생
167	이장곤李長坤	1474~1519	유배	30	1502(연산8)	교리(정5)	
168	이정李挺	?~1504	사형	-	-	-	이종의 아들. 이총의 동생
169	이종李踵	?~1504	사형	-	-	-	우산군牛山君. 이원·이총·이간·이정·이첨의 아버지

316

170	이주李胄	?~1504	사형	-	1488(성종19)	정언(정6)	-
171	이철균李鐵均	1450~1514	유배	54	1496(연산2)	정언(정6)	-
172	이첩李捷	?~1504	사형	-	-	-	이총의 아들. 이총의 동생
173	이총李摠	?~1504	사형	-	-	-	-
174	이파李坡	1434~1486	부관참시	52(*)	1451(문종1)	찬성(종1)	-
175	이팽손李彭孫	?~1504	장사杖死	-	-	-	-
176	이항	?~1504	사형	-	-	-	귀인 정씨의 아들. 이봉의 형
177	이행李荇	1478~1534	유배	26	1495(연산1)	부응교(종4)	이기李芑의 동생
178	이현보李賢輔	1467~1555	유배	37	1498(연산4)	정언(정6)	-
179	임희재任熙載	1472~1504	사형	32	1498(연산4)	정자(정9)	임사홍의 아들
180	장순손張順孫	1453~1534	유배	51	1485(성종16)	부응교(종4)	-
181	장준보張俊輔	?~1504	사형	-	-	내관	-
182	전향田香	?~?	유배	-	-	-	궁인
183	정붕鄭鵬	1467~1512	유배	37	1492(성종23)	교리(정5)	-
184	정사걸鄭士傑	?~?	유배	-	1492(성종23)	헌납(정5)	-
185	정성鄭誠	?~1504	사형	-	-	-	귀인 정씨·정시의 형제
186	정성근鄭誠謹	?~1504	사형	-	1474(성종5)	승지(정3)	-
187	정시鄭試	?~1504	사형	-	-	-	귀인 정씨·정성의 형제
188	정여창鄭汝昌	1450~1504	사형	54	1490(성종21)	한림(정9)	-
189	정옥경鄭玉京	?~1504	사형	-	-	악공	-
190	정인인鄭麟仁	?~1504	사형	-	1498(연산4)	부제학(정3)	-
191	정인석鄭仁石	?~1504	사형	-	-	-	귀인 정씨·정성·정시의 아버지
192	정진鄭溱	?~1504	사형	-	-	생원	-
193	정창손鄭昌孫	1402~1487	부관참시	85(*)	1426(세종8)	영의정(정1)	-
194	정침鄭沈	1473~1516	유배	31	1498(연산4)	헌납(정5)	-
195	정현鄭鉉	?~?	유배	-	-	감찰(종6)	이세좌의 사위
196	조세당曹世唐	?~?	유배	-	1492(성종23)	정언(정6)	-
197	조영손趙永孫	?~?	유배	-	-	-	이세좌의 사위
198	조위曹偉	1454~1503	부관참시	49(*)	1474(성종5)	호조참판(종2)	-
199	조유형趙有亨	?~?	유배	-	1498(연산4)	정언(정6)	-
200	조지서趙之瑞	1454~1504	사형	50	1474(성종5)	어사御史	-
201	조효안趙孝安	?~?	유배	-	-	내관	-
202	종귀從鬼	?~?	유배	-	-	-	진산대군晉山大君 집 여종
203	지언池彦	?~1504	사형	-	-	-	-
204	최린崔潾	?~?	유배	-	1478(성종9)	대사간(정3)	-
205	최부崔溥	1454~1504	사형	50	1482(성종13)	응교(정4)	-
206	최세걸崔世傑	1458~1503	부관참시	45(*)	1486(성종17)	헌납(정5)	최만리崔萬理의 손자
207	최수연崔水淵	崔潾	사형	-	-	내관	-

208	최숙근崔叔謹	崔濤	사형	-	-	-	-
209	최숙생崔淑生	1457~1520	유배	47	1492(성종23)	응교(정4)	-
210	최침崔沈	?~?	유배	-	-	내관	
211	최한원崔漢源	?~?	유배	-	1480(성종11)	대사헌(종2)	-
212	추강월秋江月	?~?	정역	-	-	-	기녀
213	탁치손卓致孫	?~?	유배	-	-	내관	-
214	표연말表沿末	1449~1498	부관참시	49(*)	1472(성종3)	사간(종3)	-
215	하계증河繼曾	?~?	유배	-	1498(연산4)	정언(정6)	-
216	한곤韓崑	?~1504	사형	-	-	-	-
217	한기韓紀의 처	?~?	유배	-	-	-	귀인 정씨의 딸
218	한명회韓明澮	1415~1487	부관참시	72(*)	-	영의정(정1)	-
219	한세충韓世忠	?~1504	사형	-	-	-	-
220	한수韓遂	?~1504	사형	-	-	-	한치형의 서자
221	한충인韓忠仁	?~?	종천	-	-	절도사(종2)	한훈의 아버지. 성중온의 장인. 성준의 사돈
222	한치형韓致亨	1434~1502	부관참시	68(*)	-	영의정(정1)	-
223	한형윤韓亨允	1470~1532	유배	34	1492(성종23)	이조참판(종2)	성준의 외손. 한계미韓繼美의 손자. 한계희韓繼禧의 종손
224	한훈韓訓	?~1504	사형	-	1494(성종25)	정언(정6)	한충인의 아들
225	허밀許謐	?~?	유배	-	-	-	숙의 권씨의 조카
226	허반許磐	?~1498	부관참시	-	1498(연산4)	정자(정9)	강형의 사위
227	현내원玄乃元	?~?	사형	-	-	서리書吏	-
228	현비玄非	?~?	변방 정속	-	-	-	이성군利城君 집 여종
229	홍귀달洪貴達	1438~1504	사형	66	1461(세조7)	이조판서(정2)	홍언국·홍언충의 아버지
230	홍상洪常	1457~1513	유배	-	-	-	덕종의 부마
231	홍세필洪世弼	崔濤	사형	-	-	-	홍식의 아들
232	홍수洪脩	?~?	유배	-	-	정언(정6)	-
233	홍식洪湜	1449~1504	사형	55	1483(성종14)	승지(정3)	-
234	홍언국洪彦國	?~?	유배	-	-	-	홍귀달의 아들. 홍언충의 동생
235	홍언충洪彦忠	1473~1504	사형	31	1495(연산1)	교리(정5)	홍귀달의 아들. 홍언국의 형
236	홍한洪瀚	1451~1498	부관참시	47(*)	1485(성종16)	부제학(정3)	-
237	황귀천黃貴千	?~1504	사형	-	-	-	-
238	황징창黃誠昌	?~?	유배	-	1491(성종22)	집의(종3)	황희黃喜의 증손
239	효동비孝同非	?~?	정속	-	-	-	계성군桂城君 집 여종

■ 찾아보기

국립중앙도서관 출판시도서목록(CIP)

사화와 반정의 시대 : 성종·연산군·중종대의 왕권과 정치
/ 지은이: 김범. — 고양 : 역사의아침 : 위즈덤하우스, 2015
p. ; cm

역사의아침은 위즈덤하우스의 역사 전문 브랜드임
권말부록: 갑자사화 피화인의 명단
참고문헌과 색인수록
ISBN 978-89-93119-88-6 03910 : ₩16000

조선 시대[朝鮮時代]
왕권[王權]
정치사[政治史]

911.05-KDC6
951.902-DDC23   CIP2015011231

성종·연산군·중종대의 왕권과 정치
사회와 반정의 시대

초판 1쇄 인쇄 2015년 4월 20일 **초판 1쇄 발행** 2015년 4월 28일

지은이 김범 **펴낸이** 연준혁

출판 2분사_ 분사장 이부연
1부서 편집장 김남철
디자인 김준영
제작 이재승

펴낸곳 (주)위즈덤하우스
출판등록 2000년 5월 23일 제13-1071호
주소 경기도 고양시 일산동구 정발산로 43-20 센트럴프라자 6층
전화 031)936-4000 **팩스** 031)903-3891
홈페이지 www.wisdomhouse.co.kr
종이 화인페이퍼 **인쇄·제본** (주)현문 **후가공** 이지앤비

값 16,000원 ⓒ김범, 2015
ISBN 978-89-93119-88-6 03910

＊역사의아침은 (주)위즈덤하우스의 역사 전문 브랜드입니다.
＊잘못된 책은 바꿔드립니다.
＊이 책의 전부 또는 일부 내용을 재사용하려면 사전에 저작권자와
　(주)위즈덤하우스의 동의를 받아야 합니다.